高职高专经管专业十二五规划教材

成本会计理论与实务

● 主　编　黄晓平
● 副主编　赵　力　邓　辉

WUHAN UNIVERSITY PRESS
武汉大学出版社

图书在版编目(CIP)数据

成本会计理论与实务/黄晓平主编．—武汉：武汉大学出版社，2012.8
高职高专经管专业十二五规划教材
ISBN 978-7-307-10020-6

Ⅰ.成…　Ⅱ.黄…　Ⅲ.①成本会计—会计理论—高等职业教育—教材　②成本会计—会计实务—高等职业教育—教材　Ⅳ.F234.2

中国版本图书馆 CIP 数据核字(2012)第 169371 号

责任编辑：辛　凯　　责任校对：黄添生　　版式设计：马　佳

出版发行：**武汉大学出版社**　(430072　武昌　珞珈山)
(电子邮件：cbs22@whu.edu.cn　网址：www.wdp.com.cn)
印刷：武汉中科兴业印务有限公司
开本：720×1000　1/16　印张：16.25　字数：325 千字　插页：1
版次：2012 年 8 月第 1 版　2012 年 8 月第 1 次印刷
ISBN 978-7-307-10020-6/F·1696　定价：28.00 元

前　言

高职高专教育是我国高等教育的重要组成部分，其根本任务是以服务为宗旨，就业为导向，培养符合社会需求的高素质应用型专门人才。根据高等职业教育人才培养理念与模式改革创新的新趋势、新要求，广泛借鉴国内外专家教授在“成本会计”教材编写中的优秀成果，结合作者多年的教学实践经验，我们编写了本教材。

本教材以高职高专财会类专业学生在成本核算理论与实务操作上应具备的知识和能力为目标，按照项目导向，任务驱动，教学做结合，理实一体化等高等职业教育教材开发建设的新要求，设计安排教学内容，以制造企业产品生产成本相关经济业务活动为背景，系统介绍了成本会计的基本理论、基本方法和基本操作技术。全书贯彻“理论必须够用为度，着重培养学生实际动手能力”的原则。使本教材结构合理，深浅适度，易于动手操作。

为增强学生对成本会计相关知识的理解和实际操作能力的训练，在每个项目后面设有知识归纳、知识考量与技能训练。另外，还配套编写了《成本会计实训》。

本教材由贵州商业高等专科学校黄晓平任主编，贵州职业技术学院赵力、贵阳财智通软件技术有限公司邓辉总经理任副主编。其中，黄晓平编写了项目一、二、六、七、八、九、十、十一，赵力编写了项目三、四、五和配套的《成本会计实训》。

在编写过程中我们参阅了国内许多作者的有关论著（见书后参考文献）和网络资源，本教材的编者感谢参考过的所有著述、教材、论文及网上资源的作者对编写这本教材所作出的贡献。

本教材适用于高职高专院校、成人高校会计专业和其他财经类专业的教学用书，也可以用于财会人员在职培训或会计职称考试的辅导教材。

由于编者的水平有限，加之时间仓促，书中难免存在疏漏和错误之处，敬请广大专家和读者批评指正，并提出宝贵意见。

编　者

2012 年 6 月

目 录

项目一　认知成本会计

学习目标

知识目标

理解成本与成本会计的概念

了解成本会计的职能和任务

理解产品成本核算的基础工作内容

能力目标

掌握支出、费用及其与成本之间的关系

掌握产品成本核算的基本程序。

任务一　认知成本概念理解成本作用

一、成本与产品成本的概念

成本的概念有广义与狭义之分，广义上成本是指特定行为主体为完成既定工作任务而发生的人力、物力和财力消耗的货币表现。人们要进行生产经营活动或达到一定的目的，就必须耗费一定的资源（人力、物力和财力），其所耗费资源的货币表现及其对象化称为成本。如工业企业在生产产品中要消耗原材料、支付职工薪酬、开支水电等管理费用等。

产品成本，是狭义上的成本概念，是指物质生产部门，如工业企业为生产一定种类和一定数量的产品所发生的各种耗费的货币表现，可以指一定时期为生产一定数量产品而发生的成本总额，也可以指一定时期生产产品的单位成本。

马克思主义政治经济学指出：产品的价值由三个部分组成，即生产中消耗的生产资料的价值（C）、劳动者为自己的劳动所创造的价值（V）、以及劳动者为社会创造的价值（M）。产品成本是前两个部分价值之和（C+V）。因此，从理论上讲，产品成本是工业企业在产品生产过程中已经耗费的、用货币表现的生产资料的价值与相当于工资的劳动者为自己劳动所创造的价值的总和。这种成本，一般称为"理论成本"。

政治经济学中的理论成本与会计实务中确认计量的产品实际成本所包含范围往往存在一定差异。在会计实务中，为了规范管理和有效考核企业绩效，国家通过有关法规制度对各种耗费计入成本的标准和范围加以界定。例如，为了促进企业加强经济核算，减少生产损失，制度规定，对于一些不形成产品价值的损失性支出，如工业企业的废品损失、季节性和修理期间的停工损失等，也计入成本；再如，我国现行企业财务会计制度规定，工业企业产品成本核算采用制造成本法，企业为销售产品而发生的销售费用，为组织管理生产经营活动而发生的管理费用，以及为筹集使用资金而发生的财务费用均不计入产品成本，而作为期间费用，直接计入当期损益。

随着会计理论的发展，成本概念的内涵与外延也在不断发展变化。在现代成本会计中，已经产生了许多新的成本概念，如变动成本、固定成本、边际成本、机会成本、目标成本、标准成本、沉没成本、可控成本、责任成本等，组成了多元化的成本概念体系。

在会计实务中，企业与行政事业单位对成本的处理方法有很大区别。在不以盈利为目的的行政机关、事业单位，由于其经费开支主要是由国家财政预算拨款予以满足，而不是依靠自身创造的收入来解决，因而对成本核算和成本考核就不像企业那么倚重，一般只是通过费用预算或计划对其进行控制。在以盈利为目的的企业或企业化管理的事业单位里，实行的是独立经济核算，以收抵支，自负盈亏，其所发生的成本开支必须由本企业（单位）自身的收入来补偿。因此，就必须对成本费用进行及时准确的核算、控制、分析与考核，以加强成本管理，降低成本开支，提高企业经济效益。

二、成本的作用

（一）成本是补偿企业生产耗费的尺度

企业是自负盈亏的商品生产者和经营者，为了保证企业简单再生产的不断进行，企业在取得商品（产品）销售收入后，必须把相当于生产或购进成本的数额划分出来，用以补偿生产经营中的资金耗费。如果企业不能足额按照成本来补偿生产耗费，那么企业基本经营资金就会萎缩，再生产就不能在原有的规模上重复进行。而成本就是衡量这一补偿份额多少的基本尺度。

（二）成本是综合反映企业经营管理水平的重要指标

从经济管理角度上讲，成本是一项综合性极强的经济指标。企业运行状态、经营管理水平的高低，如供、产、销各环节的工作是否衔接协调、产品生产工艺的合理程度、固定资产的利用水平、原材料消耗节约与浪费、劳动生产率的高低、产品质量的高低、产品产量的增减等，都可以透过成本直接或间接地反映出来。

（三）成本是产品定价的重要依据

从理论上讲，产品价格是价值的货币表现。在市场经济条件下，产品定价应考虑的因素虽然有很多，如国家的政策要求、产品在市场上的供求状况及市场竞争的态势等，但是，无论是国家还是企业，在确定产品价格时都应遵循价值规律的基本要求，即产品价格应大体上符合其价值。然而，实际工作中人们还很难以直接计算出产品的价值，只能计算出产品成本，再通过成本间接地、相对地掌握产品的价值。因此，产品成本就成为了决策者确定产品价格的重要依据。

（四）成本是企业经营决策的重要因素

为了在激烈的市场竞争中求生存、谋发展，各个企业随时随地都需要作出生产经营等方面的决策。实际工作中企业生产经营决策需要考虑的因素很多，但成本始终是需要重点考虑的因素之一。因为，在价格一定的条件下，成本的高低直接影响着企业盈利的多少，较低的成本，可以使企业在市场竞争中处于有利地位。

企业应当充分认识成本的重要性，要经常通过对成本的计划、控制、监督、考核和分析等来促使企业以及企业内各单位加强经济核算，努力改进管理，降低成本，提高经济效益。

由于工作的目标和管理的重心不同，到目前为止，成本会计学所研究的成本，仍然较少涉及行政事业等非营利性组织的成本，而主要是以盈利为目的的企业单位所发生的各类成本费用。其中，工业企业为制造产品所发生的成本，即产品的生产成本，更具有典型的意义。因此，本教材主要介绍和阐述工业企业的成本核算。

任务二 认知成本会计

一、成本会计的概念

成本会计是以成本费用为对象的一种专业会计，是会计学科的一个分支。它是运用会计的基本原理和方法，对企业在生产经营活动中各项费用的发生和产品成本的形成进行预测、决策、计划、核算、分析和考核的一种管理活动。成本会计的对象，不仅包括工业企业的产品生产成本和发生的期间费用，而且还包括其他行业企业，如商品批发零售企业、物流企业、建筑施工企业、房地产开发企业等的成本和期间费用。成本作为经济范畴，必定遍及（各行各业）各类企业的经济活动。这些行业企业在从事经济活动中发生的各种耗费自然就构成成本会计的对象。从这个意义上讲，成本会计实际上是一种成本、费用会计。

成本会计是随着商品经济的发展和经济管理的需要而逐步形成和发展起来的。会计学术界比较一致的观点认为，成本会计先后经历了早期成本会计、近代成本会计和现代成本会计三个阶段。早期成本会计（1880—1920 年），主要特征是从财务会计理论来研究成本计算，并纳入会计账簿体系，在相当长的时期里都作为财务会计的一个组成部分，其主要职能是运用财务会计理论进行产品成本计算；近代成本会计（1921—1945 年），主要特征是具备了完整的理论和方法，形成了独立的成本会计学科；现代成本会计（1945 年以后），主要特征是随着经营管理的发展，成本内涵的日趋扩大，成本会计的范围更加开阔，逐步向经营管理型成本会计发展，成本会计在成本预测、决策、控制、考核、分析等方面的作用得到不断拓展，形成了企业中财务会计、成本会计和管理会计的三个领域共同发展的局面。

二、支出、费用及其与成本的关系

（一）支出

支出，是某一会计主体在经济活动中所发生的以货币表现的所有开支与耗费。就企业而言，支出是企业为取得资产、劳务或清偿债务等所发生的资产的流出，即企业各项开支及耗费的总和。支出又可分为资本性支出、收益性支出、营业外支出等。

资本性支出，是指该项支出的效益涉及几个会计年度（或几个营业周期）的支出。资本性支出的发生通常会形成长期资产，如企业购建固定资产、取得无形资产以及进行长期投资等发生的支出等。

收益性支出，是指该项支出的效益仅涉及本会计年度（或一个营业周期），是为取得本期的收益而发生的，由当期的收益予以补偿的支出。如企业生产经营中发生的材料消耗、工资支出、管理费用、销售费用、财务费用支出等。

营业外支出，是指与企业生产经营业务没有直接关系的各项支出。如企业支付的各种罚款、违约金、赔偿金、赞助支出、非常资产损失等。

（二）费用

费用，是指企业在日常活动中发生的、会导致所有者权益减少、与向所有者分配利润无关的经济利益的总流出。工业企业所发生的各项费用，按其经济用途可分为生产费用和期间费用。

生产费用，是指根据《企业会计准则》等制度规定，企业在一定时期为生产产品而发生的应计入产品成本的各项支出，如生产产品而消耗的材料费用、生产工人的工资费用、生产车间（分厂）为组织产品生产而直接发生的管理费用等，生产费用形成产品成本。

期间费用，是企业在一定会计期间为组织和管理生产经营活动而发生的各项期间性费用。如企业销售产品所发生的销售费用、企业管理部门在日常管理中发生的差旅等管理费用以及筹集生产经营资金而发生的利息等财务费用等。期间费用是企业支出的主要部分，通常由收益性支出发生及资本性支出的转化而形成。

（三）支出、费用与产品成本的关系

在会计理论与实务中，支出、费用是两个与成本有着密切关系的概念，它们之间既有联系又有区别。

支出是企业在经济活动中所发生的所有开支与耗费的总和，费用是企业在生产经营活动过程中发生的经济利益流出，费用是支出的主要组成部分，是企业支出中与生产经营相关的部分，费用可以分为生产费用和期间费用。产品成本是生产费用的对象化，生产费用是产品成本的基础，产品成本是生产费用的最后归宿，如果将各种生产耗费按照成本项目（直接材料、直接人工、制造费用等项目）进行分配和归集，费用就转化成为成本。

支出、费用与产品成本三者之间的关系如图 1-1 所示：

支出
- 资本性支出——形成长期资产——按受益期分摊——转化为收益性支出
- 收益性支出
  - 生产费用
    - 直接材料、直接人工、制造费用——对象化——产品成本
  - 期间费用
    - 销售产品支出——营业费用
    - 日常管理支出——管理费用
    - 筹集资金支出——财务费用
- 所得税支出——按应纳税所得额计算的税金支出——表现为所得税费用
- 营业外支出——与企业生产经营无关的各项支出——不表现为费用
- 利润分配支出——股利支出

图 1-1　支出、费用与产品成本三者之间的关系

三、成本会计的职能与任务

（一）成本会计的职能

成本会计的职能，是指成本会计在企业经营管理中所具有的内在功能。它既是客观的，又是发展的。在制造业，成本会计最初的职能是成本核算，主要是计算企业生产的各种产品成本，以确定产品的价格和经营盈亏。随着经济的发展，企业生产过程日趋复杂，市场竞争的加剧，以及科学化管理，对成本会计不断提出新要求，从而也不断促进着成本会计理论和方法的发展，成本会计的功能也不断地得到拓展。现代意义上的成本会计职能主要包括成本预测、成本决策、成本计划、成本控制、成本核算、成本考核和成本分析等七项。

1. 成本预测

成本预测，是指企业根据影响成本变动的诸因素的相关数据，结合企业在计划期内经营环境变化及企业可能采取的措施，采用一定的技术方法对未来成本水平及其变化趋势所作的科学合理的估计。成本预测是成本会计工作的起点。企业通过成本预测，不仅可以为成本决策提供备选方案，减少生产经营过程中的盲目性，而且还可以为企业开展以后成本会计工作提供参考信息，发挥指导作用，提高企业成本管理的科学性和预见性。

2. 成本决策

成本决策，是指企业为了实现预期的成本目标，以成本预测方案为基础，结合其他有关资料，对各种预测结果利用科学合理的方法进行分析比较，进而在备选的预测方案中选择最优方案的过程。成本决策对企业开展以后的成本会计工作具有决定性作用。

3. 成本计划

成本计划，是指企业在成本预测和成本决策的基础上，根据成本决策方案所确定的目标成本，对计划期内影响企业产品生产（提供劳务）成本的各种费用的数额及其评价水平、具体实施步骤进行统筹计划安排的一种管理活动。成本计划是企业进行成本控制、成本考核和成本分析的依据。制造企业的成本计划主要有产品单位成本计划、商品产品成本计划、制造费用计划、期间费用预算、降低成本的主要措施及方案等。

4. 成本控制

成本控制，是指企业在生产经营管理过程中，运用各种方法，依据成本计划，对成本计划实施过程中的各项因素进行适时控制和监督，以保证成本计划得以实施的一种管理活动。通过成本控制可以有效促进成本计划和目标的实现，并为成本核算提供真实可靠的成本资料。成本控制包括事前控制和事中控制。

5. 成本核算

成本核算，是指企业根据实际发生的成本资料，采用一定的成本计算方法，按确定的成本计算对象和相应的成本项目，对各项要素费用进行归集与分配，计算出各个成本计算对象的总成本和单位成本，并进行相应账务处理的过程。

成本核算反映出的企业生产经营过程中各项费用的发生、产品成本计算的相关信息，也是对成本计划和成本控制实施过程的记录。通过成本核算资料，可以考核成本计划的执行情况，分析成本计划完成过程中存在的经验与不足，并为下期进行成本预测、成本决策和成本计划提供重要依据。

6. 成本考核

成本考核，是指企业在明确成本责任的前提下，依据成本核算资料，定期对成本计划指标完成情况进行总结和评价，以强化企业的成本管理责任制，落实经济责任，提高成本管理水平的一种管理活动。成本考核必须与有效的奖惩相结合，方能发挥考核的作用。成本考核在整个成本会计工作中起着承前启后的关键作用。

7. 成本分析

成本分析，是指企业根据成本核算资料、成本计划指标以及其他相关资料，采用专门的分析方法对企业成本水平、成本构成、变化趋势以及影响成本变动的各种因素进行分析并作出评价，以便提出改进措施、改善成本管理、降低成本耗费、提高经济效益的一种管理活动。成本分析的结果可以为下期的成本预测提供资料。

成本会计的七项职能是相互联系的有机整体。企业要加强成本管理，就要依据企业以前的成本资料和市场的变化情况进行成本领测，提出不同的有效方案；在各个方案中进行成本决策，选出最优方案，提出目标成本；根据目标成本确定具体的目标和计划期应控制的水平，制订成本计划；为保证成本计划的执行，需要进行严格的成本控制；将成本计划实施情况进行记录，对发生的生产费用在各个成本计算对象之间进行归集和分配，计算成本计算对象的总成本和单位成本，并进行成本核算，以提供完整、真实、可靠的成本核算资料；利用成本核算资料进行成本考核，奖优罚劣，提高成本管理水平；根据考核结果进行成本分析，寻找差异、总结经验、提出措施、改进不足，不断提高企业的经济效益。在成本会计的七项职能中，最基本的职能是成本核算。

（二）成本会计的任务

成本会计的任务是人们对成本会计工作的主观期望和具体要求。成本会计是企业会计中的一个重要组成部分，承担着会计工作的一般任务，受到对象和职能的限制。根据成本管理的要求，结合成本会计的对象和职能，成本会计的主要任务是：

（1）进行成本预测与决策，制订成本计划。

（2）审核和控制企业发生的各项费用，加强日常成本管理与控制，努力防止和制止各种损失浪费，保证成本计划的执行，降低成本费用。

（3）组织成本核算，提供真实可靠的成本核算资料。

（4）进行成本考核与分析，为企业经营管理提供决策依据。

任务三　认知成本会计的基础工作和组织工作

一、成本会计的基础工作

成本会计的基础工作是开展成本会计工作的重要前提条件，没有良好的成本会计基础工作，成本会计的工作目标就难以达到。成本会计的基础工作主要包括以下五个方面：

1. 做好原始记录，制定合理有序的凭证传递流程

成本会计的重要内容，是对企业日常生产经营活动所发生的各项生产经营费用进行规范的数据处理，计算产品成本。这就要求通过一定的方式及时、准确、有效地获取各项数据，而记载各项生产经营活动的原始记录就是提供各项成本核算数据的主要方式。因此，建立健全完善的原始记录制度，扎实有效做好各项与成本核算有关生产经营活动及费用发生等方面的原始记录，制定合理的凭证传递流程，快捷准确地收集传递成本核算凭证，对顺利开展成本核算，加强企业经营管理都具有十分重要的意义。

健全的企业成本核算原始记录制度的基本要求是：生产经营活动中发生的材料领用、工时耗费、生产设备运转、动力消耗、费用开支、废品发生、产品质量检验、在产品在生产过程中的转移、产成品和自制半成品的交库等，都能及时、准确、规范记录在具有一定格式的原始凭证中，并能及时准确地传递到需要这些原始凭证的部门或人员手中。

企业制定的原始记录制度，要满足成本管理的要求，力求简明、有效、实用，并应根据实际使用情况的变化，及时进行修改完善，以充分发挥原始记录的作用。

2. 建立健全材料物资的计量、验收、领退和清查盘点制度

健全有效的材料物资的计量、验收、领退和清查盘点制度要求，企业一切物资的收发都要经过计量、验收和办理必要的凭证手续。这是正确计算成本的必要条件，也是加强企业经营管理的重要手段。为此，企业应着力做好以下几个方面的工作：

（1）根据不同的计量对象，配置必要的计量器具，建立计量仪器和器具的管理与定期检查制度。

（2）设置相应的质量检验机构，对购进的原材料、生产的零部件和产品质量等进行严格检验。

（3）严格材料、半成品、工具等物资收发领退手续制度，企业一切物资的收发都要办理必要的凭证手续。

（4）对库存物资应定期进行清查、盘点，做到账物相符，以保护财产物资的安全。

（5）加强对各部门、各岗位干部职工教育培训，提高他们对这项工作重要意义的认识。

3. 建立健全定额管理制度

定额是指企业根据其现有的生产条件和技术水平，对生产经营过程中消耗的人力、物力、财力给定的量化标准。定额管理既是成本管理的基础，也是企业实施全面管理的基础。做好定额工作，可以使企业编制的成本计划建立在科学的基础之上，成本核算就有了可靠的依据，也为开展成本控制、成本考核和成本分析提供了客观尺度。在工业企业成本核算与管理中，与成本有关的定额一般应包括以下几个方面：

（1）劳动定额，如工时定额、产量定额、出勤率等。

（2）材料、燃料、动力消耗定额。

（3）费用定额，如有关制造费用或管理费用的限额。

（4）质量定额，如产品合格率、一级品率、废品率、返修率等。

（5）固定资产利用定额，如设备利用率、固定资产利用率等。

企业制定的定额既要先进，又要切合实际，并应随着企业生产技术条件的变化和管理水平的提高进行定期修订；否则，定额就会失去应有的作用。

4. 制定合理的内部结算价格，建立健全内部结算制度

内部结算价格，是指企业内部各单位之间相互提供物资和劳务进行结算时所使用的价格。在推行内部结算制度的企业，对于原材料、辅助材料、燃料、动力、在产品、半产品和各种劳务等，都要制定合理的内部结算价格。

企业内部价格的制定涉及企业的各个方面，应由有关部门共同协作来制定。内部结算价格应保持相对稳定，但也要根据企业生产经营情况的变动而定期予以调整。当内部结算价格确定后，企业内部各单位之间发生经济往来时，就可依据一定的价格和结算方式进行结算。

内部结算，是指对企业内部各部门、车间之间的经济事项，运用货币形式进行等价交换结算，以明确经济责任的一种管理手段。建立合理的内部结算制度，有利于贯彻成本责任制，正确考核企业内部各单位的业绩；也有助于简化和减少成本核算工作，并便于成本计划和成本控制工作的开展。因此，有条件的企业，应积极建立合理的内部结算制度。

5. 建立健全的成本责任考核与奖惩制度

成本责任考核与奖惩制度，是适应企业内部推行经济责任制的要求，以成本责

任单位为对象，以责任成本为内容的一种现代企业内部控制考核评价制度。具有一定规模的企业，应根据分级管理的原则，在企业内部设立若干成本单位，将企业的成本目标进行层层分解，分配落实到各个责任单位。各个责任单位对本单位的责任成本负责。通过责任成本核算，反映实际与预算数的差异，分析其形成原因，对各责任单位的工作业绩作出客观公正评价，并按照制度实行严格的奖惩。

二、成本会计工作的组织

为了有效地进行成本会计工作，充分发挥其应有的作用，必须加强成本会计工作的组织。成本会计的组织工作主要包括：设立成本会计机构，配备必需的成本会计人员，制定和推行合理的成本会计制度。

（一）设立成本会计机构

企业成本会计机构是处理成本会计工作的职能部门。企业在专设的会计机构中是单独设立成本会计科、室或组等，还是只配备成本核算人员来专门处理成本会计工作，主要取决于企业的生产经营规模和成本管理要求。通常情况是，大中型制造企业设立成本处或成本科，也有企业在会计机构中设立成本股或成本组；小微型制造企业，一般是在会计部门中指定专人负责成本会计工作。

在大中型制造企业里，内部各级成本会计工作机构之间的分工，有集中核算和非集中核算两种方式。

在集中核算形式下，企业一切成本会计业务都集中在厂部成本职能部门进行，其他职能部门、车间一般只负责提供原始资料。在这种方式下，车间等其他部门大多只配备专职或兼职的成本会计和核算人员。

在非集中核算形式下，车间成本或部门费用支出的计划、核算和分析等，一般由这些单位的成本会计人员或负责成本工作的人员担任；厂部成本部门主要负责成本数据的汇总，处理不便于分散到各单位去进行的成本工作，以及对各单位成本会计工作进行业务监督和指导。

企业采用哪一种成本核算组织形式，要从有利于更好地完成成本会计任务出发，并根据企业规模的大小和经营管理水平等条件来决定。

（二）成本会计人员

成本会计人员是指在会计机构或专设成本会计机构中所配备的成本会计工作人员。成本核算是企业经济核算工作的核心，成本指标是企业一切工作质量的综合表现，为了保证企业成本会计工作的有序有效推进，保证企业成本信息质量，企业除了应配备数量上足够的成本会计人员外，还应对成本会计人员的职业综合素质和业务能力有较高要求。如会计知识面广、对成本理论和实践有较好的基础，熟悉企业生产经营的流程（工艺过程），善于学习和敬业爱岗，良好职业操守等。

（三）成本会计制度

成本会计制度是组织和从事成本会计工作必须遵循的规范和具体依据。正确制定和执行成本会计制度是做好成本会计工作的重要条件。企业成本会计制度的制定要以国家有关法律、法规、制度，如《企业会计准则》、《企业财务通则》、税法等有关规定为依据，要适应企业的生产和经营特点以及内部经营管理的具体要求，要注意同企业其他有关规章制度相协调。

企业成本会计制度的内容，应涵盖成本预测、决策、计划、控制、核算、分析和考核等各个方面，一般应包括以下几个方面：

（1）成本岗位责任制度，如成本会计工作的组织形式、人员分工和职责权限。

（2）成本预测、成本决策、成本考核、成本分析制度。

（3）成本定额、成本计划和费用预算编制制度。

（4）成本核算制度，如成本计算对象的确定，成本计算方法的选择、成本项目的设置、生产费用的归集和分配方法、在产品的确认方法等。

（5）成本报表制度，如成本报表的种类、格式、指标体系、编制方法、编制期限、报送对象等。

（6）其他有关成本会计内容的规定。

知识归纳

成本的概念有广义成本与狭义成本之分，广义上的成本，是指特定行为主体为完成既定工作任务而发生的人力、物力和财力消耗的货币表现。

产品成本，是指物质生产部门，如工业企业为生产一定种类和一定数量的产品所发生的各种耗费的货币表现。这是狭义上的成本概念。

产品的价值由三个部分组成，即生产中消耗的生产资料的价值（C），劳动者为自己的劳动所创造的价值（V），以及劳动者为社会创造的价值（M）。产品成本是前两个部分价值之和（C+V）。

在现代成本会计中，已经产生了许多新的成本概念，如变动成本、固定成本、边际成本、机会成本、目标成本、标准成本、沉没成本、可控成本、责任成本等，组成了多元化的成本概念体系。

成本的作用：成本是补偿企业生产耗费的尺度，成本是综合反映企业经营管理水平的重要指标，成本是产品定价的重要依据，成本是企业经营决策的重要因素。

成本会计，是以成本费用为对象的一种专业会计，是会计学科的一个分支。它是运用会计的基本原理和方法，对企业在生产经营活动中各项费用的发生和产品成本的形成进行预测、决策、计划、核算、分析和考核的一种管理活动。

成本会计是随着商品经济的发展和管理的需要而逐步形成和发展起来的。成本会计先后经历了早期成本会计、近代成本会计和现代成本会计三个阶段。

支出，是某一会计主体在经济活动中所发生的以货币表现的所有开支与耗费。

资本性支出，是指某项支出的效益涉及几个会计年度（或几个营业周期）的支出。

收益性支出，指某项支出的效益仅涉及本会计年度（或一个营业周期），是为取得本期的收益而发生的由当期的收益予以补偿的支出。

营业外支出，是指与企业生产经营业务没有直接关系的各项支出。如企业支付的各种罚款、违约金、赔偿金、赞助支出、非常资产损失等。

费用，是指企业在日常活动中发生的，会导致所有者权益减少，与向所有者分配利润无关的经济利益的总流出。

支出、费用、产品成本三者之间的关系：支出，是企业在经济活动中所发生的所有开支与耗费的总和；费用，是企业在生产经营活动过程中发生的经济利益流出，是支出的主要组成部分；产品成本，是生产费用的对象化。

成本会计的职能，是指成本会计在企业经营管理中所具有的内在功能。它既是客观的，又是发展的。现代意义上的成本会计至少包括成本预测、成本决策、成本计划、成本控制、成本核算、成本考核和成本分析等七项职能，其中成本核算是最基本的职能。

成本会计的主要任务：

(1) 审核和控制企业发生的各项费用，加强日常成本管理与控制，努力防止和制止各种损失浪费，保证成本计划的执行，降低成本费用；

(2) 组织成本核算，提供真实可靠的成本核算资料；

(3) 进行成本考核与分析，为企业经营管理提供决策依据；

(4) 进行成本预测与决策，制订成本计划，不断提高企业管理水平。

成本会计的基础工作主要内容：

(1) 建立健全原始记录，制定合理有序的凭证传递流程；

(2) 建立健全的材料物资的计量、验收、领退和盘点制度；

(3) 建立健全定额管理制度；

(4) 制定合理的内部结算价格，建立合理的内部结算制度；

(5) 建立健全的成本责任考核奖惩制度。

定额，是指企业根据其现有的生产条件和技术水平对生产经营过程中消耗的人力、物力、财力给定的量化标准。工业企业与成本有关的定额一般应包括：劳动定额，材料、燃料、动力消耗定额，费用定额，质量定额，固定资产利用定额等。

内部结算价格，是指企业内部各单位之间相互提供物资和劳务进行结算时所使用的价格。

内部结算，是指对企业内部各部门、车间之间的经济事项，运用货币形式进行等价交换结算，以明确经济责任的一种管理手段。

成本会计的组织工作包括：设立成本会计机构，配备必需的成本会计人员，制定和推行合理的成本会计制度。

企业的成本会计制度应包括对成本预测、决策、计划、控制、核算、分析和考核等作出规定。

知识考量与技能训练

一、单项选择题

1. 产品的理论成本构成不包括(　　)。

A. 生产中耗费的生产资料的价值　　B. 劳动者为社会创造的价值

C. 劳动者为自己的劳动所创造的价值　　D. 以上 A 和 C。

2. (　)是成本会计最基本的职能。

A. 成本预算　　B. 成本决策

C. 成本核算　　D. 成本考核

3. 企业为生产一定种类和一定数量的产品所发生的各种耗费的货币表现是(　　)。

A. 广义成本概念　　B. 狭义成本概念

C. 理论成本概念　　D. 预算成本概念

4. 不属于成本会计组织工作的内容是(　　)。

A. 设立成本会计机构　　B. 配备必需的成本会计人员成本核算

C. 成本控制　　D. 制定和推行合理的成本会计制度

二、多项选择题

1. 产品成本的作用有(　　)。

A. 成本是补偿企业生产耗费的尺度

B. 成本是综合反映企业经营管理水平的重要指标

C. 成本是产品定价的重要依据

D. 成本是企业经营决策的重要因素

2. 工业企业生产经营过程中发生的下列支出，(　　)不能计入产品成本。

A. 管理费用　　B. 财务费用

C. 销售费用　　D. 制造费用

3. 工业企业与成本有关的定额应包括(　　)。

A. 劳动定额　　B. 材料、燃料、动力消耗定额

C. 费用定额　　D. 质量定额

4. 成本会计先后经历了以下几个阶段(　　)。

A. 原始成本会计　　　　B. 早期成本会计

C. 近代成本会计　　　　D. 现代成本会计

5. 成本会计的基础工作内容包括(　　)。

A. 建立健全原始记录，制定合理有序的凭证传递流程

B. 建立健全的材料物资的计量、验收、领退和盘点制度

C. 建立健全定额管理制度

D. 配备必要的成本会计人员

三、判断题

1. 成本，是指企业在日常活动中发生的，会导致所有者权益减少，与向所有者分配利润无关的经济利益的总流出。(　　)

2. 内部结算价格，是指企业内部各单位之间相互提供物资和劳务进行结算时所使用的价格。(　　)

3. 在成本会计工作组织上，大中型企业一般采用分散核算方式，小微型企业一般采用集中核算方式。(　　)

4. 企业在经营过程中发生的各项经营管理费用，应计入产品成本。(　　)

5. 凡有经济活动的地方，就有成本的存在。(　　)

6. 成本预测是成本会计的基础。(　　)

7. 企业一定时期的生产费用等于同一时期的产品成本。(　　)

8. 支出是某一会计主体在经济活动中所发生的，以货币表现的所有开支与耗费，包括营业外支出。(　　)

项目二 **产品成本核算的基础知识**

学习目标

知识目标

理解成本核算的原则和要求

能力目标

能够分清各种成本费用界限

掌握产品成本核算的基本程序

掌握产品成本核算应设置的主要账户及其应用

任务一 认知成本核算的原则和要求

一、成本核算的原则

由于生产类型的特点和管理要求等方面的不同，不同的企业其成本核算具有不同的特点。但是，成本核算提供的信息应具备相关、及时、准确的特征却是对所有企业的共同要求。为此，企业在进行成本核算时，应遵循以下原则：

（一）实际成本计价原则

实际成本计价原则，是指在产品成本核算中，企业对生产所耗用的原材料、燃料和动力等在数量方面要按其实际耗用数量计算，在价格方面，必须按实际成本计算。若企业在会计上对库存原材料采用计划成本计价的，则在计入产品成本时，对计划成本同实际成本的差异应进行调整，将其调整为实际成本。

（二）及时性原则

企业的成本信息资料主要是满足企业内部经营管理的需要，而及时性是满足企业日常经营管理需要的基本要求。及时性原则要求企业在成本费用发生时，要及时进行会计核算，按期编制成本报表；当企业管理上提出某一特殊成本信息要求时，能及时提供。

（三）合法性原则

合法性原则，是指计入产品成本的费用，必须符合国家法律、法规和制度规定，否则就不能计入。例如，目前制度规定，企业管理人员的薪酬不能计入产品成本，只能计入管理费用。再如，企业在产品生产过程发生的非常损失，只能计入营业外支出，不能计入产品成本等。

（四）重要性原则

产品成本核算的重要性原则，是指在进行成本核算时，所采用的成本计算步骤、费用归集与分配方法、成本计算方法等，应根据重要性原则进行合理选择。对于一些主要产品、主要费用应采用比较细腻准确的方法；反之，则可采用简化的方法，这样既可以保证成本核算的客观性，又可以减轻成本核算的工作量。

二、成本核算的要求

为了做好成本核算工作，充分发挥成本核算与成本信息的作用，企业的成本核算应符合以下各项要求：

（一）严格遵守国家规定的成本开支范围和费用开支标准

成本开支范围一般是由国家根据企业在生产过程中发生的生产费用的不同性质，根据成本的内容以及加强经济核算的要求，统一加以规范的。企业在进行成本核算时，应根据国家的相关法规和制度，以及企业的成本计划和相应的消耗定额对企业发生的各项费用进行审核，首先，界定其应不应该开支；其次，对应该开支的，还要进一步界定应不应该计入产品成本。例如，企业向供电公司支付电费，一般应界定为正常开支，但支付的电费是否应当全数计入产品成本则不一定。

费用开支标准，是指国家在对企业某些费用支出的数额、比例所作出的具体规定。例如，企业提取或开支的计入产品成本的职工工会经费、职工教育经费等，都应根据国家规定的标准提取或开支，不能突破。

成本开支范围和费用开支标准符合国家规定，既是国家在对企业核算产品成本时提出的一项最基本的要求，又是保证同类企业以及企业本身不同时期之间的产品成本内容一致可比，正确计算企业的盈亏的重要基础条件。

（二）正确区分各种成本费用支出界限

为了正确计算产品成本，企业在进行成本核算中必须正确区分以下成本费用支出界限：

1. 正确区分收益性支出与资本性支出的界限

收益性支出，是指受益期不超过一年或一个营业周期的支出，即发生该项支出仅仅是为了取得本期收益；资本性支出，是指受益期超过一年或一个营业周期的支出，即发生该项支出不仅是为了取得本期收益，而且也是为了取得以后各期收益。

企业的经济活动是多方面的，发生的支出也是多方面的。企业发生的支出，并不都应列为收益性支出。例如，企业购置和建造固定资产、购买无形资产以及进行对外投资所发生的支出，应列为资本性支出，而不能列为收益性支出。根据国家有关财税法规及《企业会计准则》的规定，企业只能将收益性支出计入当期成本费用，不能将资本性支出计入当期成本费用。因此，企业在进行产品成本核算中必须依据《企业财务通则》、《企业会计准则》和其他有关法规规定，正确区分收益性支出与资本性支出。

正确区分资本性支出与收益性支出的界限，其目的是为了正确计算资产的价值和正确计算各期的产品成本及损益。如果把资本性支出列做收益性支出，则其结果会导致少计资产价值，多计当期费用，从而导致当期营业利润减少；反之，则会多计资产价值，少计当期费用，导致当期营业利润增加。不论是何种情况，都会导致所提供的会计信息客观真实性的缺失，不利于正确进行产品成本计算和企业的成本管理工作。

2. 正确区分产品生产成本和期间费用的界限

制造企业计算产品成本，按其成本包含的内容不同有完全成本法和制造成本法之分，我国《企业会计准则》规定采用制造成本法。在制造成本法下，企业只能将为生产一定种类和数量的产品而发生的材料耗费、工资以及在生产车间（分厂）范围发生的共同性费用等生产费用计入产品成本。产品成本要在产品完工（或劳务提供）并在收入实现以后才转化为费用，计入企业的损益。为销售产品而发生的产品销售费用、为管理和组织全企业性生产经营活动而发生的管理费用，以及为筹集使用资金而发生的财务费用均是在经营过程中发生的，与产品生产无直接关系，因而作为期间成本直接计入当期损益，从当期利润中扣除。

为了正确计算产品成本，必须正确区分哪些支出属于产品的生产成本，哪些应作为期间费用，防止混淆两者的界限，将某些期间费用计入产品成本，或者将产品的生产成本计入期间费用，借以调节各期产品成本和各期损益的错误做法。

3. 正确区分各个会计期间的产品成本的界限

为了按月分析和考核产品成本，正确计算各期的损益，必须将已经发生的费用在各个月份（会计期间）之间进行正确区分。凡应计入当期的成本费用不能延至下期，凡属以后各期的成本费用则不能计入本期。

4. 正确区分不同产品的费用界限

为了正确计算各种产品成本，也便于分析和考核不同产品的成本计划执行情况，对于应计入产品成本的生产费用，还必须区分不同产品之间所应负担的费用界限。属于某种产品单独耗用的直接费用，应直接计入各种产品的成本；属于应由几种产品共同负担的间接费用，应选择合理的分配方法分配后，分别计入这几种产品的成本，以正确反映各种产品的成本水平。与此同时，还应特别注意划清盈利产品与亏损产品、可比产品与不可比产品之间的费用界限，防止在盈利产品与亏损产品、可比产品与不可比产品之间任意调节成本费用、虚报产品成本、掩盖利润的错误做法。

5. 正确区分完工产成品与期末在产品的费用界限

产成品是指企业已经完成全部生产过程并已验收入库符合标准规格和技术条件，可以按照合同规定的条件送交订货单位，或者可以作为商品对外销售的产品。在产品也称在制品，是指在企业的生产过程中仍处于加工或等待加工的产品。期末，如果某种产品都已完工，其各项成本费用之和，就是该产品的完工成本；如果某种产品都未完工，其各项成本费用之和，就是该产品的期末在产品成本；如果某种产品部分完工，部分未完工，就应采用适当的分配方法，将该成本对象应负担的成本费用在完工产品与在产品之间进行分配，分别计算出该产品的完工成本与期末在产品成本。

（三）选择适当的成本计算方法

企业采用何种成本计算方法，在很大程度上取决于产品的生产特点。企业生产的特点按其组织方式，有大量生产、成批生产和单件生产；按工艺过程的特点，有连续式生产和装配式生产。同时，计算产品成本是为了加强成本管理，对管理要求不同的产品，也应该采用不同的成本计算方法。因此，企业生产特点与成本管理要求的不同，对企业选择产品成本计算的具体方法有很大影响，企业在进行成本核算时，应根据本企业的具体情况，选择适合于企业生产特点和管理要求的成本计算方法进行成本计算。在同一个企业内可以采用一种成本计算方法，也可以采用多种成本计算方法，即多种成本计算方法同时使用或多种成本计算方法结合使用。

任务二 认知产品成本核算的账户和程序

一、产品成本核算应设置的主要账户

为了进行产品成本核算，工业企业应设置“生产成本”、“制造费用”等账户。如果需要单独核算废品损失和停工损失的，则还可设置“废品损失”、“停工损失”账户。

（一）“生产成本”账户

“生产成本”账户属于成本类账户。该账户是企业进行产品成本核算最基本、最重要的账户，用来核算企业进行工业生产，包括生产各种产品（产成品、自制半成品、提供劳务等）、自制工具、自制设备等所发生的各项生产费用。该账户的借方登记生产过程中发生的直接材料、直接人工等直接费用以及分配转入的制造费用。该账户的贷方登记完工入库的产成品、自制半成品的实际成本以及分配转出的辅助生产费用。该账户的期末余额在借方，反映尚未完工的各种在产品成本。为了分别核算基本生产成本和辅助生产成本，还应在该一级账户下分别设置“基本生产成本”和“辅助生产成本”两个明细账户进行明细核算。在发生各项生产费用时，应按成本核算对象和成本项目分别归集。属于直接材料、直接人工等直接费用的，直接记入相应的基本生产成本明细账或辅助生产成本明细账中；属于企业辅助生产车间为生产产品提供的动力等费用，应在辅助生产成本明细账中先行归集，每月末再按一定的分配方法分配转入有关基本生产成本明细账中。其他间接费用先在“制造费用”账户中归集，月末再按一定的分配方法，分配记入各有关产品的基本生产成本明细账中。企业的辅助生产车间为基本生产和行政管理等部门提供的产品和劳务，每月末按一定的标准分配给各受益对象，并从辅助生产成本明细账中转出。

（二）“制造费用”账户

“制造费用”账户属于成本类账户。该账户用来核算企业内各生产单位（分厂、车间）为组织和管理生产所发生的各项费用，包括分厂、车间管理人员的职工薪酬、固定资产折旧费，办公费、水电费、机物料消耗、劳动保护费、季节性和修理期间的停工损失等。企业分厂、车间以上层面的行政管理部门为组织和管理全企业生产经营活动而发生的管理费用，应作为期间费用，记入“管理费用”账户，不在本账户中核算。该账户的借方登记企业发生的制造费用；贷方登记制造费用按一定方法分配转入有关的成本核算对象的金额。制造费用应按不同的车间、部门设置明细账进行明细核算。除季节性生产或采用累计分配率法分配制造费用的企业外，本账户月末应无余额。

对于属于辅助生产车间的制造费用，可直接记入“生产成本——辅助生产成本”账户的借方，也可以按辅助生产车间分别设置“制造费用明细账”账户，月末再转入“生产成本——辅助生产成本”账户的借方。另外，在小微型企业中，如果业务比较简单，则也可以将“生产成本”和“制造费用”两个账户合并为“生产成本”账户。

（三）“废品损失”账户

“废品损失”账户属于成本类账户。该账户专门用来核算企业在生产过程中发生的废品损失。该账户的借方登记不可修复废品的生产成本和可修复废品的修复费用；贷方登记废品残料回收的价值、应收的赔偿以及转出的废品净损失；月末应无余额。“废品损失”账户应按车间设置明细账，账内按产品品种分设专栏或专行进行明细登记。

（四）“停工损失”账户

“停工损失”账户属于成本类账户。该账户用来核算企业因停工而造成的损失。该账户的借方登记本月发生的停工损失；贷方登记分配结转停工损失，月末一般无余额。“停工损失”账户应按车间设置明细账，账内按计划内停工和计划外停工分设专栏进行核算。

另外，在企业成本费用归集与分配中，还会经常同时涉及“销售费用”、“管理费用”、“财务费用”等有关账户。

二、产品成本核算的一般程序

成本核算的一般程序，是指对生产过程中发生的各项要素费用，按经济用途归类计入产品成本的一般流程。尽管工业企业由于生产特点和成本管理要求各不相同，可以选用不同的产品成本计算方法。但产品成本核算的一般程序却是相同或相似的。工业企业产品成本核算的一般程序是：

（一）确定成本计算对象，设置“生产成本——基本生产成本明细账”

成本计算对象，是指生产费用归集和分配的对象，即生产费用的承担者。企业成本会计人员首先应根据本企业生产特点与成本管理的要求等具体情况确定成本计算对象，然后根据确定的成本对象开设“生产成本——基本生产成本明细账”。

（二）审核确认生产费用支出

对企业在日常生产经营活动中发生的各项开支填制或取得的原始凭证，财会人员应根据有关财务会计制度规定，就其真实性、合法性、合理性、正确性、完整性等进行严格认真审核，在此基础上进一步划分清楚应计入产品成本的费用和不应计入产品成本的期间费用。

（三）归集分配生产要素费用

对于经审核确认的各项生产要素费用，应采用适当的方法进行归集和分配。实际工作中，对各项要素费用的归集与分配一般是借助定期编制要素费用分配表来实现的。如月末根据领料凭证编制材料费用分配表，根据职工薪酬结算单、产量通知单等产量工时记录等凭证编制工资费用分配表等。

生产要素费用归集分配计入产品成本的一般原则是：凡是能直接计入成本计算对象的费用，应根据各要素费用分配表直接记入“生产成本——基本生产成本”、“生产成本——辅助生产成本”账户及有关明细账户；凡不能直接计入成本计算对象的费用，先进行归集，记入“制造费用”账户及其有关明细账户，月末再按照一定的方法分配记入相关“生产成本——基本生产成本”、“生产成本——辅助生产成本”账户及有关明细账户。

（四）分配辅助生产费用

每月末，对归集在“生产成本——辅助生产成本”账户及其明细账户的费用，除对完工入库的自制工具等产品的成本转为存货成本外，应按受益对象和所耗用的劳务数量，选用适当的方法并编制辅助生产费用分配表，据以登记“生产成本——基本生产成本”、“制造费用”等账户及有关明细账户。若各辅助生产车间设有“制造费用”明细账的，则应先将各辅助生产车间归集的制造费用分别转入相应的“生产成本——辅助生产成本”账户后再进行分配。

（五）分配制造费用

月末，在将当月发生的各基本生产车间的制造费用全部归集后，应分别不同车间编制制造费用分配表，分配计入本车间的产品成本中，记入“生产成本——基本生产成本”账户及其有关明细账户。

（六）计算完工产品与月末在产品成本

经过以上归集与分配，当月各成本计算对象应负担的生产费用已全部计入有关的产品基本生产成本明细账中。如果当月该产品全部完工，则其基本生产成本明细账所归集的生产费用即为完工产品成本；如果该全部未完工，则为期末在产品成本；如果只有部分完工，则需要采用一定的方法在完工产品与期末在产品之间进行分配，以确定本期完工产品成本，并将完工验收入库的产成品成本从“生产成本——基本生产成本”账户及其有关明细账户结转至“库存商品”账户及其有关明细账户。工业企业产品成本核算的一般程序如图 2-1 所示：

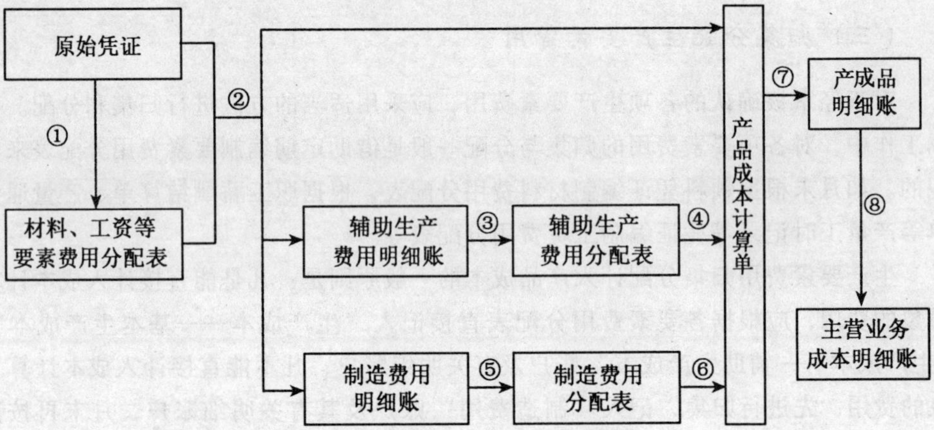

图 2-1　产品成本核算流程图

知识归纳

成本核算的原则有：实际成本计价原则，及时性原则，合法性原则，重要性原则。

成本核算的要求是：严格遵守国家规定的成本开支范围和费用开支标准，正确区分各种费用支出界限，选择适当的成本计算方法。

成本核算需要正确区分的各种成本费用支出界限包括：

（1）正确区分收益性支出与资本性支出的界限；

（2）正确区分产品生产成本和期间费用的界限；

（3）正确区分各个会计期间的产品成本的界限；

（4）正确区分不同产品的费用界限；

（5）正确区分完工产成品与期末在产品的费用界限。

工业企业为了进行产品成本核算，应设置“生产成本”、“制造费用”等账户。如果需要单独核算废品损失和停工损失的，则还可设置“废品损失”、“停工损失”账户。

工业企业产品成本核算的一般程序是：确定成本计算对象，设置“生产成本——基本生产成本”明细账；审核确认生产费用支出；归集分配生产要素费用；

分配辅助生产费用；分配制造费用；计算完工产品与月末在产品成本。

知识考量与技能训练

一、单项选择题

1. 下列费用中，应计入产品成本的有(　　)。

A. 管理费用　　B. 财务费用

C. 制造费用　　D. 销售费用

2. 下列支出属于资本性支出的是(　　)。

A. 购入固定资产　　B. 支付本期照明用电费

C. 购入印花税票　　D. 支付生产工人工资

3. 用来核算企业为生产产品而发生的各项直接费用的账户是(　　)。

A. 生产成本——基本生产成本　　B. 制造费用

C. 管理费用　　D. 财务费用

4. 应记入“管理费用”账户核算的项目是(　　)。

A. 业务招待费　　B. 利息费用

C. 汇兑损失　　D. 金融机构结算手续费

5. 制造费用应分配计入(　　)。

A. 生产成本　　B. 生产成本和期间费用

C. 生产成本和管理费用　　D. 财务费用和营业费用

6. 下列各项中应计入期间费用的是(　　)。

A. 企业行政管理部门用固定资产的折旧费

B. 车间厂房的折旧费

C. 车间生产用设备的折旧费

D. 车间辅助人员的工资

7. 下列各项中，属于产品生产成本项目的是(　　)。

A. 外购动力费用　　B. 制造费用

C. 工资及提取的职工福利费用　　D. 折旧费用

8. 为了保证按每个成本计算对象正确地归集应负担的费用，必须将应由本期产品负担的生产费用正确地在(　　)。

A. 各种产品之间进行分配

B. 完工产品和在产品之间进行分配

C. 盈利产品与亏损产品之间进行分配

D. 可比产品与不可比产品之间进行分配

二、多项选择题

1. 产品成本项目包括(　　)。

A. 管理费用　　　　　　　　　　B. 直接人工

C. 直接材料　　　　　　　　　　D. 制造费用

2. 生产费用按计入产品成本的方式不同分为(　　)。

A. 制造费用　　　　　　　　　　B. 间接计入费用

C. 直接计入费用　　　　　　　　D. 直接人工

3. “制造费用”账户核算的内容包括下列的(　　)。

A. 车间的固定资产折旧费　　　　B. 车间主任的工资

C. 企业的业务招待费　　　　　　D. 车间办公室的取暖费

4. 下列各项中属于销售费用的是(　　)。

A. 广告费　　　　　　　　　　　B. 生产环节领用的产品包装物

C. 展览费　　　　　　　　　　　D. 专设销售机构的办公费

5. 工业企业成本核算的一般程序包括(　　)。

A. 确定成本计算对象，设置“生产成本——基本生产成本”明细账

B. 审核确认生产费用支出，归集分配生产要素费用

C. 分配辅助生产费用

D. 正确划分各个月份的费用界限，正确核算待摊费用和预提费用

三、判断题

1. 要素费用中的外购材料与成本项目中的直接材料费用内涵不一致。(　　)

2. 企业在生产经营活动中发生的一切费用支出不应都计入产品成本。(　　)

3. 凡是在生产过程中发生的、与产品生产有关的所有直接或间接耗费，均应作为生产费用计入产品成本。(　　)

4. 产品成本项目包括直接材料、直接人工和间接费用。(　　)

项目三 要素费用的归集与分配

学习目标

知识目标

了解生产要素费用的概念和具体内容

能力目标

较好掌握各种费用的归集与分配及其相关账务处理方法

任务一 认知要素费用的概念和组成

一、要素费用的概念

在工业企业生产过程中，发生的能用货币计量的生产耗费，称为生产费用。生产费用按经济性质（内容）所作的分类，在会计上就称为要素费用，也称为生产费用要素。主要包括劳动对象方面的费用、劳动手段方面的费用和活劳动方面的费用。

二、要素费用的组成项目

（1）外购材料，是指企业为生产耗用而从外部购进的原材料、辅助材料、半成品、包装物、低值易耗品、修理用备件以及其他直接材料。

（2）外购动力，是指企业为进行生产而耗用的一切从外部购进的各种动力，包括电力、热力和蒸汽等。

（3）外购燃料，是指企业为进行生产而耗用的一切从外部购进的各种燃料，包括固体燃料、液体燃料和气体燃料等。

(4) 职工薪酬，是指企业所有应计入生产费用的职工工资、工资性津贴、补贴、奖金及职工福利费用等。

(5) 折旧费与摊销费，是指企业计提的固定资产折旧费和无形资产等的摊销费。

(6) 利息支出，是指企业计入期间费用等的借入款项利息净支出（即利息支出减利息收入后的净额）。

(7) 税金，是指计入企业管理费用的各种税金，如印花税、土地使用税、房产税和车船使用税等。

(8) 其他支出，是指不属于以上要素的费用支出。如差旅费、办公费、租赁费、保险费和诉讼费等。

任务二　归集和分配材料费用

材料是工业企业生产加工的劳动对象，是产品生产中必不可少的物质要素。在工业企业中，材料费用是构成产品成本的主要生产费用，因此，材料费用的核算对于正确进行产品成本核算，加强成本费用的控制和管理具有极其重要的意义。

一、材料费用的组成

材料费用包括企业在生产经营过程中实际消耗的各种原材料、辅助材料、外购半成品、修理用备品备件、燃料、动力、包装物和低值易耗品等的费用。

1. 原材料

原材料，是指作为主要劳动对象，经过加工以后构成产品实体的各种原材料，包括原料和主要材料。原料，是指直接从自然界取得的劳动对象，如纺织企业纺纱耗用的原棉、冶炼企业炼铁耗用的铁矿石等；材料，是指已经被加工过的劳动对象，如纺织企业生产布料使用的棉纱、家具厂生产家具使用的板材等。

2. 辅助材料

辅助材料，是指直接用于生产过程，有助于产品形成或便于生产进行但不构成产品实体的各种辅助性材料。辅助材料在生产中发挥的作用不同，有的为劳动工具所消耗，如维护机器设备使用的机油和防锈剂等；有的与主要材料相结合，使主要材料发生变化或给予产品某些性能，如催化剂、漂白粉、染料、油漆等；有的为创造正常劳动条件所耗用，如清洁卫生用的扫帚、抹布、清洁剂等。

3. 外购半成品

外购半成品，是指为企业配套产品而耗用的外购件。如生产空调从外单位购入的压缩机，生产汽车从外单位购入的发动机、汽车轮胎等。

4. 修理用备品备件

修理用备品备件，是指为了修理本企业的机器设备、运输设备等固定资产所专用的零件、备件及配件，如齿轮、轴承等。其他修理用材料列入辅助材料。

5. 燃料

燃料，是指在生产过程中用来燃烧发热或为创造正常劳动的劳动条件使用的各种燃料，包括固体燃料、液体燃料和气体燃料，如煤、汽油、天然气等。燃料按其在生产中所起的作用来看，也属于辅助材料，但是由于它在企业生产中的消耗量比较大，对现代化生产来说作用比较大，需单列一类，以便于管理和核算。

6. 动力

动力，是指生产经营耗用的电力、热力、风力等。

7. 包装物

包装物，是指在生产经营过程中用于包装本企业产品，并随同产品一起出售、出租或出借的各种包装容器，如桶、箱、瓶、坛、袋等。

8. 低值易耗品

低值易耗品，是指生产经营中领用的各种价值低廉、容易损耗的物品，如各种用具物品、工具、管理用具、玻璃器皿等。

二、材料费用的归集

（一）材料发出的原始记录

为了有效地控制生产成本，企业必须严格办理有关材料领用和退库手续，做好相关的原始记录。在实际工作中，材料发出的原始记录主要包括领料单、限额领料单、领料登记表、退料单和材料盘点报告表等。

1. 领料单

领料单是一种由领料车间、部门按用途分别填制的一次性使用的领发材料凭证。它适用于领料次数不多、零星消耗、不经常使用及没有制定消耗定额的材料领发业务。领料单的格式，见表3-1：

表3-1　　领　料　单

领料单位：　　年　月　日　　凭证编号：

用　　途：　　发料仓库：

领料单位负责人：　　发料人：　　领料人：

材料类别	材料编号	名称及规格	计量单位	数　量		单价	金额
				请领	实发		
备　注				合　　计			

领料单可以采用一单一料或一单多料方式，由领料单位填写，一式三联，一联留存领料单位备查，一联留存发料仓库，据以登记材料明细账，另一联送交会计部门，据以进行材料收发和材料费用核算。

2. 限额领料单

限额领料单是一种在规定时期内，按照规定的限额可以多次使用的领发材料的累计凭证。它是由企业的供应部门或生产计划部门根据生产计划和产品的材料消耗定额等有关资料，分别按每一领料车间、部门、产品或工作令号开出，可以采用一单一料或一单多料方式，一般是一式三联，列明材料的品种限额，经供应部门或计划部门负责人签字后，一联送交领料车间或部门，一联送交发料仓库，一联留存备查，分别作为一定期间内领发材料的依据。

当领料单位领料时，在该单内注明请领数量，经负责人签章批准后，持往仓库领料。仓库在发料时，根据材料的品名、规格在限额内发料，同时将实发数量及限额余额填写在限额领料单内，领发料双方在单内签章。月末在此单内结出实发数量和金额转交会计部门，根据此计算材料费用，并进行相应的账务处理。使用“限额领料单”领料，全月不能超过生产计划部门下达的全月领用限额量。由于增加生产量而需追加限额，应由用料部门向生产计划部门提出申请，经批准后追加限额。在用另一种材料代替限额领料单内所列材料时，应另填一次“领料单”，同时，相应地减少限额余额。“限额领料单”的格式和内容，见表 3-2：

表 3-2　　　　限额领料单

领料部门：　　　　　　　　　　　　　　领料编号：

领料用途：　　　　年　　月　　日　　　　发料仓库：

<table>
<tr><td>材料类别</td><td>材料编号</td><td>计量单位</td><td>领用限额</td><td>实际领用</td><td>单　价</td><td>金　额</td><td>备　注</td></tr>
<tr><td colspan="3">供应部门负责人</td><td colspan="5">计划生产部门负责人</td></tr>
<tr><td>日　期</td><td colspan="3">领用</td><td colspan="3">退　料</td><td>限额结余</td></tr>
<tr><td></td><td>请领数量</td><td>发料人签章</td><td>领料人签章</td><td>退料数量</td><td>退料人签章</td><td>收料人签章</td><td></td></tr>
<tr><td></td><td></td><td></td><td></td><td></td><td></td><td></td><td></td></tr>
<tr><td></td><td></td><td></td><td></td><td></td><td></td><td></td><td></td></tr>
<tr><td></td><td></td><td></td><td></td><td></td><td></td><td></td><td></td></tr>
<tr><td></td><td></td><td></td><td></td><td></td><td></td><td></td><td></td></tr>
</table>

限额领料单适用于大量大批生产的企业中经常作用并有消耗定额的材料。采用限额领料单，不仅节省了大量凭证，简化了核算手续，而且还可以有效地监督材料消耗定额的执行，及时有效地控制材料的使用，促使使用部门合理使用，杜绝浪

费，也便于仓库主动备料、送料，保证生产经营活动的正常进行。

3. 领料登记表

领料登记表也是一种多次使用有效的（一般为一个月）领料凭证，一般采用一单一料的方式。对于生产车间、班组常用的数量零星、价值不大的消耗材料，为简化核算，平时可以不采用上述凭证进行核算，而由领料人在领料登记表上登记领用数量并签章证明，据以办理领料手续。领料登记表的格式，见表3-3：

表3-3　　**领料登记表**

领料单位：　　年　月　日　　发料仓库：

日期	材料类别	材料编号	材料名称及规格	计量单位	领用数量		发料人	收料人	备注
					当日	累计			
材料单价					合计金额				

4. 退料单

退料单是一种记录企业生产车间退回月终结存材料的凭证。生产车间领用的材料，虽然是用于生产产品方面，但领用的数量并不一定等于实际消耗的数量。为了正确反映存货价值和计算产品成本，生产车间应于月份终了时，对那些领而未用的材料，办理退料手续。下月不再使用的材料，应填制退料单连同材料退回仓库；下月继续使用的材料，则办理假退料手续，退料的同时填写本月退料单和下月领料单，材料不退回仓库。退料单的格式见表3-4：

表3-4　　**退　料　单**

退料单位：　　年　月　日　　任务编号：

材料编号	材料名称	材料规格	计量单位	数量	单价	金额
备注						

车间负责人：　　退料人：　　收料人：

5. 材料盘点报告表

材料盘点报告表是反映企业材料盘点情况的书面凭证。工业企业储存的材料品种多，收发业务极为频繁，材料物资由各种原因会造成账实不符，出现盘盈、盘亏的现象。因此企业应定期对材料进行盘点，并将盘点结果登记在材料盘点报告表上。材料盘点报告表的格式，见表3-5：

表 3-5　　　　　　　　　　　　　　**材料盘点报告表**

仓库名称：　　　　　　　　　　　　年　　月　　日

材料编号	材料名称及规格	计量单位	数量		单价	盘盈		盘亏		盘亏原因
			账存	实存		数量	金额	数量	金额	

供应部门负责人：　　　　　　　　　仓库保管员：　　　　　　　　　盘点人：

（二）发出材料的计价

在工业企业，从仓库发出的材料主要由生产车间和管理部门领用，企业可以将本期发出材料的领料单先按领用车间或部门进行分类，然后再按具体产品进行汇总，以归集各种产品领用的材料数量，并根据一定的计价方法计算出本期各车间、部门以及各种产品应负担的材料费用，记入相关的成本费用账户的借方和“原材料”账户的贷方。因此，材料发出核算的关键问题是确定发出材料的计价方法。

在会计实务中，发出材料可以按实际成本计价，也可以按计划成本计价。

1. 按实际成本计价

企业采用实际成本计价组织原材料核算时，由于各批购入材料受物价波动及采购地点的影响，即使是同一品种、规格的材料，批次不同，实际单位成本也很可能不一致。因此，对发出材料，必须采用一定的方法确定其单位成本，以便正确计算各期发生的成本费用。我国《企业会计准则》明确规定，当采用实际成本计价方法时，企业可以选择使用的发出材料计价方法主要有先进先出法、加权平均法、移动平均法、个别计价法等。

2. 按计划成本计价

企业在对原材料的收发采用计划成本计价时，材料收发的原始凭证、各种材料的总分类核算与明细分类核算均按计划成本进行，材料的实际成本与计划成本之间的差异，通过“材料成本差异”账户进行核算。企业发出材料，应当按实际成本计算成本费用。实际成本等于计划成本加上应负担的材料成本差异。当分摊的材料成本差异为超支差异时（实际成本大于计划成本），与计划成本相加；当材料成本差异为节约差异时（实际成本小于计划成本），与计划成本相减（即加上一个负数）。企业应当正确计算发出材料应分摊的材料成本差异，将发出材料的计划成本调整成实际成本。

其计算公式如下：

$$材料成本差异率=\frac{月初结存材料的成本差异+本月收入材料的成本差异}{月初结存材料的计划成本+本月收入材料的计划成本}\times100\%$$

发出材料应分摊的成本差异额=发出材料的计划成本×材料成本差异率

发出材料的实际成本=发出材料的计划成本±发出材料应分摊的成本差异额

企业生产经营过程中耗用的所有材料，无论是自制材料，还是外购材料，都应根据审核无误的领、退料凭证，按材料的具体用途进行分配；基本生产车间生产产品直接耗用的材料，直接记入“生产成本——基本生产成本”账户，辅助生产车间耗用的材料，记入“生产成本——辅助生产成本”账户，生产车间一般消耗的材料，记入“制造费用”账户，管理部门耗用的材料，记入“管理费用”账户，专设销售机构消耗的材料，记入“销售费用”账户，专项工程消耗的材料，记入“在建工程”账户，对外销售的材料成本，记入“其他业务成本”账户。

三、材料费用的分配

直接用于生产产品、构成产品实体的原材料费用，在产品成本中一般占有较大的比重，按照重要性原则，规定设有单独的成本项目。如果能够按照产品品种（或成本计算对象）分别领用，如纺织生产用的原棉、冶炼用的矿石、机械生产用的钢材等，在分配费用时，则可以根据领料单上注明的领料用途直接计入各种产品的“直接材料”成本项目；对于不能按照产品品种（或成本计算对象）分别领用，而是几种产品共同消耗的原料及主要材料，如化工生产的多种产品所耗用的原材料费用，需要采用一定的分配方法，将所耗用的原材料在各种产品之间进行分配，并分别计入各种不同产品的“直接材料”成本项目中。

原材料费用的分配标准有很多，主要有材料定额耗用量、材料定额成本、产品产量、产品重量等。分配标准的选择要尽可能与材料费用的发生有密切关系，做到多耗用多分配，少耗用少分配。

（一）重量比例分配法

重量比例分配法就是根据消耗同种原材料的各种产品的重量之和与原材料费用总额的比例进行分配的方法。在按照产品重量分配材料费用时，要求各种产品重量的计量单位必须一致，否则重量无法加总。这种方法适用于原材料耗用数量与产品重量有直接关系的产品，其计算公式如下：

$$材料费用分配率=\frac{各种产品消耗材料费用总额}{各种产品的重量之和}$$

某种产品应负担的材料费用=该种产品的重量×材料费用分配率

【例3-1】某企业生产甲、乙两种产品，共同耗用一种原材料5 000千克，其单价为40元/千克。甲产品的重量为4 000千克，乙产品的重量为6 000千克。采用重量比例分配法分配材料费用结果如下：

$$材料费用分配率=\frac{5\ 000\times40}{4\ 000+6\ 000}=20（元/千克）$$

甲产品分配的材料费用＝4 000×20＝80 000（元）

乙产品分配的材料费用＝6 000×20＝120 000（元）

在会计实务中，材料费用分配通常是用分配表来完成的，其格式，见表3-6：

表3-6 材料费用分配表

（重量比例分配法）

20××年×月×日

产品名称	分配标准（千克）	分配率（元/千克）	分配金额（元）
甲产品	4 000	20	80 000
乙产品	6 000	20	120 000
合　计	10 000		200 000

（二）定额耗用量比例法

定额耗用量比例法是以产品定额消耗量为标准，进行材料费用分配的一种方法。定额消耗量，是指一定产量下，按照消耗定额计算的可以消耗的材料数量；而消耗定额，是指单位产品可以消耗的材料数量限额。这种分配方法适用于各种材料消耗定额健全而且比较准确的企业。其计算公式如下：

$$某种产品材料定额消耗量=该种产品实际产量\times单位产品材料消耗定额$$

$$材料消耗量分配率=\frac{材料实际耗用总量}{各种产品材料定额耗用量之和}$$

$$某种产品应分配的材料实际消耗数量=该种产品的材料定额耗用量\times材料消耗量分配率$$

$$某种产品应分配的材料实际费用=该种产品应分配的材料实际消耗量\times材料单价$$

【例3-2】某企业生产甲、乙两种产品，共同耗用某种材料2 000公斤，其单价6元。甲产品的实际产量200件，单件产品材料消耗定额3公斤；乙产品的实际产量100件，单件产品材料消耗定额2公斤。试计算分配甲、乙产品各自应负担的材料费。

甲产品材料定额消耗量＝200×3＝600（公斤）

乙产品材料定额消耗量＝100×2＝200（公斤）

材料消耗量分配率＝2 000÷（600+200）＝2.5

甲产品应分配的材料数量＝600×2.5＝1 500（公斤）

乙产品应分配的材料数量＝200×2.5＝500（公斤）

甲产品应分配的材料费用＝1 500×6＝9 000（元）

乙产品应分配的材料费用＝500×6＝3 000（元）

通过以上方法可以考核材料消耗定额的执行情况，有利于加强原材料消耗的实物管理，但是分配的工作量较大。为了简化核算工作，也可以采用按定额消耗量的比例直接分配材料费用的方法。计算公式如下：

$$\text{某种产品材料定额消耗量}=\text{该种产品实际产量}\times\text{单位产品材料消耗定额}$$

$$\text{材料消耗量分配率}=\frac{\text{材料实际耗用总量}}{\text{各种产品材料定额耗用量之和}}$$

$$\text{某种产品应分配的实际材料费用}=\text{该种产品应分配的材料定额消耗量}\times\text{材料费用分配率}$$

仍以上例的资料为例计算如下：

甲产品材料定额消耗量＝200×3＝600（公斤）

乙产品材料定额消耗量＝100×2＝200（公斤）

材料费用分配率＝（2 000×6）÷（600+200）＝15（元/公斤）

甲产品应分配的材料费用＝600×15＝9 000（元）

乙产品应分配的材料费用＝200×15＝3 000（元）

上述这两种分配方法的计算结果相同，但是后一种方法不能提供各种产品原材料实际消耗量资料，不利于加强原材料消耗的实物管理。

在会计实务中，材料费用分配通常是用分配表来完成的，其格式，见表3-7：

表3-7　**材料费用分配表**

（定额耗用量比例法）

20××年×月×日　　金额单位：元

产品名称	产品产量（件）	单位消耗定额（千克/件）	定额耗用量（千克）	分配率	材料实际数量（千克）	材料费用
甲产品	200	3	600	2.5	1 500	9 000
乙产品	100	2	200	2.5	500	3 000
合计	300		800		2 000	12 000

（三）定额费用比例法

定额费用是定额消耗量的货币表现。定额费用比例法，是指在各种产品共同耗用的原材料的种类较多的情况下，为了简化分配计算工作，按照各种材料的定额费用的比例分配材料实际费用的方法。计算公式如下：

$$某种产品原材料定额费用=该种产品实际产量\times单位产品该原材料费用定额$$

$$原材料费用分配率=\frac{各种产品材料实际费用总额}{各种产品原材料定额费用总额}$$

$$某种产品应分配的实际材料费用=该种产品原材料定额费用\times原材料费用分配率$$

【例 3-3】某企业生产甲、乙两种产品，领用 A 种主要材料共计 75 000 元。本月生产甲产品 500 件，乙产品 200 件。甲产品的材料消耗定额 4 千克；乙产品的材料消耗定额 5 千克。A 种材料的单位成本 10 元/千克。采用定额费用比例法分配计算如下：

甲产品 A 材料定额费用=500×4×10=20 000（元）

乙产品 A 材料定额费用=200×5×10=10 000（元）

甲产品分配材料费用=20 000×2. 50=50 000（元）

乙产品分配材料费用=10 000×2. 50=25 000（元）

（四）产品产量比例法

产品产量比例法就是根据消耗同种原材料的各种产品的产量之和与原材料费用总额的比例进行分配的方法。在按照产品产量分配材料费用时，要求各种产量的计量单位必须一致，否则产量无法加总。这种方法适用于直接材料耗用的数量与产品产量有一定比例关系的产品。其计算公式如下：

$$材料费用分配率=\frac{各种产品消耗材料费用总额}{各种产品的产量之和}$$

某种产品应负担的材料费用=该种产品的产量×材料费用分配率

【例 3-4】某企业生产甲、乙、丙三种产品，共同领用 B 材料 400 公斤，B 材料的单价 40 元/公斤。本月生产甲产品 500 件，乙产品 200 件，丙产品 300 件。采用产品产量比例法分配 B 材料费用。

$$材料费用分配率=\frac{400\times40}{500+200+300}=16（元/公斤）$$

甲产品应分配材料费用=500×16=8 000（元）

乙产品应分配材料费用=200×16=3 200（元）

丙产品应分配材料费用=300×16=4 800（元）

除了上述几种主要分配方法之外，企业还可以将产品的体积或产品的标准产量作为分配标准，对材料费用进行分配。分配方法可参照前几种方法，这里不再一一介绍。

应实际工作中，材料费用的分配一般是通过编制材料费用分配表进行的，材料费用分配表应按照材料的用途和材料类别，根据归类后的领退料凭证编制，它是材料费用分配核算的汇总原始凭证。其格式内容，见表 3-8：

表 3-8　　　　　　　　　　　　**材料费用分配表**

20××年×月×日　　　　　　　　　　　　金额单位：元

应借科目			产量（件）	单位消耗定额（千克）	定额消耗定额（千克）	分配率	分配金额（元）	直接计入金额（元）	材料费用合计（元）
总账及二级科目	明细科目	成本或费用项目							
生产成本——基本生产成本	甲产品	直接材料	4 000	12	48 000		192 000	208 000	400 000
	乙产品	直接材料	2 000	26	52 000		208 000	52 000	260 000
	小　计				100 000	4	400 000	260 000	660 000
生产成本——辅助生产成本	锅炉车间	直接材料						132 000	132 000
	供电车间	直接材料						68 000	68 000
	小　计							200 000	200 000
制造费用	基本车间	物料消耗						75 000	75 000
管理费用								3 000	3 000
销售费用								2 000	2 000
合　计							400 000	540 000	940 000

根据“材料费用分配表”应编制如下会计分录：

借：生产成本——基本生产成本——甲产品　　400 000

　　　　　　　　　　　　　——乙产品　　260 000

　　　　　——辅助生产成本——锅炉车间　　132 000

　　　　　　　　　　　　　——供电车间　　68 000

　　制造费用——基本生产车间　　75 000

　　管理费用　　3 000

　　销售费用　　2 000

　贷：原材料　　940 000

任务三　归集与分配外购动力费用

一、外购动力费用支出的核算

外购电力、蒸汽等动力，在付款时，按理应按外购动力的用途直接借记有关成本、费用账户，贷记“银行存款”账户。但为贯彻权责发生制，实际工作中一般通过“应付账款”账户核算外购动力费用，即在付款时先作为暂付款处理，借记“应付账款”账户，贷记“银行存款”账户，以冲销原来记入“应付账款”账户借方的暂付款。这样核算的原因是：外购动力费用一般不是在月末支付，而是在每月下旬的某日支付。如果支付时就直接借记有关成本、费用账户，贷记“银行存款”账户，那么计入的动力费用，是上月付款日至本月付款日这一期间的动力费用，而不是当月发生的动力费用。这样，为了正确地计算当月动力费用，需要在当月支付的动力费用基础上扣除付款日到上月末的已付动力费用，加上当月付款日到当月末应付动力费用，核算工作量太大。如果通过“应付账款”账户核算，每月只需在月末分配一次动力费用，就可以大大简化核算工作。按照上述核算方式，“应付账款”账户借方所记本月所付动力费与贷方所记本月应付动力费用，往往不等，从而出现月末余额。如果是借方余额，则表示本月支付款大于应付款的多付动力费用，可以抵冲下月应付费用；如果是贷方余额，则表示本月应付款大于支付款的应付未付动力费用，可以在下月支付。

如果每月支付动力费用日期基本固定，且每月付款日到月末止的应付动力费用相差不多，则也可不通过“应付账款”账户核算，而是将每月支付的动力费用作为本月应付动力费用，在付款时，直接借记各成本、费用账户，贷记“银行存款”账户。在这种情况下，因为各月付款日至月末的应付动力费用可以互相抵消，并不影响各月动力费用核算的正确性。

自制动力应由辅助生产车间进行，其核算方法，将在辅助生产费用核算中讲述。

二、外购动力费用分配的核算

外购动力费用的分配，是指根据外购动力的用途，归入不同账户的过程。外购动力用途不同：有的直接用于产品生产，如生产工艺用电力；有的间接用于生产，如生产车间照明用电力。这些动力费用的分配，在有仪表记录的情况下，应根据仪表所示耗用动力的数量以及动力的单价计算；在没有仪表的情况下，可按生产工时的比例，机器功率时数（机器功率×机器时数）的比例，或定额消耗量的比例分配。

工业企业的生产产品应分配的外购动力费用一般在“直接材料”成本项目下归

集。有的企业为了加强对能源的核算和控制，生产工艺用动力一般与生产工艺燃料可以单独设置“燃料及动力”成本项目，直接用于产品生产的动力费用，应记入基本生产成本总账和所属明细账的“直接材料”或“燃料及动力”项目；直接用于辅助生产的动力费用，应记入“辅助生产成本”总账和所属明细账；用于车间管理的动力费用，记入“制造费用”账户；用于厂部管理的动力费用，记入“管理费用”账户；用于销售机构的动力费用，记入“销售费用”账户，等等。外购动力费用总额应根据有关的转账凭证或付款凭证记入“应付账款”或“银行存款”账户的贷方。

现列示外购动力费用表的格式，见表 3-9：

表 3-9　**外购动力费用分配表**

20××年×月×日　　　　单位：元

应借科目		成本或费用项目	生产工时（分配率 0.12）	用电度数（分配率 0.15）	金额
生产成本——基本生产成本	甲产品	燃料及动力	41 200	×	4 944
	乙产品	燃料及动力	20 300	×	2 436
	小计		61 500	49 200	7 380
生产成本——辅助生产成本	机修车间	燃料及动力		17 400	2 610
		水电费		1 800	270
	运输车间	水电费		1 400	210
	小计				3 090
制造费用	基本生产车间	水电费		2 400	360
管理费用		水电费		4 600	690
合计				76 800	11 520

$$动力费用分配率=\frac{7\ 380}{41\ 200+20\ 300}=0.12$$

甲产品动力费用 = 41 200×0.12 = 4 944（元）

乙产品动力费用 = 20 300×0.12 = 2 436（元）

会计分录如下：

借：生产成本——基本生产成本　　7 380

　　制造费用　　360

　　生产成本——辅助生产成本　　3 090

　　管理费用　　690

　贷：应付账款　　11 520

任务四　归集与分配职工薪酬

一、人工费用的归集

（一）人工费用的构成内容

现行的《企业会计准则》把企业的人工费用称为职工薪酬。

职工薪酬，是指企业根据有关规定应该支付给职工的各种报酬，包括职工工资、奖金、津贴和补贴，职工福利费，医疗、养老、失业、工伤、生育等社会保险费，住房公积金，工会经费，职工教育经费，非货币性福利等因职工为企业提供服务而产生的义务。从广义上来讲，职工薪酬是企业必须付出的人力成本，是吸引和激励职工的重要手段，也就是说，职工薪酬既是职工为企业劳动获得的报酬，也是企业必须承担的成本费用。具体而言，人工费用即职工薪酬，主要包括以下几个方面的内容：

1. 工资总额

工资总额，是指各单位在一定时期内直接支付给本单位全部职工的全部劳动报酬总额。按照国家统计局的规定，工资总额由以下几个方面的内容构成：

（1）计时工资，是指按计时工资标准和工作时间计算应支付给职工的劳动报酬。工资标准是指每一职工在单位时间内应得的工资额。

（2）计件工资，是指按照完成产品（或工作）的数量和计件单价支付给职工的工资。这种工资形式包括个人计件工资和集体计件工资两种。

（3）奖金，是指支付给职工的超额劳动报酬和增收节支的劳动报酬。

（4）津贴和补贴，是指根据国家规定，为补偿职工额外或特殊的劳动消耗，以及为了保证职工的生活水平不受特殊条件影响而支付给职工的各种津贴和补贴。津贴包括夜班津贴、高空作业津贴、野外作业津贴、井下津贴、高温津贴、职务津贴等；补贴包括粮油价格补贴、副食品价格补贴、煤气补贴等。

（5）加班加点工资，是指按照加班加点的工作时间和加班加点的工资标准支付给职工的劳动报酬。

（6）特殊情况下支付的工资，是指非工作时间支付的工资。如根据国家规定，按照计时工资或计件工资标准的一定比例支付给休病假、产假、婚丧假、探亲假或停工学习等职工的工资。

2. 职工福利费

职工福利费，是指企业为职工集体提供的福利，如给生活困难的职工发放补助。

3. 医疗保险费、养老保险费、失业保险费、工伤保险费、生育保险费等社会保险费

社会保险费，是指企业按照国家规定的基准和比例计算，向社会保险经办机构缴纳的医疗保险金、养老保险金、失业保险金、工伤保险费和生育保险费等。

4. 住房公积金

住房公积金，是指企业按照国家《住房公积金管理条例》规定的基准和比例，向住房公积金管理机构缴纳的公积金。

5. 工会经费和职工教育经费

工会经费和职工教育经费，是指为了改善职工文化生活、提高职工业务素质，用于开展工会活动和职工教育及职业技能培训，根据国家规定的基准和比例，从成本费用中提取的工会经费和职工教育经费。

6. 非货币性福利

非货币性福利，包括企业以自己的产品或其他有形资产发放给职工作为福利，企业向职工提供的无偿使用的资产（如提供给企业高级管理人员的汽车、住房等），企业为职工无偿提供商品或类似医疗保健的服务等。

7. 其他职工薪酬

其他职工薪酬，比如，因解除与职工的劳动关系给予的补偿（又称辞退福利），即企业在职职工的劳动合同到期之前解除与职工的劳动关系，或者为了鼓励职工自愿接受裁减，而在提出补偿建议的计划中给予职工的经济补偿。

（二）人工费用的原始记录

企业应为每个职工设置“工资卡”，内含职工姓名、职务、工资等级、工资标准等资料。计算职工工资的原始记录，有“考勤记录”和“产量记录”。

1. 考勤记录

考勤记录是登记职工出勤和缺勤情况的记录，为计时工资计算提供依据。考勤记录形式主要有考勤、考勤卡（考勤钟打卡）、考勤磁卡（刷卡）等。

2. 产量记录

产量记录是登记工人或生产小组在出勤时间内完成产品的数量、质量和耗用工时的原始记录，是计件工资计算的依据，同时，也是统计产量和工时的依据。常用的产量记录有派工单、加工路线单、产量通知单等。

（三）工资的计算

1. 计时工资的计算

计时工资是根据考勤记录登记的每一职工的出勤和缺勤的日数，按照企业规定的工资标准计算的。工资标准按照计算时间的不同，分为年薪制、月薪制、周薪制、日薪制、钟点工资制等。月工资标准也称月薪，由企业依据国家有关法规，以及职工的工作岗位、工作能力、资历等条件综合确定。日工资由月工资除以法定月平均工作日数20.92天（年日历天数365天减去104个双休日和10个法定节假日除以12个月）计算求得。

采用月薪制，不论各月日历数是多少，职工每个月的标准工资（全勤工资）相同。下面以月薪制为例介绍计时工资的计算方法。

（1）按月标准工资扣除缺勤应扣工资额计算。

应付计时工资=月标准工资-缺勤工资

=月标准工资-（事假天数×日标准工资）-（病假天数×日标准工资×病假扣款率）

（2）按出勤天数直接计算。

应付计时工资=出勤天数×日标准工资+病假天数×日标准工资×（1-病假扣款率）

从公式中可以看出，要计算小时工资，首先应根据月标准工资计算日标准工资，也就是日工资率。

采用月薪制计算应付职工薪酬，由于各月日数不同，有的月份30天，有的月份31天，2月份只有28天或29天，因而，同一职工各月的日 工资率不尽相同。在实际工作中，为了简化日工资的计算工作，日标准工资一般按以下两种方法计算。

①每月固定按30天计算。

$$日标准工资=\frac{月标准工资}{30}$$

这样计算日标准工资，特点是节假日也计算工资，因此，出勤期间的节假日，也按出勤日算工资，事假病假等缺勤期间的节假日，也算缺勤，照扣工资。

②每月固定按平均工作日20.92天计算。

$$日标准工资=\frac{月标准工资}{20.92}$$

这样计算日标准工资，特点是法定的工作日才计算工资，节假日是不计算工资的，缺勤期间接节假日也不扣工资。

【例3-5】某职工的月工资标准2 400元。8月31天，事假4天，病假2天，周末假8天。根据该工人的工龄，其病假工资按工资的90%计算。该工人事假期间有一个星期天。试计算该工人本月应得工资。

（1）按30天计算日工资率。

$$日标准工资=\frac{2\ 400}{30}=80（元）$$

①按月标准工资扣除缺勤天数应扣工资额计算。

应付计时工资=月标准工资-（事假天数×日标准工资）-（病假天数×日标准

工资×病假扣款率）

=2 400−4×80−2×80×10%

=2 064（元）

②按出勤天数直接计算。

应付计时工资=本月出勤×日标准工资+病假天数×日标准工资×（1−病假扣款率）

=（31−4−2）×80+2×80×90%

=2 144（元）

两种方法的计算结果相差 80 元（2 144−2 064）。其原因是该月份 31 天，而计算日标准工资用的是 30 天，按②的计算方法，即按出勤日计算工资刚好多了一天的工资 80 元。在日历日数 30 天的月份，两个公式的计算结果相同，而在日历日数少于 30 天的月份，则计算结果不同。

（2）按 20. 92 天计算日工资标准。

日工资标准=$\frac{2\,400}{20.92}$≈114. 73（元）

①按月标准工资扣除缺勤天数应扣工资额计算。

应付计时工资=月标准工资−（事假天数×日标准工资）−（病假天数×日标准工资×病假扣款率）

=2 400−（4−1）×114. 73−2×114. 73×10%

=2 032. 86（元）

②按出勤天数直接计算。

应付计时工资=本月出勤天数×日标准工资+病假天数×日标准工资×（1−病假扣款率）

=［31−8−（4−1）−2］×114. 73+2×114. 73×90%

=2 271. 65（元）

两种方法的计算结果相差 238. 79 元（2 271. 65−2 032. 86）。其原因是该月份的法定工作日数为 23 天（31−8），比计算日标准工资用的 20. 92 天多了 2. 08 天，所以按出勤数计算的工资刚好多了 2. 08 天工资 238. 79 元（2. 08×114. 73）。由于每月的法定工作日数与 20. 92 天都不同，所以按照两个公式计算的结果都不一样。

两种方法的计算结果相差 238. 79 元（2 271. 65−2 032. 86）。其原因是该月份的法定工作日数为 23 天（31−8），比计算日标准工资用的 20. 92 天多了 2. 08 天，所以按出勤数计算的工资刚好多了 2. 08 天工资 238. 79 元（2. 08×114. 73）。由于每月的法定工作日数与 20. 92 天都不同，所以按照两个公式计算的结果都不一样。

2. 计件工资的计算

应付给职工的计件工资，是根据产量记录登记的每一职工或班组完成的产品产量乘以规定的计件单价计算的。这里所指的产量包括合格品的数量和因材料质量不合格造成的废品（料费）的数量，不包括因工人过失造成的废品（工费）的数量。工费产品不仅不支付工资，而且还应查明原因追究当事人的赔偿责任。

（1）个人计件工资的计算。

个人计件工资的计算有两种方法。

方法一：应付计件工资 = $\sum$（本月生产的每种产品产量 × 该种产品计件单价）

产品产量=合格品数量+废品数量

某种产品计件单价=生产单位产品所需的工时定额×该级工人的小时工资率

方法二：应付计件工资=某工人本月生产各种产品的定额工时之和×该工人的小时工资率

【例3-6】甲、乙两种产品都应由8级工人加工。甲产品单件工时定额为30分钟，乙产品单件工时定额为45分钟。8级工人的小时工资率2元。某8级工人加工甲产品500件，乙产品400件。试计算其计件工资。

方法一：

应付计件工资 = $\sum$（某工人本月生产的每种产品产量 × 该种产品计件单价）

甲产品的计件单价=生产单位产品所需的工时定额×该级工人小时工资率

=30÷60×2=1（元）

乙产品的计件单价=45÷60×2=1.5（元）

应付计件工资=500×1+400×1.5=1 100（元）

方法二：

应付计件工资=某工人本月生产各种产品定额工时之和×该工人小时工资率

=（500×30÷60+400×45÷60）×2=1 100（元）

两种方法的计算结果相同。

（2）集体计件工资的计算。

生产小组等集体计件工资的计算方法与个人计件工资的计算方法基本相同。所不同的是，在实行集体计件工资的情况下，还须将集体计件在集体内部按各工人贡献大小进行分配。由于生产工人的级别和工资标准一般体现了工人劳动的质量和技术水平，工作日数一般体现劳动数量，因而，集体计件工资一般按每人的工资标准和工作日数的乘积为分配标准进行分配。其计算公式如下：

$$\text{班组内工资分配率} = \frac{\text{班组集体计件工资额}}{\sum(\text{每人日工资率} \times \text{出勤日数})}$$

某工人应得计件工资=该工人日工资×出勤日数×班组内工资分配率

【例3-7】某生产小组集体完成若干生产任务，按一般计件工资的计算方法算出并取得集体工资8 875元。该小组由三个不同等级的工人组成，每人的姓名、等级、日工资率、出勤天数资料，见表3-10：

表3-10　　个人计件工资计算资料表

20××年×月×日

工人姓名	等级	日工资率	出勤天数（天）	分配标准	分配率	分配额（元）
王小洪	8	80	20			
刘毅松	6	50	24			
张小红	5	30	25			
合　计			69			8 875

试以通过日工资率和出勤日数计算的工资额为分配标准计算每个工人应得的工资。

$$班组内工资分配率=\frac{8\ 875}{80\times20+50\times24+30\times25}=2.5$$

王洪应分配计件工资 $=80\times20\times2.5=4\ 000$（元）

刘毅应分配计件工资 $=50\times24\times2.5=3\ 000$（元）

张延应分配计件工资 $=30\times25\times2.5=1\ 875$（元）

根据以上计算分配过程编制，见表3-11：

表3-11　　班组集体计件工资分配表

20××年×月×日

工人姓名	等级	日工资率（元）(1)	出勤天数（天）(2)	分配标准 (3)=(1)×(2)	分配率 (4)	分配额(元) (5)=(4)×(3)
王洪	8	80	20	1 600		4 000
刘毅	6	50	24	1 200		3 000
张延	5	30	25	750		1 875
合计			69	3 550	2.5	8 875

除上述计时工资和计件工资外，职工的工资性奖金、津贴和补贴、加班加点工资、特殊情况下支付的工资等应计入工资总额，由企业按有关规定计算。

二、人工费用的分配

企业的人工费用应按其发生的地点和用途进行归集和分配。采用计件工资形式支付的工资，可以直接计入所生产产品的成本。采用计时工资形式支付的工资，如果生产工人只生产一种产品，则仍可以直接计入所生产产品的成本；如果生产多种产品，则需要选用适当的分配方法，在各种产品之间进行分配。一般以生产产品所耗用的生产工时为标准进行分配。其计算公式如下：

$$工资费用分配率=\frac{应分配的工资费用}{各种产品的生产工时之和}$$

某种产品应分配的工资费用=该产品的生产工时×工资费用分配率

【例 3-8】 某企业基本生产车间生产甲、乙两种产品，本月发生的生产工人的计时工资共计 85 000 元，甲产品的生产工时 20 000 小时，乙产品的生产工时 30 000小时。试计算分配甲乙产品各自应负担的工资费用。

$$工资费用分配率=\frac{85\ 000}{2\ 000+3\ 000}=17\ （元/小时）$$

甲产品应分配的工资费用=17×2 000=34 000（元）

乙产品应分配的工资费用=17×3 000=51 000（元）

分配工资费用是通过编制工资费用分配表进行的，其格式，见表 3-12：

表 3-12 **工资费用分配表**

20××年×月×日

产品名称	分配标准（小时）	分配率（元/小时）	分配金额（元）
甲产品	2 000	17	34 000
乙产品	3 000	17	51 000
合　计	5 000		85 000

为了总括反映职工薪酬的结算和分配业务，企业应设置“应付职工薪酬”账户。该账户核算企业应支付给职工的工资总额，包括在工资总额内的各种工资、奖金、津贴等，不论是否当月支付，都应通过该账户核算。每月在支付工资时，根据实发工资额借记“应付职工薪酬”账户，贷记“银行存款”或“库存现金”账户；根据代扣款项金额和未领工资额，借记“应付职工薪酬”账户，贷记“其他应收款”或“其他应付款”账户。

为详细地反映和监督企业应付职工工资的结算情况，企业还应按职工类别、工资总额的组成内容进行明细核算，在“应付职工薪酬”账户下设置工资明细账。

“应付职工薪酬”账户期末一般应无余额，如果企业本月实发工资是按上月考勤记录计算的，则实发工资与按本月考勤记录计算的应付工资的差额，即为本账户的期末余额。如果企业实发工资与应付工资相差不大，则也可以将本月实发工资作为应付工资进行分配，这样本账户期末即无余额。如果不是由于上述原因引起应付工资大于实发工资的，则期末贷方余额反映为工资结余。

在根据工资费用分配表分配工资费用时，其中，直接从事产品生产和辅助生产的生产工人的职工薪酬，记入“生产成本——基本生产成本”或“生产成本——辅助生产成本”账户；生产车间的组织和管理人员的职工薪酬记入“制造费用”账户；企业行政管理人员的职工薪酬记入“管理费用”账户；销售人员的职工薪酬记入“销售费用”账户；基本建设人员的职工薪酬记入“在建工程”账户。

会计人员按照上述计算出来的职工工资和各种其他人工费用，按照车间部门分别编制工资结算单，按照职工的类别分行填列应付给每一职工的各种工资、代发款项、应付工资总额、代扣款项和实发金额等，作为与职工进行工资结算的依据。为了掌握整个企业的工资结算和支付情况，还应该根据各车间、部门的工资结算单等资料，编制整个企业的工资结算汇总表，并根据工资结算汇总表编制工资费用分配表，其格式如下：

【例 3-9】某企业工资费用分配汇总表，见表 3-13：

表 3-13　　**工资费用分配汇总**

20××年×月×日　　单位：元

应借科目		工资			
总账及二级科目	明细科目	分配标准（小时）	生产工人（0.5）	管理人员	工资合计
生产成本——基本生产成本	甲产品	300 000	150 000		150 000
	乙产品	320 000	160 000		160 000
	小　计	600 000	300 000		310 000
生产成本——辅助生产成本	锅炉车间				120 000
	供电车间				80 000
	小　计				200 000
制造费用	基本车间			5 000	5 000
管理费用				4 500	4 500
销售费用				2 500	2 500
在建工程				8 000	8 000
合　计				20 000	530 000

根据工资费用分配汇总表进行如下账务处理：

借：生产成本——基本生产成本——甲产品　　150 000
　　　　　　　　　　　　　——乙产品　　160 000
　　　　　——辅助生产成本——锅炉车间　　120 000
　　　　　　　　　　　　　——供电车间　　80 000
　　制造费用　　5 000
　　管理费用　　4 500
　　销售费用　　2 500
　　在建工程　　8 000
　贷：应付职工薪酬　　530 000

企业除了要按照各种标准给职工支付工资，发生工资费用外，还要根据国家的有关规定，按照工资总额的一定比例计算并提取职工福利费、社会保险费、住房公积金、工会经费和职工教育经费，以及为职工提供非货币性福利等，这些项目也是企业人工费用的重要组成部分，企业对这些费用应该进行认真核算。下面以职工福利费为例进行介绍。

职工福利费，是指企业为职工提供的福利，如给生活困难的职工发放补助、补助职工食堂等。企业可以按照职工工资总额的一定比例计算、提取职工福利费。以前国家规定职工福利费的计提比例是14%，现在国家不再规定计提比例，企业可以根据情况自行确定。

按照生产工人的工资计提的福利费，应记入“生产成本——基本生产成本”账户的借方；按照辅助生产、制造费用、销售费用、管理费用和在建工程等方面职工工资和规定比例计提的福利费，应分别记入“生产成本——辅助生产成本”、“制造费用”、“销售费用”、“管理费用”和“在建工程”等账户的借方，同时，计提职工福利费的总额应记入“应付职工薪酬”账户的贷方。

【**例3-10**】某企业按照工资费用和14%比例计算并提取职工福利费，见表3-14：

表3-14　　**职工福利费用配表**

20××年×月×日　　单位：元

应借账户		成本费用项目	工资总额	计提比例	应付福利费
生产成本——基本生产成本	甲产品	福利费	150 000	14%	21 000
	乙产品	福利费	160 000	14%	22 400
	小　计		310 000	14%	43 400

续表

应借账户		成本费用项目	工资总额	计提比例	应付福利费
生产成本——辅助生产成本	锅炉车间	福利费	120 000	14%	16 800
	供电车间	福利费	80 000	14%	11 200
	小　计		200 000	14%	28 000
制造费用	基本车间	福利费	5 000	14%	700
管理费用	福利费	4 500	14%	630	
销售费用	福利费	2 500	14%	350	
在建工程	福利费	8 000	14%	1 120	
合　计		530 000	14%	74 200	

根据表 3-14 应编制的会计分录如下：

借：生产成本——基本生产成本——甲产品　　21 000

　　　　　　　　　　　　　——乙产品　　22 400

　　　　　——辅助生产成本——锅炉车间　　16 800

　　　　　　　　　　　　　——供电车间　　11 200

　　制造费用　　700

　　管理费用　　630

　　销售费用　　350

　　在建工程　　1 120

　贷：应付职工薪酬——职工福利费　　74 200

企业除了要按照工资总额的一定比例计算提取职工福利费之外，还要计算提取各种保险费、职工教育经费和工会经费、住房公积金等，这些项目的计提也会增加企业的成本费用，其计算和账务处理与职工福利费类似，在此不一一介绍。

任务五　归集与分配其他要素费用

一、折旧费用的核算

企业的固定资产在长期的使用过程中，虽然保持着原有的实物形态，但其价值会随着固定资产的损耗而逐渐减少。固定资产由于损耗而减少的价值就是固定资产的折旧。固定资产折旧应该作为折旧费用计入产品成本或期间费用。进行折旧费用的核算，先要计算折旧，然后分配折旧费用。

计算折旧，必须确定固定资产应计折旧额。固定资产在全部使用年限内的应计折旧额，并不是固定资产的全部原值，应该在计算折旧时预先估计，从原值中减去；清理时还要发生清理费用，如拆卸、搬运等费用，也应预先估计，追加到原值中去。

固定资产的残值收入一般大于清理费用，因而预计残值收入减去预计清理费用的余额，即净残值，一般为正数。固定资产应计折旧额，应该是固定资产原值减去预计净残值以后的余额。为了比较正确、简便地确定净残值，一般根据各类固定资产的历史统计资料或技术测定资料，确定预计净残值率，即原值与预计净残值的比率，然后再根据预计净残值率确定预计净残值。

其计算公式如下：

$$\text{预计净残值率}=\frac{\text{预计净残值}}{\text{原值}}\times 100\%$$

$$\text{固定资产预计净残值}=\text{原值}\times\text{预计净残值率}$$

$$\text{固定资产应计折旧额}=\text{固定资产原值}-\text{预计净残值}$$

计算折旧，更重要的是要确定每一个时期，如每一个月的折旧额。这就需要采用适当的折旧计算方法。我国目前采用的折旧计算方法，主要是使用年限法和工作量（或工作时数）法。

（1）使用年限法。采用这种方法，应该按照固定资产的预计使用年限平均计算折旧。即：

$$\text{年折旧额}=\frac{\text{应计折旧额}}{\text{预计使用年限}}$$

在实际工作中，采用使用年限法计算折旧时，折旧额是根据固定资产原值乘以折旧率计算的。固定资产折旧率，是指一定时期内固定资产折旧额对固定资产原值的比率。其计算公式如下：

$$\text{年折旧率}=\frac{\text{年折旧额}}{\text{原值}}\times 100\%$$

$$=\frac{\text{原值}\times(1-\text{预计净残值率})}{\text{预计使用年限}\times\text{原值}}\times 100\%$$

$$=\frac{1-\text{预计净残值率}}{\text{预计使用年限}}\times 100\%$$

为了正确地计算折旧，加强对固定资产折旧的宏观控制，国家不仅统一规定了固定资产预计残值率的上下限度（3%～5%），而且规定了固定资产的预计使用年限，称为折旧年限。

折旧额应该按月计算，因而还应根据年折旧率，算出月折旧率：

$$月折旧率=\frac{年折旧率}{12}$$

折旧率计算确定以后，不应任意变动。每月在计算折旧额时，只需以原值乘以月折旧率即可。其计算公式为：

$$月折旧额=原值\times月折旧率$$

【例 3-11】某企业某项固定资产原值 166 000 元，预计净残值率 4%，折旧年限规定 20 年。其折旧率和每月折旧额计算如下：

$$该项固定资产年折旧率=\frac{1-4\%}{20}\times100\%=4.8\%$$

$$该项固定资产折旧率=\frac{4.8\%}{12}=0.4\%$$

该项固定资产月折旧额 = 166 000×0.4% = 664（元）

为了简化折旧的计算工作，一般按固定资产的类别规定折旧率，按照同类固定资产原值之和，乘以该类固定资产的折旧率，计算该类固定资产的折旧额。

为了简化折旧的计算工作，月份内开始使用的固定资产，当月不计算折旧，从下月起计算折旧；月份内减少或停用的固定资产，当月仍计算折旧，从下月起停止计算折旧。这就是说，每月折旧额按月初固定资产的原值和规定的折旧率计算。

此外，未使用和不需用的固定资产，以及以经营租赁方式租入的固定资产不计算折旧，房屋和建筑物，不论使用与否都应计算折旧；已经提足折旧超龄使用的固定资产不再计算折旧；提前报废的固定资产，不补提折旧。

（2）工作量（或工作时数）法。这种方法按固定资产完成的工作量或工作时数计算折旧。它先计算确定固定资产单位工作量（工作小时）折旧额，然后用固定资产每月完成的工作数量或时数，乘以单位工作量折旧额，即可计算出各月的折旧额。其计算公式如下：

$$\begin{aligned}某项固定资产折旧额&=\frac{该项固定资产应计折旧额}{该固定资产预计使用年限内可完成的工作数量（或时数）}\\&=固定资产原值\times\frac{1-预计净残值率}{固定资产规定的总工作数量（或时数）}\end{aligned}$$

$$该项固定资产月折旧额=该项固定资产该月完成的工作数量（或时数）\times单位折旧额$$

【例 3-12】某工业企业运输汽车一辆，原值 300 000 元，预计净残值率 4%，预计行驶里程 800 000 公里，某月份行驶 8 000 公里。该辆汽车的单位工作量折旧额和该月份的折旧额计算如下：

$$单位工作量折旧额=\frac{300\,000\times（1-4\%）}{800\,000}=0.36（元/公里）$$

该月折旧额=8 000×0.36=2 880（元）

这种方法适用于单位价值较高，但各月的工作量或工作时数不很均衡的固定资产，如大型精密设备和运输汽车等。这些固定资产如果采用使用年限法计提折旧，则会使各月的成本费用负担不合理。

除使用年限法和工作量法以外，我国会计制度（其中现行行业会计制度限定了范围）还允计采用双倍余额递减法、年序总和法等加速折旧法。

根据一贯性原则，折旧的方法、折旧率或单位折旧额一经确定，不应任意变更，以免各月的成本费用数据不可比。防止利用改变折旧方法、折旧率或单位折旧额人为调节各月成本费用的错误做法。

二、折旧费用分配的核算

折旧费用一般不单独作为一个成本项目。因为一种产品往往需要使用多种机器设备，而一种设备、一个车间往往又可能生产多种产品，分配工作比较困难、复杂。因此通常把各类固定资产折旧费按车间、部门分别记入"制造费用"、"管理费用"等账户，而不直接记入"生产成本"账户。

折旧费用的分配是通过编制折旧费用分配表进行的。固定资产折旧费用分配见表 3-15：

表 3-15　　　　折旧费用分配表

20××年×月×日　　　　单位：元

应借科目	车间部门	上月固定资产折旧额	上月增加固定资产折旧额	上月减少固定资产折旧额	本月固定资产折旧额
制造费用	基本生产	5 940	1 320	580	6 680
辅助生产成本	机修车间	2 420	300	160	2 560
	运输车间	1 860	240		2 100
	小计	4 280	540	160	4 660
管理费用	行政管理部门	2 280	460	2 220	520
合计		12 500	2 320	2 960	11 860

根据上列折旧费用分配表，应编制下列会计分录：

借：制造费用　　6 680

　　生产成本——辅助生产成本　　4 660

　　管理费用　　520

　贷：累计折旧　　11 860

三、利息费用、税金和其他费用的核算

1. 利息费用的核算

要素费用中的利息费用，不是产品成本的组成部分，而是财务费用的一个费用项目。

利息费用一般按季结算支付。为了正确划分各个月份的费用界限，季内各月的利息费用，应分月进行预提，季末实际支付时冲减应付利息。实际费用与预提的差额，计入季末月份的财务费用。每月在预提利息费用时，应借记“财务费用”账户，贷记“应付利息”账户；在季末实际支付全季利息费用时，借记“应付利息”账户，贷记“银行存款”账户。

利息费用如果数额不大，为了简化核算工作，也可以不作为预提处理，而在季末实际支付时全部计入当月的财务费用，即借记“账务费用”账户，贷记“银行存款”账户。

2. 税金的核算

要素费用中的税金，也不是产品成本的组成部分，而是管理费用的组成部分，包括房产税、车船使用税、土地使用税和印花税等。

在这些税金中，有的税金，如印花税，可用银行存款等货币资金直接交纳。交纳时，应借记“管理费用”账户，贷记“银行存款”等账户。如果印花税票是一次购买，分月使用，且金额较大，则应作为其他应收款处理。在支付时，借记“其他应收款”账户，贷记“银行存款”等账户；在分月摊销时，借记“管理费用”账户，贷记“其他应收款”账户。

有的税金，如房产税、车船使用税和土地使用税，需要预先计算应交金额，然后交纳。这些税金应通过“应交税费”账户核算。在算出应交纳税金时，应借记“管理费用”账户，贷记“应交税费”账户；在交纳税金时，应借记“应交税费”账户，贷记“银行存款”等账户。

3. 其他费用的核算

要素费用中的其他费用，是指除了前面所述各要素以外的费用，包括邮电费、租赁费、印刷费、图书资料报刊办公用品订购费、试验检验费、排污费、误餐补助费、交通费补贴、保险费、职工技术培训费等。这些费用都没有专门设立成本项目，应该在费用发生时，按照发生的车间、部门和用途，分别借记“制造费用”、“管理费用”、“应付职工薪酬”等账户，贷记“银行存款”或“库存现金”等账户。

税金、利息费用和其他费用汇总表的格式，见表3-16：

表 3-16　　**利息费用、税金和其他费用汇总表**

200×年×月×日　　单位：元

应借科目			金　额
总账科目	明细科目	成本或费用项目	
制造费用	基本生产车间	办公费	682.00
		水电费	865.00
		其他	827.60
		小计	2 374.60
辅助生产成本	基本生产车间	办公费	263.00
		水电费	220.00
		其他	310.00
	运输车间	办公费	132.00
		水电费	201.00
		其他	131.50
	小计		1 257.50
管理费用	行政管理部门	办公费	1 145.00
		水电费	817.00
		税金	2 320.00
		其他	1 540.00
	小计		5 822.00
销售费用		运输费	678.00
		广告费	3 180.00
		其他	397.00
	小计		4 255.00
应付利息	预提利息费用		3 980.00
在建工程	×工程	其他	2 980.00
合计			20 669.10

根据上列汇总资料，应编制会计分录如下：

借：制造费用　　2 374.60

　　生产成本——辅助生产成本　　1 257.50

管理费用　　5 822.00

营业费用　　4 255.00

应付利息　　3 980.00

在建工程　　2 980.00

贷：银行存款　　20 669.10

企业的各种要素费用通过上述分配，已经按照费用的用途分别记入“生产成本——基本生产成本”、“生产成本——辅助生产成本”、“制造费用”、“销售费用”、“管理费用”、“财务费用”、“ 其他应收款” 和 “在建工程” 等账户的借方。其中，记入“生产成本——基本生产成本” 账户借方的费用，已经分别记入各有关产品基本生产成本明细账的“直接材料”、“直接人工” 等成本项目。

知识归纳

生产费用按经济性质（内容）所作的分类，在会计上就称为要素费用，也称为生产费用要素。主要包括劳动对象方面的费用、劳动手段方面的费用和活劳动方面的费用。

要素费用的组成项目有：外购材料、外购动力、外购燃料、职工薪酬、折旧费与摊销费、利息支出、税金、其他支出。

材料费用是构成产品成本的主要生产费用。

材料费用包括企业在生产经营过程中实际消耗的各种原材料、辅助材料、外购半成品、修理用备品备件、燃料、动力、包装物和低值易耗品等的费用。

材料发出的原始记录主要包括领料单、限额领料单、领料登记表、退料单和材料盘点报告表等。

发出材料发出可以按实际成本计价，也可以按计划成本计价。

在采用实际成本计价方法时，企业可以选择使用的发出材料计价方法主要有先进先出法、加权平均法、移动平均法、个别计价法等。

材料费用的分配标准，主要有材料定额耗用量、材料定额成本、产品产量、产品重量等。

现行的《企业会计准则》把企业的人工费用称为职工薪酬。

职工薪酬，是指企业根据有关规定应该支付给职工的各种报酬，包括职工工资、奖金、津贴和补贴，职工福利费，医疗、养老、失业、工伤、生育等社会保险费，住房公积金，工会经费，职工教育经费，非货币性福利等因职工为企业提供服务而产生的义务。

计算职工工资的原始记录，有“考勤记录”和“产量记录”。

知识考量与技能训练

一、单项选择题

1. 产品生产领用低值易耗品，应记入(　　)账户。

A. “制造费用”　　B. “基本生产成本”

C. “管理费用”　　D. “辅助生产成本”

2. 生产车间耗用的机物料，应借记的账户是(　　)。

A. “基本生产成本”　　B. “辅助生产成本”

C. “制造费用”　　D. “管理费用”

3. 月末在进行工资费用分配时，医务生活福利部门人员的工资应借记的账户是(　　)。

A. “应付职工薪酬”　　B. “应付福利费”

C. “管理费用”　　D. “销售费用”

4. 某工业企业采用使用年限法计提折旧。某类固定资产的折旧率1%，该类固定资产的月初原值3 000万元，当月增加固定资产的原值300万元，当月减少固定资产原值100万元，则当月该类固定资产应计提的折旧费(　　)万元。

A. 29　　B. 30

C. 32　　D. 33

5. 各项要素费用中的税金，在发生或支付时，应在(　　)中列支。

A. 基本生产成本　　B. 管理费用

C. 制造费用　　D. 营业费用

6. 在企业生产产品成本中，“直接人工”项目不包括(　　)。

A. 直接参加生产的工人的工资　　B. 按生产工人工资计提的福利费

C. 直接参加生产的工人的计件工资　　D. 企业行政管理人员工资

7. 在企业未设置“燃料及动力”成本项目的情况下，生产车间发生的直接用于产品生产的动力费用，应借记的账户是(　　)。

A. “管理费用”　　B. “生产成本——基本生产成本”

C. “生产费用”　　D. “制造费用”

8. 企业在支付(　　)税金时，应借记“管理费用”账户，贷记“银行存款”或“库存现金”账户。

A. 房产税　　B. 土地使用税

C. 印花税　　D. 车船使用税

9. 某企业固定资产采用使用年限法计提折旧，某类固定资产净残值率5%，预计使用15年，则年折旧率(　　)。

A. 6.67%　　B. 6.33%

C. 5.37%　　D. 6%

10. 利息费用计入(　　)。

A. 营业费用　　B. 管理费用

C. 生产费用　　D. 财务费用

11. 生产车间领用的直接用于产品生产、有助于产品形成的辅助材料，应借记的账户为(　　)。

A. “生产成本——辅助生产成本”　　B. “制造费用”

C. “生产成本——基本生产成本”　　D. “原材料”

二、多项选择题

1. 计入工资总额的津贴包括(　　)。

A. 技术性津贴　　B. 补偿职工特殊劳动消耗的津贴

C. 保健津贴　　D. 其他津贴

2. 低值易耗品的摊销方法有(　　)。

A. 一次摊销法　　B. 分次摊销法

C. 约当产量法　　D. 工作量

E. 五五摊销法

3. 计入产品成本的生产费用，按其用途应分别借记(　　)账户。

A. “生产成本——基本生产成本”　　B. “制造费用”

C. “管理费用”　　D. “生产成本——辅助生产成本”

E. “销售费用”

4. 在下列固定资产中，不计提折旧的有(　　)。

A. 未使用的房屋和建筑物　　B. 不需用的固定资产

C. 提前报废的固定资产　　D. 以经营租赁方式租入的固定资产

E. 当月停用的设备

5. 在工业企业各种要素费用中的其他费用包括(　　)。

A. 邮电费　　B. 印刷费

C. 保险费　　D. 筹集资金的费用

E. 差旅费

6. 在下列各项中，属于当月应计提折旧的固定资产有(　　)。

A. 闲置的厂房　　B. 以经营租赁方式租入的设备

C. 超龄使用的设备　　D. 月份内报废的设备

E. 未用和不需用的设备

7. 当发生下列各项费用时，可以直接借记“生产成本——基本生产成本”账户的有(　　)。

A. 车间照明用电费　　B. 构成产品实体的原材料费用

C. 车间管理人员工资　　　　　　　D. 车间生产工人工资

E. 车间办公费

三、实务操作题

1. 某企业房屋类固定资产原值 500 000 元，其中基本生产车间使用 400 000 元，企业行政管理部门使用 100 000 元，净残值率 11%，平均使用年限 20 年。

要求：计算月折旧率、月折旧额并编制分配折旧额的会计分录。

2. 某工业企业 9 月 26 日通过银行支付外购电费 24 000 元。9 月末，查明各车间、部门耗电度数为：基本生产车间耗电 35 000 度，其中车间照明用电 5 000 度；辅助生产车间耗电 8 900 度，其中，车间照明用电 1 900 度；企业行政管理部门耗电 6 000 度。该月应付外购电力费共计 24 950 元。

要求：

(1) 按所耗电度数分配电力费用，A、B 产品按生产工时分配电费。A 产品生产工时 37 000 小时，B 产品生产工时 23 000 小时。

(2) 编制该月份支付外购电力费用的会计分录。

(3) 编制该月份分配外购电力费用的会计分录。

3. 某企业某工人加工甲、乙两种产品。甲产品工时定额 0.4 小时；乙产品工时定额 0.3 小时。该工人的小时工资率 5.2 元，该月加工甲产品 220 件，乙产品 230 件。

要求：

(1) 计算甲、乙两种产品的计件工资单价。

(2) 按产品产量和计件单价计算其计件工资。

(3) 按完成产品的定额工时和小时工资率计算计件工资。

4. 某企业 8 月份生产甲、乙两种产品，其耗用原材料 8 000 千克，每千克 5.5 元，本月产量为：甲产品 500 件，乙产品 400 件，单件产品原材料消耗定额为：甲产品 6 千克，乙产品 5 千克。

要求：按原材料定额消耗量比例分配计算甲、乙产品实际耗用的材料费用。

项目四

归集与分配辅助生产费用、废品损失、制造费用

学习目标

知识目标

了解辅助生产、废品损失、制造费用的含义

懂得辅助生产费用、废品损失、制造费用的核算程序

能力目标

较好掌握辅助生产费用、废品损失、制造费用的归集与分配方法

任务一　归集和分配辅助生产费用

工业企业的生产按其生产任务不同，主要划分为基本生产和辅助生产。基本生产是指企业为了直接完成主要生产目的而进行的产品生产。辅助生产，是指为本企业基本生产车间、企业行政管理单位等服务而进行的产品生产或劳务供应。辅助生产根据它所提供的产品、劳务和作业的种类多少，可以分为两种类型：一类是只提供一种产品、劳务或作业的辅助生产，称为单品种辅助生产，如供电、供水、供气、运输等；另一类是提供多种产品、劳务或作业的辅助生产，称为多品种辅助生产，如模具制造、机械设备修理等。辅助生产提供的产品和劳务，有时也对外销售，但主要是为本企业服务。辅助生产产品和劳务成本的高低，影响到企业产品成本和期间费用的水平，因此，正确、及时地组织辅助生产费用的归集和分配，对于节约费用、降低成本有着重要意义。

一、辅助生产费用的归集

辅助生产费用是辅助生产车间（部门）在一定时期内为基本生产车间和行政管理部门等提供产品或劳务而发生的各种耗费。

（一）辅助生产费用核算的账户设置

辅助生产费用的归集和分配是通过“生产成本——辅助生产成本”账户来进行的，也可以将“辅助生产成本”作为总分类账。此外，还要按辅助生产车间（部门）来进行明细核算，按照辅助生产车间的成本核算对象开设“辅助生产成本”明细账，账内按照成本项目或费用项目设置专栏，主要设直接材料、直接人工、制造费用三个项目。

辅助生产车间（部门）发生的制造费用有两种归集方法：一般情况是在“制造费用”总分类账下，按照辅助生产车间（部门）设置制造费用明细账，归集辅助生产车间（部门）发生的制造费用，月末再分配转入辅助生产成本账户所属的产品生产成本明细账；如果辅助生产车间（部门）规模很小、产品或劳务单一、制造费用很少，而且辅助生产车间（部门）不对外提供产品和劳务，因而在不需要按照规定的成本项目计算产品成本的情况下，为了简化核算，则辅助生产车间（部门）可以不设置制造费用明细账，直接将制造费用记入生产成本账户。在辅助生产车间（部门）不设置制造费用明细账的情况下，辅助生产成本二级账户和所属的产品生产成本明细账，应将产品和劳务的成本项目与制造费用的费用项目结合起来设置专栏，组织辅助生产费用的明细核算和产品、劳务成本的计算。

（二）辅助生产费用的归集

辅助生产费用的归集与辅助生产的类型密切相关。在单品种辅助生产车间，其生产费用都是直接费用，一般可以按照成本项目直接归集计入产品或劳务成本，而这些产品或劳务，通常没有在产品，所以归集的生产费用总额就是产品或劳务的总成本。

在多品种辅助生产车间，其生产费用有直接计入费用，也有间接计入费用，直接计入费用在发生时直接计入产品或劳务的成本，间接计入费用需要采用一定的方法分配计入各种产品或劳务的成本（具体方法可以参照基本生产成本的核算）。

此外，辅助生产车间之间相互服务，要按照一定程序、方法分配、计算各辅助生产车间耗用其他辅助生产车间的产品或劳务费用。

归集辅助生产费用是根据“材料费用分配表”、“工资及福利费分配表”、“制造费用分配表”等有关凭证登记“辅助生产成本”及其所属明细账。辅助生产成本明细账的格式如下。

如果辅助生产车间的制造费用不通过“制造费用”归集，直接计入“生产成本——辅助生产成本”，则辅助生产费用的归集可根据“材料费用分配表”、“工资及福利费分配表”、“预提费分配表”、“其他费用汇总表”等有关凭证登记“辅助生产成本”及其所属明细账。辅助生产成本明细账的格式，见表4-1、表4-2：

表4-1 辅助生产成本明细账

车间名称：供电车间 20××年×月×日 单位：元

年		凭证号数	摘 要	直接材料	直接人工	制造费用	合 计
月	日						
			根据材料费用分配表	25 000			25 000
			根据工资费用分配表		12 000		12 000
			根据制造费用分配表			920	920
			合 计	25 000	12 000	920	37 920

表4-2 辅助生产成本明细账

车间名称：修理车间 20××年×月×日 单位：元

年		摘 要	材料费	工资费	折旧费	水电费	办公费	其他费用	合计
月	日								
（略）		根据材料费用分配表	5 000						5 000
		根据工资费用分配表		3 260					3 260
		根据折旧费用分配表			1 740				1 740
		根据其他费用分配表				180	500	120	800
		本月发生	5 000	3 260	1 740	180	500	120	10 800
		本月转出	5 000	3 260	1 740	180	500	120	10 800

二、辅助生产费用的分配

归集在“生产成本——辅助生产成本”账户借方的辅助生产费用，由于辅助生产车间生产的产品和劳务的种类不同，费用转出、分配的程序也不一样。所提供的产品，如工具，模具和修理用备件等产品成本，应该在产品完工时，从“生产成本——辅助生产成本”账户贷方分别转入“低值易耗品”和“原材料”等账户的借方；而提供的劳务作业，如水、电、气、修理和运输等所发生的费用，则要在各受益对象之间按照所耗用的数量或其他比例进行分配，从“生产成本——辅助生产成本”账户贷方转入“生产成本——基本生产成本”、“制造费用”、“管理费用”、“销售费用”、“在建工程”等账户的借方。辅助生产费用的分配是通过编制辅助生产费用分配表进行的。

辅助生产提供的产品和劳务，主要是为基本生产车间等服务的，但是在某些辅助生产车间之间，也有相互提供劳务的情况，如供电车间为修理车间提供电力，修理车间为供电车间修理设备，为了正确计算辅助生产产品和劳务的成本，在分配辅助生产费用时，应首先在各辅助生产车间之间进行交互分配，然后才是对辅助生产车间以外的各受益单位分配费用。

辅助生产费用的分配方法主要有：直接分配法、一次交互分配法、计划成本分配法、代数分配法和顺序分配法。

（一）直接分配法

直接分配法，是指将各辅助生产车间（部门）自身发生的费用，直接分配给辅助生产以外的受益对象，如辅助生产车间（部门）之间相互提供产品或劳务不分配费用的方法。

直接分配法简单易行，但由于各辅助生产车间（部门）之间相互提供产品或劳务并没有相互分配费用，当各辅助生产车间（部门）之间相互提供的产品或劳务成本差异较大时，会影响分配结果的准确性。因此，这种方法主要适用于各辅助生产车间（部门）之间相互提供产品或劳务不多的企业。分配计算公式如下：

$$\text{费用分配率}=\frac{\text{某辅助生产车间（部门）待分配费用总额}}{\text{该车间（部门提供给外部受益对象产品（劳务）总量}}$$

$$\text{某外部受益对象应分配的费用}=\begin{array}{c}\text{该受益对象产品}\\\text{（劳务）耗用数量}\end{array}\times\begin{array}{c}\text{费用}\\\text{分配率}\end{array}$$

【例4-1】某企业设有供电和供水两个辅助生产车间。辅助生产车间的制造费用不通过“制造费用”账户核算。基本生产明细账设有“直接材料”、“直接人工”和“制造费用”三个成本项目。20××年×月×日，各辅助生产车间发生的费用及提供的产品劳务的数量等资料见表4-3：

表 4-3　　**辅助生产车间产品（劳务）供应量汇总表**

20××年×月×日

辅助生产车间		供水车间	供电车间
待分配费用		17 600 元	18 000 元
提供产品和劳务数量		23 000 吨	35 000 度
耗用量	供水车间耗用动力电		4 000 度
	供水车间耗用照明电		1 000 度
	供电车间耗用水	1 000 吨	
	基本车间耗用动力电		20 000 度
	基本车间耗用水及照明电	20 000 吨	6 000 度
	行政管理部门耗用水及照明电	2 000 吨	4 000 度

根据以上资料，采用直接分配法进行分配，编制辅助生产费用分配表，见表 4-4：

表 4-4　　**辅助生产费用分配表（直接分配法）**

20××年×月×日　　　　单位：元

项　目	供水车间		供电车间		金额合计
	供应量（吨）	金额	供应量（度）	金额	
待分配成本		17 600		18 000	35 600
产品（劳务）供应总量	23 000		36 000		
其中：对外供应劳务量	22 000		30 000		
费用分配率		0.8		0.6	
受益对象					
供水车间耗用动力电			4 000		
供水车间耗用照明电			1 000		
供电车间耗用水	1 000				
基本车间耗用动力电			20 000	12 000	12 000
基本车间耗用水及照明电	20 000	16 000	6 000	3 600	19 600
管理部门耗用水及照明电	2 000	1 600	4 000	2 400	4 000
合　计	23 000	17 600	35 000	18 000	35 600

对外供应劳务、产品数量：

供水车间=23 000-1 000=22 000（吨）

供电车间=35 000-4 000-1 000=30 000（度）

根据上表的分配结果进行账务处理：

分配水费的会计分录如下：

借：制造费用	16 000	
管理费用	1 600	
贷：生产成本——辅助生产成本（供水车间）		176 000
借：生产成本——基本生产成本	12 000	
制造费用	3 600	
管理费用	2 400	
贷：生产成本——辅助生产成本（供电车间）	18 000	

（二）一次交互分配法

一次交互分配法又称为交互分配法，是指将各辅助生产车间（部门）自身发生的费用，先在辅助生产车间（部门）之间进行一次交互分配，然后，再将交互分配以后归集的费用在辅助生产车间（部门）外部的各受益对象之间进行分配的方法。

一次交互分配法与直接分配法比较，提高了费用分配结果的准确性。但由于在费用分配时要计算交互分配和对外分配两个费用分配率，进行两次分配，从而也增加了分配计算的工作量。同时，交互分配的费用分配率是根据交互分配前自身发生的费用计算的，没有包括从其他辅助生产车间（部门）分进来的费用，也就不是该辅助生产车间（部门）产品（劳务）的实际单位成本，其分配结果仍不够准确。一次交互分配法一般适用于辅助生产车间（部门）较少的企业。分配计算公式如下：

1. 交互分配（辅助生产内部之间的分配）

$$\text{费用分配率}=\frac{\text{某辅助生产车间（部门）交互分配前的费用总额}}{\text{该辅助生产车间（部门）提供的产品（劳务）总量}}$$

$$\text{某辅助生产车间（部门）应分配的费用}=\text{该辅助生产车间（部门）耗用数量}\times\text{费用分配率}$$

2. 外部分配（对辅助生产以外的各受益对象分配）

$$\text{费用分配率}=\frac{\text{某辅助生产车间（部门）交互分配后的费用总额}}{\text{该车间（部门）提供给外部受益对象的产品（劳务）总量}}$$

公式中：

$$\text{某车间（部门）交互分配后的费用总额}=\text{该车间（部门）交互分配前的费用总额}+\text{内部车间分来的费用}-\text{分给内部车间的费用}$$

辅助生产外部某受益对象应分配的费用＝该受益对象接受的产品（劳务）总量×费用分配率

【例 4-2】某企业设有供电、机修两个辅助生产车间。辅助生产车间的制造费用不通过“制造费用”账户核算。基本生产明细账设有“原材料”、“直接人工”和“制造费用”三个成本项目。20××年×月×日，各辅助生产车间发生的费用及提供的产品和劳务的数量，见表 4-5：

表 4-5　　**辅助生产车间产品（劳务）供应量汇总表**

20××年×月×日

辅助生产车间		供电车间	机修车间
待分配费用（元）		45 000	480 000
供应劳务量		100 000（度）	160 000（小时）
辅助生产车间	供电车间		10 000（小时）
	机修车间	5 000（度）	
基本生产车间	一车间	51 000（度）	80 000（小时）
	二车间	35 000（度）	50 000（小时）
行政管理部门		9 000（度）	20 000（小时）

根据以上资料，采用一次交互分配法进行分配，编制辅助生产费用分配，见表 4-6：

分配率的小数保留四位，第一位四舍五入；分配的小数尾差计入管理部门的费用。

计算分配过程如下：

供电车间交互分配的费用分配率$=\frac{46\ 000}{100\ 000}=0.46$（元/度）

机修车间交互分配的费用分配率$=\frac{480\ 000}{160\ 000}=3$（元/小时）

机修车间应负担电费$=5\ 000\times0.46=2\ 300$（元）

供电车间应负担修理费$=10\ 000\times3=30\ 000$（元）

编制的会计分录如下：

借：生产成本——辅助生产成本（机修车间）　　2 300

——辅助生产成本（供电车间）　　30 000

贷：生产成本——辅助生产成本（供电车间）　　2 300

——辅助生产成本（机修车间）　　30 000

辅助生产费用分配表（一次交互分配法），见表4-6：

表4-6　**辅助生产费用分配表（一次交互分配法）**

20××年×月×日　　　　单位：元

项目			交互分配			对外分配		
			供电	机修	合计	供电	机修	合计
待分配费用			45 000	480 000	525 000	72 750	452 250	525 000
供应劳务量			100 000	160 000		95 000	150 000	
分配率			0.45	3		0.765 8	3.015	
辅助车间	供电	耗用数量		10 000				
		分配金额		30 000				
	机修	耗用数量	5 000					
		分配金额	2 250					
	金额小计		2 250	30 000	32 250			
基本车间	一车间	耗用数量				51 000	80 000	
		分配金额				39 055.8	241 200	280 255.8
	二车间	耗用数量				35 000	50 000	
		分配金额				26 803	150 750	177 553
管理部门		耗用数量				9 000	20 000	
		分配金额				6 891.2	60 300	67 191.2
分配金额小计						72 750	452 250	525 000

机修车间应对外分配的费用＝480 000+2 250−30 000＝452 250（元）

供电车间应对外分配的费用＝45 000+30 000−2 250＝72 750（元）

供电车间对外分配的费用分配率$=\dfrac{72\ 750}{95\ 000}\approx 0.7658$（元/度）

机修车间对外分配的费用分配率$=\dfrac{452\ 250}{150\ 000}\approx 3.015$（元/小时）

一车间应负担电费＝51 000×0.765 8＝39 055.8（元）

二车间应负担电费＝35 000×0.765 8＝26 803（元）

管理部门应负担电费＝9 000×0.765 8＝6 891.2（元）

一车间应负担修理费＝80 000×3.015＝241 200（元）

二车间应负担修理费＝50 000×3.015＝150 750（元）

管理部门应负担修理费 = 20 000×3.015 = 60 300（元）

编制的会计分录如下：

借：制造费用——第一车间	280 255.8	
第二车间	177 553	
管理费用	67 191.2	
贷：生产成本——辅助生产成本（供电车间）		72 750
辅助生产成本（机修车间）		452 250

（三）代数分配法

代数分配法，是指先根据数学上解联立方程组的原理，计算出辅助生产车间（部门）产品（劳务）的实际单位成本，再按照产品（劳务）的实际供应量和实际单位成本，在全部受益对象之间分配辅助生产费用的方法。

代数分配法通过解联立方程组，求得辅助生产车间（部门）产品（劳务）的实际单位成本，计算分配结果最为准确。但当辅助生产车间（部门）较多时，手工计算工作比较复杂。因此，代数分配法适用于已经实现会计电算化，并拥有相应财务软件的现代企业。

分配计算公式如下：

1. 计算费用分配率（实际单位成本）

（1）设各辅助生产车间（部门）产品（劳务）的实际单位成本分别为 X、Y、Z 等未知数。

（2）按照辅助生产车间（部门）存在的下列等量关系建立联立方程组，求得未知数（实际单位成本）。

单位成本×供应总量 = 自身发生的费用+其他辅助生产分来的费用

2. 计算费用分配额

$$\text{某受益对象应分担的费用额} = \frac{\text{实际单位}}{\text{成本}} \times \frac{\text{该受益对象接受的}}{\text{产品（劳务）数量}}$$

【例 4-3】沿用【例 4-2】的资料，采用代数分配法进行分配，计算分配和账务处理过程如下。

（1）计算费用分配率。

设每度电的成本为 x，每个机修工时的成本为 y，列联立方程组如下：

$45\ 000+10\ 000y = 100\ 000x$

$480\ 000+5\ 000x = 160\ 000y$

解上述方程组得（保留四位小数）：$x \approx 0.752\ 4$　$y \approx 3.023\ 5$

（2）计算费用分配额。

①修理车间修理费的分配。

供电车间应分担的修理费=10 000×3. 023 5=30 235（元）

一车间应分担的修理费=80 000×3. 023 5=241 880（元）

二车间应分担的修理费=50 000×3. 023 5=151 175（元）

管理部门应分担的修理费=480 000+5 000×0. 752 4-30 235-241 880-151 175
=60 472（元）

②供电车间电费的分配。

修理车间应分担的电费=5 000×0. 752 4=3 762（元）

一车间应分担的电费=51 000×0. 752 4=38 372. 40（元）

二车间应分担的电费=35 000×0. 752 4=26 334（元）

管理部门应分担的电费=45 000+10 000×3. 023 5-3 762-38 372. 4-26 334
=6 766. 60（元）

（3）编制辅助生产费用分配表，见表4-7：

表4-7　**辅助生产费用分配表**

20××年×月×日

项　　目	分配修理费		分配电费		对外分配金额合计（元）
	数量（小时）	金额（元）	数量（度）	金额（元）	
待分配费用		480 000		45 000	525 000
劳务供应总量	160 000		100 000		
费用分配率		3. 023 5		0. 752 4	
受益对象					
供电车间	10 000	30 235			
修理车间			5 000	3 762	
一车间	80 000	241 880	51 000	38 372. 4	280 252. 4
二车间	50 000	151 175	35 000	26 334	177 509
行政管理部门	20 000	60 472	9 000	6 766. 6	67 236. 6
对外分配金额合计		480 000		45 000	525 000

注：供电、修理车间有分配计算尾差的调整管理费用。

（4）账务处理。

借：生产成本——辅助生产成本（修理车间）　3 762

　　　　　　　　辅助生产成本（供电车间）　30 235

　　制造费用——第一车间　280 252. 40

第二车间	177 509	
管理费用	67 236.60	
贷：生产成本——辅助生产成本（机修车间）		483 762
——辅助生产成本（供电车间）		75 235

（四）计划成本分配法

计划成本分配法，是指辅助生产车间为生产的产品或劳务发生的辅助生产费用，按照计划单位成本进行计算、分配的方法。辅助生产为各受益对象（包括辅助生产单位在内）提供的产品或劳务，一律按照产品或劳务的计划单位成本和实际供应量，在各受益对象（包括辅助生产单位在内）之间分配；辅助生产车间实际发生的费用，包括辅助生产交互转入的费用在内，与按照计划单位成本分配转出的费用之间的差额，也就是辅助生产产品和劳务的成本差异，可以追加分配给辅助生产以外的各受益单位，为了简化计算工作，也可以将其全部记入“管理费用”账户。

【例4-4】仍沿用**【例4-2】**的资料，假设每一个机修工时计划成本3元，每一度电的计划成本0.7元，根据以上资料采用计划成本分配法分配辅助生产费用，假定将差异记入“管理费用”账户。

辅助生产车间产品和劳务成本差异的计算过程如下：

供电车间实际总成本＝45 000+30 000＝75 000（元）

按计划成本分配转出的费用＝100 000×0.7＝70 000（元）

成本差异＝75 000−70 000＝5 000（元）

机修车间实际总成本＝480 000+3 500＝483 500（元）

按成本分配转出的费用＝480 000（元）

成本差异＝483 500−48 000＝3 500（元）

根据以上计算，编制辅助生产费用分配表，见表4-8：

表4-8　**辅助生产费用分配表**

20××年×月×日

项　目	按计划成本分配				成本差异		对外分配金额合计
	供电		机修		分配		
	数量（度）	金额（元）	数量（小时）	金额（元）	供电（元）	机修（元）	
待分配费用		45 000		480 000			
劳务供应总量	100 000		160 000				
计划单位成本	0.7元/度		3元/小时				

续表

项 目	按计划成本分配				成本差异分配		对外分配金额合计
	供电		机修				
	数量（度）	金额（元）	数量（小时）	金额（元）	供电（元）	机修（元）	
受益对象							
供电车间			10 000	30 000			
机修车间	5 000	3 500					
一车间	51 000	35 700	80 000	240 000			275 700
二车间	35 000	24 500	50 000	150 000			174 500
行政管理部门	9 000	6 300	20 000	60 000	5 000	3 500	74 800
合 计	100 000	70 000	160 000	480 000	5 000	3 500	525 000

根据辅助生产费用分配表，编制的会计分录如下：

（1）按计划成本分配。

借：生产成本——辅助生产成本（修理车间） 3 500
　　　　　　　辅助生产成本（供电车间） 30 000
　　制造费用——第一车间 275 700
　　　　　　　第二车间 174 500
　　管理费用 66 300
　贷：生产成本——辅助生产成本（机修车间） 483 500
　　　　　　　　辅助生产成本（供电车间） 75 000

（2）结转辅助生产成本超支（或节约）。

借：管理费用 8 500
贷：生产成本——辅助生产成本（机修车间） 3 500
　　　　　　　辅助生产成本（供电车间） 5 000

除了上述四种方法外，还有一种分配辅助生产费用的方法，即顺序分配法，其分配时主观性较强，应用不多，本教材不再赘述。

任务二　归集和分配损失性费用

损失性费用，是指企业由于生产组织不合理、经营管理不善、生产工人未执行技术操作规程等原因造成的人力、物力、财力上的损失，主要包括废品损失、停工损失以及在产品的盘亏和毁损等。从理论上来讲，这些损失不形成产品价值，不应该计入产品成本。但是在实际应用时，为了促进企业加强经济管理，减少损失，而将这些与生产有直接关系的损失计入产品成本。正确反映和控制损失性费用，对于降低产品成本、增强企业竞争力、提高经济效益和社会效益具有重要意义。

一、废品损失的归集和分配

废品，是指不符合规定的技术标准，不能按照原定用途使用，或者需要加工修理后才能使用的在产品、半成品或产成品。废品包括在生产过程中和在入库后发现的废品。废品按其报损程度和修复价值分为可修复废品和不可修复废品两种。可修复废品，是指技术上、工艺上可以修复而且所支付的修复费用在经济上合算的废品。不可修复废品，是指技术上、工艺上不能修复，或者所花费的修复费用在经济上不合算的废品。

废品按其产生的原因不同，可分为工废品和料废品两种。工废品，是指由于生产工人操作上的原因造成的废品；料废品，是指由于原材料或半成品不符合质量要求而造成的废品。工废品是加工过程造成的，属于操作工人的过失责任，应由操作工人承担责任；料废品是材料供应部门或前道车间的责任造成的，不应由操作工人承担责任。区分废品产生的原因，是为了明确经济责任，贯彻经济责任制。

废品损失，是指在生产过程中和入库后发现的不可修复废品的生产成本，以及可修复废品的修复费用，扣除回收的废品残料价值和应由过失单位或个人赔款以后的损失。要特别注意区分废品损失的范围：经过质量检验部门鉴定不需要返修、可以降价出售的不合理品的成本与合格品的成本相同，其降价损失，应在计算销售损益时体现，不应作为废品损失处理。当产成品入库后，由于保管不善等原因而损坏变质的损失，属于管理上的问题，应作为管理费用处理，也不作为废品损失处理。实行包退、包修、包换“三包”的企业，在产品出售以后发现的废品所发生的一切损失，也应计入销售费用，不包括在废品损失内。

在单独核算废品损失的企业，为了全面反映企业一定时期内发生废品损失的情况，加强对废品损失的控制，便于产品成本分析，企业应设置“废品损失”账户，对废品损失进行核算。该账户的借方反映可修复废品的修复费用和不可修复废品的已耗成本；贷方反映不可修复废品回收的残值、应收赔款的数额。借贷相抵后的差额，即废品的净损失，转入“生产成本”账户的借方，月末一般没有余额。

（一）不可修复废品损失的核算

不可修复废品损失是不可修复废品的生产成本扣除废品残值和赔偿款后的净损。进行不可修复废品损失的核算，应先计算不可修复废品截至报废时已经发生的废品生产成本，然后，扣除残值和应收赔款，计算出废品损失。在实务中，计算废品成本可以采用的方法主要有以下两种：

1. 按废品所耗实际费用计算

在按废品所耗实际费用计算废品损失时，由于废品报废以前发生的各项费用是与合格产品一起计算的，因而，要将废品报废以前与合格品计算在一起的各项费用，采用适当的分配方法在合格品与废品之间进行分配，计算出废品的实际成本。

对于完工后发现的废品，其应负担的费用与合格品完全相同，可以按废品数量和合格品产量作为分配标准进行分配。其计算公式为：

$$某项费用分配率=\frac{某项生产费用}{合格品数量+废品数量}$$

$$废品应负担该项费用=废品数量\times该项费用分配率$$

对于加工过程中发现的废品，不可修复废品应负担的各项费用受其加工程度的影响，与合格品有所不同，需要分别计算。如果原材料为一次性投入，则直接材料费可以按产量标准分配；直接人工费用和制造费用可以按生产工时分配。其计算公式为：

$$直接材料费用分配率=\frac{某种产品直接材料成本总额}{合格品数量+废品数量}\times100\%$$

$$废品应负担的直接材料费用=废品数量\times直接材料费用分配率$$

$$直接人工费用分配率=\frac{某种产品直接人工成本总额}{合格品生产工时+废品生产工时}\times100\%$$

$$废品应负担的直接人工费用=废品数量\times直接人工费用分配率$$

$$制造费用分配率=\frac{某种产品制造费用总额}{合格品生产工时+废品生产工时}\times100\%$$

$$废品应负担的制造费用=废品数量\times制造费用分配率$$

【例 4-5】某企业本月生产甲产品 420 台，其中，合格品 400 台，不可修复废品 20 台，合格品生产工时 8 000 小时，不可修复废品生产工时 320 小时，按所耗实际费用计算废品的生产成本。甲产品成本计算单所列合格品和废品的全部生产费用为：直接材料费用 220 000 元；直接人工费用 47 840 元；制造费用 35 360 元。该产品在原材料开工时一次性投入，不可修复废品残料作价 1 600 元入库。要求：计算该产品不可修复废品成本和净损失。

$$直接材料费用分配率=\frac{220\ 000}{400+20}=523.81\ (元/台)$$

$$废品应负担的直接材料费用=20\times523.81=10\ 476.20\ (元)$$

$$直接人工费用分配率=\frac{47\ 840}{8\ 000+320}=5.75\ (元/小时)$$

$$废品应负担的直接人工费用=320\times5.75=1\ 840\ (元)$$

$$制造费用分配率=\frac{35\ 360}{8\ 000+320}=4.25\ (元/小时)$$

废品应负担的制造费用＝320×4.25＝1 360（元）

不可修复废品的成本＝10 476.20＋1 840＋1 360＝13 676.2（元）

废品净损失＝13 676.2－1 600＝12 076.2（元）

根据上述资料编制不可修复废品损失计算表，见表4-9：

表4-9　　**不可修复废品损失**

产品名称：甲产品

车间名称：第一车间　　20××年×月×日　　单位：元

项　目	数量(件)	生产工时(小时)	直接材料	直接人工	制造费用	合　计
实际生产费用	420	8 320	220 000	47 840	35 360	
费用分配率			523.81	5.75	4.25	
废品生产成本	20	320	10 476.20	1 840	1 360	13 676.20
减:废品残值			1 600			1 600
废品损失			8 876.2	1 840	1 360	12 076.20

根据计算结果，编制会计分录。

结转不可修复废品的成本。

借：废品损失——甲产品　　13 676.20

　贷：生产成本基本生产成本——甲产品　　13 676.20

回收残料价值：

借：原材料　　1 600

　贷：废品损失——甲产品　　1 600

结转废品净损失。

借：生产成本——基本生产成本——甲产品　　12 076.20

　贷：废品损失——甲产品　　12 076.20

按照废品的实际成本计算和分配废品损失，符合实际情况，但是核算工作量较大，而且必须等到生产成本账户的实际生产费用汇总后，才能计算和结转废品的实际成本，影响计算的及时性。

2. 按废品所耗定额费用计算

在按废品所耗定额费用计算不可修复废品的成本时，废品的生产成本按废品的数量和各项费用定额计算，而不考虑废品实际发生的生产费用是多少。也就是说，废品只负担定额费用，定额费用与实际费用的差额全部由合格品负担。其计算公式为：

废品应负担的直接材料费用＝废品数量×直接材料费用定额

废品应负担的直接人工费用=废品实际生产工时×直接人工定额费用分配率

废品应负担的制造费用=废品实际生产工时×制造费用定额用分配率

废品定额成本=废品应负担的直接材料费用+废品应负担的直接人工费用+废品应负担的制造费用

废品损失=废品定额成本-回收残值-过失人赔偿

【例4-6】沿用【例4-5】的资料，假定甲产品每件定额材料费用480元，每生产工时的直接人工费用定额5元，制造费用定额4元，则废品损失的计算如下：

废品应负担的直接材料费用=20×480=9 600（元）

废品应负担的直接人工费用=320×5=1 600（元）

废品应负担的制造费用=320×4=1 280（元）

废品的定额成本=9 600+1 600+1 280=12 480（元）

按废品的定额费用计算废品的定额成本，由于费用定额事先规定，不仅计算工作比较简便，而且还可以使计入产品成本的废品损失数额不受废品实际费用水平高低的影响，从而有利于废品损失和产品成本的分析和考核。但是，采用这一方法计算废品生产成本，必须具备准确的消耗定额和费用定额资料，否则会影响成本计算的准确性。

（二）可修复废品损失的核算

可修复废品损失，是指废品在修复过程中所发生的各项修复费用。而可修复废品在返修以前发生的生产费用，不是废品损失，仍保留在“生产成本”账户中，不转入“废品损失”账户。

在返修时发生的各种修复费用，应根据原材料、工资及福利费、辅助生产费用和制造费用等前述的各种费用分配表，记入“废品损失”账户的借方。如有残值和应收赔款，根据废料交库凭证及其他有关结算凭证，从“废品损失”账户的贷方转入“原材料”、“其他应收款”等账户的借方。废品的净损失（修复费用减残值和赔款）从“废品损失”账户的贷方转入“生产成本”账户的借方及有关成本明细账的“废品损失”成本项目。

在废品损失较少的企业，为了简化核算工作，可以不设置“废品损失”账户，废品损失包含在当月合格成本中，不单独反映。在回收废品残料时，记入“原材料”账户借方和“生产成本”账户的贷方，并从所属有关产品成本明细账的“直接材料”成本项目中扣除。

二、停工损失的归集和分配

停工损失，是指企业的生产车间或车间内某个班组在停工期间发生的各项费用，包括停工期间发生的直接人工费用和应负担的制造费用等。应由过失单位或保险公司负担的赔款，应从停工损失中扣除。计算停工损失的时间界限，由主管企业部门规定，或由主管企业部门授权企业自行规定。为了简化核算工作，停工不满一个工作日的，一般不计算停工损失。

单独核算停工损失的企业应设置“停工损失”账户，以核算停工期间应计的各项费用。该账户的借方根据各种费用汇总表和分配表归集应列入本月停工损失的直接人工费用和应负担的制造费用等；贷方记录应有过失人或过失单位和保险公司赔偿的款项及分配结转的停工损失；月末除跨月继续停工，其停工损失不予结转外，该账户一般无余额。“停工损失”账户应分车间设置明细账，进行明细核算。

发生停工的原因很多，归纳起来有季节性停工、大修理停工、机械设备故障停工、停电和待料停工、发生非常灾害以及计划压缩正常量停工等。企业应该根据停工的原因，视不同情况处理。

（1）对于季节性生产或固定资产大修理而发生的停工期间的费用，可以采用预提或待摊的方法，由开工期间的产品成本负担，在“制造费用”账户进行核算，可以不单独核算停工损失。

（2）对于非常灾害造成的停工损失和由于计划压缩产量、原材料供应不足、设备发生故障等原因而使企业主要生产车间连续停产一个月以上或整个企业连续停产十天以上所造成的损失，按照制度规定由营业外支出列支，应从“停工损失”账户的贷方转入“营业外支出”账户的借方。

（3）对于计划压缩产量而使企业主要生产车间连续停产不满一个月，而下个月准备继续停工的损失，本月可以不予结转，待到下月根据实际情况进行结转。

（4）除以上停工损失之外的其余停工损失，都计入产品成本，从“停工损失”账户的贷方转入“生产成本”账户的借方，并按一定的分配标准，分别计人各种产品成本中的“停工损失”项目。

停工损失的核算：为了单独核算停工损失，应增设“停工损失”会计账户和“停工损失”成本项目。

任务三　归集和分配制造费用

企业在生产产品过程中，除了产品直接耗用各种材料费用、发生人工费用和其他直接费用外，还会发生各种间接费用，这些间接费用通过“制造费用”账户归集和分配。制造费用是产品成本的重要组成部分，其核算是否准确，直接影响产品成本的可靠性。所以，加强制造费用的控制管理，组织好制造费用的核算，对正确计算产品成本具有重要意义。

一、制造费用的归集

制造费用，是指企业的基本单位（车间、分厂）为产品生产和劳务而发生的，不能直接计人各成本计算对象的各项间接费用，包括生产单位（车间、分厂）管理人员的工资、福利费等职工薪酬，车间房屋、机器设备等固定资产的折旧费，发生的机物料消耗、低值易耗品摊销、办公费、水电费、取暖费、运输费、保险费、设计制图费、实验检验费、劳动保护费、季节性和修理期间停工损失等。

制造费用属于综合费用项目，其内容比较复杂，应该按照管理的要求分设立若干个费用项目进行计划和核算，归类反映各项费用的计划执行情况。制造费用的费用项目，可以按照费用的经济用途设立，如用于车间办公方面的支出，设立“办公费”项目；也可以按照费用的经济内容设立，如车间的机器设备、厂房等固定资产的折旧，设立“折旧费”项目。

对制造费用进行核算，要设置“制造费用”总分类账户。制造费用账户借方反映企业在一定时期内发生的制造费用，贷方反映分配结转到“生产成本”账户的数额。一般情况下，“制造费用”账户期末没有余额。此外，为了归集制造费用，控制制造费用总额，正确计算产品成本，在“制造费用”总分类账户下，企业应当按照生产车间（部门）设置明细账，账内按照制造费用项目设专栏，分别核算各车间、部门制造费用的发生和分配结转情况。制造费用明细账的格式，见表4-10：

表 4-10　制造费用明细账

车间名称：铸造车间　　20××年×月×日　　单位：元

年		摘要	材料费用	人工费用	折旧费用	办公费用	水电费用	修理费用	其他	合计
月	日									
3	31	材料费分配表	15 200							15 200
		工资费用分配表		8 000						8 000
		折旧费用分配表			1 600					1 600
		其他费用分配表				1 600				1 600
		其他费用分配表					1 000			1 000
		辅助费用分配表					7 000			7 000
		辅助费用分配表						3 000		3 000
		其他费用分配表							150	150
		合计	15 200	8 000	1 600	1 600	8 000	3 00	150	37 550

制造费用应当按照费用发生的地点和费用项目进行归集。根据各种费用分配表以及有关费用发生的原始凭证，借记“制造费用”账户，并按费用的项目记入所属的有关明细账中，贷记“原材料”、“应付职工薪酬”、“累计折旧”、“周转材料”、“银行存款”等账户。通过“制造费用”账户的借方，可以把企业一定时期内发生的全部制造费用归集起来。

二、制造费用的分配

为了正确计算产品成本，必须合理地分配制造费用。在基本生产车间只生产一种产品的情况下，制造费用可以直接计入该种产品生产成本。在生产多种产品的情况下，就要采用适当的分配方法，将制造费用分配计入各种产品生产成本。由于企业各个生产车间或部门的生产任务、技术水平、管理水平和费用水平各不相同，因此，制造费用的分配一般应按生产车间或部门进行。

企业应当根据制造费用的性质、产品的性质以及生产方式，结合自身的实际情况，合理选择分配方法。具体来说，企业所选择的制造费用的分配方法，必须与制造费用的发生具有密切的相关性，并且使分配到每种产品之间的制造费用金额基本合理，同时，还应当适当考虑计算手续的简便。制造费用的分配方法有：生产工时比例法、生产工人工资比例法、机器工时比例法、耗用原材料的数量或成本比例法、直接成本（材料、生产工人工资等薪酬之和）比例法和产成品产量比例法等。企业具体选用哪种分配方法，由企业根据实际情况自行确定。分配方法一经确定，不得随意变更。如果确实需要变更，在变更后，则要在会计报表附注中予以说明。

（一）生产工时比例法

生产工时比例法，是指按照各种产品所用生产工人实际工时数的比例分配制造费用的一种方法。

按生产工时比例分配制造费用，可以使产品负担制造费用的多少与劳动生产率的高低联系起来。若劳动生产率提高，则单位产品生产工时减少，所负担的制造费也就降低。因此，这是一种常见的、合理的方法。如果企业产品的工时定额比较准确，则也可以按不同产品的定额工时比例分配制造费用。计算公式如下：

$$制造费用分配率=\frac{某生产车间应分配的制造费用总额}{该生产车间各种产品生产工时之和}$$

$$某产品应分配的制造费用=该产品生产工时\times费用分配率$$

【例 4-7】 20××年×月×日，某企业机械加工生产车间的制造费用明细账汇集的本月制造费用总额 48 650 元。该车间本月实际完成生产工时 25 000 小时，其中，甲产品耗用 6 000 小时，乙产品耗用 10 000 小时，丙产品耗用 9 000 小时。采用生产工时比例分配法，计算分配过程如下：

（1）计算费用分配率。

$$费用分配率=\frac{48\ 650}{25\ 000}=1.946\ （元/小时）$$

（2）计算费用分配额。

甲产品应负担的费用分配额=6 000×1.946=11 676（元）

乙产品的负担的费用分配额=10 000×1.946=19 460（元）

丙产品应负担的费用分配额=9 000×1.946=17 514（元）

（3）编制制造费用分配表（生产工时比例法），见表4-11：

表4-11　　制造费用分配表（生产工时比例法）

车间名称　　20××年×月×日

产品名称	生产工时（小时）	费用分配率（元/小时）	费用分配额（元）
甲产品	6 000		11 676
乙产品	10 000		19 460
丙产品	9 000		17 514
合　计	25 000	1.946	48 650

（4）账务处理。

借：生产成本——基本生产成本（甲产品）　　11 676
　　　　　　　基本生产成本（乙产品）　　19 460
　　　　　　　基本生产成本（丙产品）　　17 514
　贷：制造费用——机加车间　　48 650

（二）机器工时比例法

机器工时比例法是按照各种产品生产时所用机器设备运转时间的比例分配制造费用的一种方法。这种方法适用于产品生产机械化程度较高的车间。因为在这样的车间中，制造费用中与机器设备使用有关的费用比较多，如设备的折旧费、机物料消耗等，而相应的人工费用较少。如果按生产工时比例法进行分配，则会造成机械化程度较高的产品由于其生产工人工时较少，会出现负担的制造费用较少的不合理分配结果。因此，在机械化程度较高的车间，其制造费用采用与设备运转的时间有密切关系的机器工时进行分配比较合理。计算公式如下：

$$费用分配率=\frac{某生产车间应分配的制造费用总额}{该生产车间各种产品机器工时之和}$$

某产品应分配的制造费用=该产品机器工时×费用分配率

【例4-8】某企业第一生产车间生产甲、乙两种产品。20××年×月×日，制造费用明细账汇集的费用总额495 000元，两种产品本月机器总工时125 000小时，其中，甲产品耗用75 000小时，乙产品耗用50 000小时。采用机器工时比例分配法，计算分配过程如下：

（1）计算费用分配率。

$$费用分配率=\frac{495\ 000}{125\ 000}=3.96\ （元/小时）$$

（2）计算费用分配额。

甲产品应负担的费用分配额=75 000×3.96=297 000（元）

乙产品应负担的费用分配额=50 000×3.96=198 000（元）

（3）编制制造费用分配表（机器工时比例法），见表4-12：

表4-12　　制造费用分配表

车间名称：一车间　　20××年×月×日

产品名称	机器工时（小时）	费用分配率（元/小时）	费用分配额（元）
甲产品	75 000		297 000
乙产品	50 000		198 000
合　计	125 000	3.96	495 000

（4）账务处理。

借：生产成本——基本生产成本（甲产品）　　297 000

　　　　　　　　基本生产成本（乙产品）　　198 000

　贷：制造费用——第一车间　　495 000

（三）生产工人工资比例法

生产工人工资比例法，是指按照直接计入各种产品成本的生产工人实际工资的比例分配制造费用的方法。

生产工人工资比例法分配标准的资料（工资费用分配表）比较容易取得，计算也比较简便。这种方法适用于各种产品机械化程度大致相同的情况，否则会影响分配的合理。例如，机械化程度低的产品，所用工资费用多，分配的制造费用也多；相反，机械化程度高的产品，所用工资费用少，分配的制造费用也少，这种情况是不合理的。如果直接人工费用本身是按照生产工时比例法分配计入各种产品，则按生产工人工资比例分配制造费用，实际上也就是按生产工时比例法分配制造费用。计算公式如下：

$$费用分配率=\frac{某生产车间应分配的制造费用总额}{该生产车间各种产品工人工资之和}$$

某产品应分配的制造费用=该产品生产工人工资×费用分配率

【例4-9】某企业第一基本生产车间生产甲、乙、丙三种产品。20××年×月×日，制造费用明细账汇集的本月制造费用总额198 800元，该车间三种产品直接人工费用分别是25 000元、37 000元、20 750元。采用生产工人工资比例法，计算分配过程如下：

（1）计算费用分配率。

$$费用分配率=\frac{198\ 800}{25\ 000+37\ 000+20\ 750}=2.402\ 4（元/小时）$$

（2）计算费用分配额。

甲产品应负担的费用分配额=25 000×2.402 4=60 060（元）

乙产品应负担的费用分配额=37 000×2.402 4=89 170（元）

丙产品应负担的费用分配额=20 750×2.402 4=49 570（元）

（3）编制制造费用分配表（生产工人工资比例法），见表4-13：

表4-13　　制造费用分配表

车间名称：第一车间　　20××年×月×日

产品名称	生产工人工资（元）	费用分配率（元/小时）	费用分配额（元）
甲产品	25 000		60 060
乙产品	37 000		89 170
丙产品	20 750	2.402 4	49 570
合　计	82 750	2.402 4	198 800

（4）账务处理。

借：生产成本——基本生产成本（甲产品）　60 060

　　　　　　　基本生产成本（乙产品）　89 170

　　　　　　　基本生产成本（丙产品）　49 570

　贷：制造费用——第一车间　198 800

（四）计划费用分配率分配法

计划费用分配率分配法，是指在分配制造费用时，不论各月实际发生的制造费用多少，每月均按年度计划费用分配率计算各种产品应分配的制造费用的一种方法。

在计划费用分配率分配法中，计划费用分配率是按计划产量考虑的，实际分配的费用是按实际产量计算的；年度实际发生的制造费用与制造费用预算也会存在差异。因此，采用计划费用分配率分配法，“制造费用”账户1月至11月各月末分配结转后可能有余额，这些余额通常年内各月（1—11月）不必调整。但如果年末仍有余额，则应调整计入12月的产品成本。计算公式如下：

$$计划费用分配率=\frac{某生产车间年度制造费用预算总额}{该生产车间年度计划产量的定额总工时}$$

注：定额总工时 = $\sum$（某产品年度计划产量 × 该产品单位产品定额工时）

某产品本月应分配费用=该产品本月实际产量×单位产品定额工时×费用分配率

【例4-10】某企业第一车间生产甲、乙、丙三种产品，本年度制造费用预算总额840 000元。三种产品本年计划产量分别是1 600件、5 000件、6 000件，单位产品定额工时分别是50小时、40小时、70小时。本年3月，生产甲产品600件，乙产品600件，丙产品400件，实际发生制造费用45 000元。2月末，该车间制造费用明细账借方余额400元。采用计划费用分配率分配法，实务操作过程如下：

（1）计算本年度计划产量的定额总工时。

1 600×50+5 000×40+6 000×70=700 000（小时）

（2）计算费用分配率。

$$计划费用分配率=\frac{840\ 000}{700\ 000}=1.2（元/小时）$$

（3）计算费用分配额。

甲产品应负担的费用分配额=300×50×1.2=18 000（元）

乙产品应负担的费用分配额=600×40×1.2=28 800（元）

丙产品应负担的费用分配额=400×70×1.2=33 600（元）

（4）编制制造费用分配表（计划费用分配率分配法），见表4-14：

表4-14

制造费用分配表

（计划费用分配率分配法）

车间名称：第一车间　　20××年×月×日　　单位：元

应借科目	实际产量的定额工时元	年度计划费用分配率	费用分配金额
生产成本——基本生产成本（甲产品）	300×50		18 000
生产成本——基本生产成本（乙产品）	600×40		28 800
生产成本——基本生产成本（丙产品）	400×70		33 600
合　计	67 000	1.2	80 400

（5）账务处理。

借：生产成本——基本生产成本——甲产品　　18 000

基本生产成本——乙产品　　28 800
基本生产成本——丙产品　　33 600
贷：制造费用——第一车间　　80 400

知识归纳

辅助生产，是指为本企业基本生产车间、企业行政管理单位等服务而进行的产品生产和劳务供应。辅助生产根据它所提供的产品、劳务和作业的种类多少，可以分为两种类型：一类是只提供一种产品、劳务或作业的辅助生产，称为单品种辅助生产，如供电、供水、供气、运输等；另一类是提供多种产品、劳务或作业的辅助生产，称为多品种辅助生产，如模具制造、机械设备修理等。

辅助生产费用的归集和分配是通过"生产成本——辅助生产成本"账户来进行的，也可以将"辅助生产成本"作为总分类账。

辅助生产费用的分配方法主要有直接分配法、一次交互分配法、计划成本分配法、代数分配法和顺序分配法。

直接分配法，是指将各辅助生产车间（部门）自身发生的费用，直接分配给辅助生产以外的受益对象的方法。

一次交互分配法又称为交互分配法，是指将各辅助生产车间（部门）自身发生的费用，先在辅助生产车间（部门）之间进行一次交互分配，然后，再将交互分配以后归集的费用在辅助生产车间（部门）外部的各受益对象之间进行分配的方法。

代数分配法，是指先根据数学上解联立方程组的原理，计算出辅助生产车间（部门）产品（劳务）的实际单位成本，再按照产品（劳务）的实际供应量和实际单位成本，在全部受益对象之间分配辅助生产费用的方法。

计划成本分配法，是指辅助生产车间为生产的产品或劳务发生的辅助生产费用，按照计划单位成本进行计算、分配的方法。

制造费用，是指企业的基本单位（车间、分厂）为产品生产和劳务而发生的，不能直接计入各成本计算对象的各项间接费用。

制造费用的分配标准主要有：产品生产工时、机器工时、生产工人工资、计划费用分配率。

损失性费用，是指企业由于生产组织不合理、经营管理不善、生产工人未执行技术操作规程等原因造成的人力、物力、财力上的损失，主要包括废品损失、停工损失以及在产品的盘亏和毁损等。

废品按其报损程度和修复价值分为可修复废品和不可修复废品两种。可修复废品，是指技术上、工艺上可以修复而且所支付的修复费用在经济上合算的废品。不可修复废品，是指技术上、工艺上不能修复，或者所花费的修复费用在经济上不合算的废品。

废品按其产生的原因不同，可分为工废品和料费品两种。工废品，是指由于生产工人操作上的原因造成的废品；料废品，是指由于原材料或半成品不符合质量要求而造成的废品。

停工损失，是指企业的生产车间或车间内某个班组在停工期间发生的各项费用，包括停工期间发生的直接人工费用和应负担的制造费用等。

发生停工的原因归纳起来有季节性停工、大修理停工、机械设备故障停工、停电和待料停工、发生非常灾害以及计划压缩正常量停工等。企业应该根据停工的原因，视不同情况处理。

知识考量与技能训练

辅助生产费用的核算

一、单项选择题

1. 采用辅助生产费用分配的交互分配法，对外分配的费用总额是(   )。
   A. 交互分配前的费用
   B. 交互分配前的费用加上交互分配转入的费用
   C. 交互分配前的费用减去交互分配转出的费用
   D. 交互分配前的费用再加上交互分配转入的费用，减去交互分配转出的费用

2. 在采用计划成本分配法分配辅助生产费用时，辅助生产车间实际发生的费用应该是(   )。
   A. 该车间待分配费用减去分配转出的费用
   B. 该车间待分配费用加上分配转入的费用
   C. 该车间待分配费用加上分配转出的费用减去分配转入的费用
   D. 该车间待分配费用加上分配转入的费用减去分配转出的费用

3. 辅助生产费用直接分配法的特点是将辅助生产费用(   )。
   A. 直接计入辅助生产提供的劳务成本
   B. 直接分配给所有受益的车间、部门
   C. 直接记入“辅助生产成本”账户
   D. 直接分配给辅助生产以外的各受益单位

4. 在辅助生产车间完工的修理用备件入库时，应借记的账户是(   )。
   A.“低值易耗品”　　B. 基本生产成本
   C. “辅助生产成本”　　D. “原材料”

5. 在下列方法中，属于辅助生产费用分配方法的是(　　)。

A. 定额成本法　　B. 计划成本分配法

C. 生产工时比例分配法　　D. 机器工时比例分配法

6. 辅助生产交互分配后的实际费用，应再在(　　)进行分配。

A. 各基本生产车间　　B. 各受益单位之间

C. 辅助生产以外的受益单位之间　　D. 各辅助生产车间

7. 在采用交互分配法分配辅助生产费用时，第一次交互分配是在(　　)之间进行的。

A. 各受益的辅助生产车间　　B. 辅助生成车间以外的受益单位

C. 各受益的基本生产车间　　D. 各受益的企业管理部门

8. 在各辅助生产车间相互提供劳务很少的情况下，适宜采用的辅助生产费用分配方法是(　　)。

A. 直接分配法　　B. 交互分配法

C. 计划成本分配法　　D. 代数分配法

9. 计划成本分配法，是将辅助生产费用按照提供劳务的数量和计划单位成本（　　)进行分配的方法。

A. 在各受益单位之间

B. 先通过交互分配算出辅助生产的实际费用分配率，再按其对外部的受益单位

C. 在辅助生产车间以外的受益单位之间

D. 在辅助生产车间之间

10. 辅助生产车间发生的制造费用(　　)。

A. 必须通过“制造费用”总账账户核算

B. 不必通过“制造费用”总账账户核算

C. 根据具体情况，可记入“制造费用”总账账户，也可直接记入“辅助生产成本”账户

D. 首先记入“辅助生产成本”账户

11. 在辅助生产费用各种分配方法中，分配结果最正确的是(　　)。

A. 交互分配法　　B. 直接分配法

C. 计划成本分配法　　D. 代数分配法

二、多项选择题

1. 采用代数分配法分配辅助生产费用(　　)。

A. 能够提供正确的分配计算结果　　B. 能够简化费用的分配计算工作

C. 适用于实现电算化的企业　　D. 便于分析考核各受益单位的成本

E. 核算结果不很正确

2. 辅助生产车间不设“制造费用”账户核算是因为(　　)。

A. 辅助生产　　B. 制造费用很少

C. 辅助生产车间不对外提供商品　　D. 辅助生产车间规模很小

E. 为了简化核算形式

3. 辅助生产费用分配的交互分配法，具有以下特点(　　)。

A. 核算工作量较大　　B. 核算工作较简便

C. 需计算两个费用分配率　　D. 核算结果较正确

E. 核算结果不十分精确

4. 辅助生产车间发生的固定资产折旧费，可能借记的账户有(　　)。

A. “制造费用”　　B. “生产成本——辅助生产成本”

C. 基本生产成本　　D. “管理费用”

E. “在建工程”

5. 当辅助生产费用分配转出时，可以(　　)。

A. 借记“制造费用”账户

B. 借记“管理费用”账户

C. 借记“在建工程”账户

D. 贷记“生产成本——辅助生产成本”账户

E. 借记“生产成本——辅助生产成本”账户

6. 在下列方法中，属于辅助生产费用分配方法的有(　　)。

A. 交互分配法　　B. 代数分配法

C. 定额比例法　　D. 直接分配法

E. 计划成本分配法

三、实务操作题

某企业设有机修、供电两个辅助生产车间，辅助生产车间的制造费用通过“制造费用”账户核算。基本生产成本和辅助生产成本明细账均设有“直接材料”、“直接人工”、“制造费用”三个成本项目。辅助生产费用分配采用按计划成本分配法。

20××年 11 月该企业辅助生产车间发生费用如下：

(1) 材料费用分配：机修车间领用修理备件 10 000 元，领用消耗性材料 3 000 元；供电车间领用燃料 8 000 元，领用消耗性材料 2 000 元；共计 23 000 元（该企业不设置“燃料”科目）。

(2) 工资费用分配：机修车间生产工人工资 6 000 元，车间管理人员工资 2 000元；供电车间生产工人工资 5 000 元，管理人员工资 2 000 元；共计 15 000 元。

(3) 按照工资费用的 14% 计提职工福利费。

(4) 折旧费用分配：机修车间计提折旧费 500 元；供电车间计提折旧费 800 元；共计 1 300 元。

(5) 其他费用分配：机修车间发生其他费用 3 000 元；供电车间发生其他费用 4 000 元；共计 7 000 元（均通过银行办理转账结算）。

辅助生产车间提供产品和劳务的数量以及计划单位成本的资料，见表 4-15：

表 4-15 **辅助生产费用分配表**

20××年 11 月 30 日

材料类别	机修车间		数　量		费用合计(元)
	数量(小时)	费用(元)	数量(度)	费用(元)	
待分配的数量和费用	5 500		40 000		
计划单位成本		5		0.6	
机修车间耗用动力电			2 000		
机修车间耗用照明电			1 000		
供电车间耗用修理费	500				
基本车间耗用动力电			25 000		
基本车间耗用照明电及修理费	4 000		5 000		
行政部门耗用照明电及修理费	1 000		7 000		
按计划成本分配合计					
辅助生产实际成本					
辅助生成成本差异					

要求：

1. 根据辅助生产车间发生的各项费用，逐笔编制会计分录，（“生产成本——辅助生产成本”和“制造费用”账户均按生产车间列示明细账）。

2. 根据有关资料，计算填列辅助生产费用分配表。

3. 编制按计划成本分配辅助生产费用的会计分录，其中，机修车间耗用的修理用备件与修理工时相关，全部费用均按修理工时比例分配；供电车间按供电度数进行分配。

4. 编制辅助生产车间结转制造费用的会计分录。

5. 编制结转辅助生产成本差异的会计分录。

损失性费用、制造费用的核算

一、单项选择题

1. 在下列各项损失中，不属于废品损失的是(　　)。

A. 可以降价出售的不合格品的降价损失

B. 可修复废品的修复费用

C. 不可修复废品的生产成本扣除回收残料价值后的损失

D. 生产过程中发现的和入库后发现的不可修复废品的生产成本

2. 可修复废品的废品损失，是指(　　)。

A. 返修前发生的原材料费用

B. 返修前发生的制造费用

C. 返修后发生的修理费用

D. 返修前发生的生产费用加上返修后发生的修理费用

3. “废品损失”账户应按(　　)设立明细账。

A. 产品品种　　B. 废品种类

C. 车间　　D. 责任人

4. 结转不可修复废品的生产成本时，应编制的会计分录是(　　)。

A. 借：废品损失
　　贷：原材料

B. 借：废品损失
　　贷：生产成本——基本生产成本

C. 借：其他应收款
　　贷：废品损失

D. 借：生产成本——基本生产成本
　　贷：废品损失

5. “废品损失”账户核算的内容之一是(　　)。

A. 产品销售后的修理费用

B. 出售不合格品的降价损失

C. 生产过程中发现的不可修复废品的生产成本

D. 库存产品因水灾而变质的损失

6. 生产车间固定资产修理期间发生的停工损失应计入(　　)。

A. 产品成本　　B. 营业外支出

C. 管理费用　　D. 废品损失

7. “废品损失”账户月末(　　)。

A. 如果有余额，则余额一定在贷方

B. 如果有余额，则余额一定在借方

C. 一定没有余额

D. 可能有借方或贷方余额

8. 下列项目中，应该计入产品成本的停工损失(　　)。

A. 由于自然灾害引起的非正常停工损失

B. 非正常原因发生的停工损失

C. 固定资产修理期间的停工损失

D. 非季节性停工损失

9. 直接用于产品生产，但不便于直接计入产品成本，因而没有专设成本项目的费用，以及间接用于产品生产的各项费用是指(　　)。

A. 间接费用　　B. 直接费用

C. 制造费用　　D. 财务费用

10. 某车间按年度计划分配率分配制造费用，其分配率 5 元/小时，10 月份实际发生制造费用 40 000 元，定额工时 9 000 小时，10 月初“制造费用”账户借方余额 3 000 元。则 10 月份分配转入基本生产成本账户的金额是(　　)。

A. 40 000　　B. 37 000

C. 45 000　　D. 43 000

11. 除了按年度计划分配率分配制造费用以外，“制造费用”账户月末(　　)。

A. 没有余额　　B. 一定有借方余额

C. 一定有贷方余额　　D. 有借方或贷方余额

12. 机器工时比例分配法适用于(　　)。

A. 季节性生产的车间　　B. 制造费用较多的车间

C. 机械化程度大致相同的各种产品　　D. 机械化程度较高的车间

13. 下列不属于制造费用的是(　　)。

A. 车间机物料消耗　　B. 融资租入固定资产的租赁费

C. 劳动保护费　　D. 季节性停工损失

14. 基本生产车间机器设备的折旧费用应记入(　　)账户的借方。

A. “累计折旧”　　B. “管理费用”

C. “制造费用”　　D. 基本生产成本

15. 在下列方法中，可能使“制造费用”账户有月末余额的是(　　)。

A. 生产工人工时比例分配法　　B. 按年度计划分配率分配法

C. 生产工人工资比例分配法　　D. 机器工时比例分配法

16. 能够将劳动生产率和产品负担的费用水平联系起来，使分配结果比较合理的制造费用分配方法是(　　)。

A. 生产工人工时比例分配法　　B. 按年度计划分配率分配法

C. 生产工人工资比例分配法　　D. 机器工时比例分配法

17. 按年度计划分配率分配制造费用的方法适用于(　　)。

A. 制造费用数额较大的企业　　B. 季节性生产企业

C. 基本生产车间规模较小的企业　　D. 制造费用数额较小的企业

二、多项选择题

1. 在下列各项中，可用以计算可修复废品的生产成本有(　　)。

A. 按所耗实际费用计算　　B. 按所耗定额费用计算

C. 按所耗实际费用扣除残值计算　D. 按所耗定额费用扣除残值计算

E. 按所耗实际数量计算

2. “废品损失”账户借方应反映(　　)项目。

A. 可修复废品的生产成本　B. 不可修复废品的生产成本

C. 可修复废品的工资费用　D. 可修复废品的动力费用

E. 回收废料的价值

3. 废品，是指不符合规定技术标准，不能按原定用途使用，或者需要加工修理才能使用的(　　)。

A. 原材料　B. 在产品

C. 半成品　D. 产成品

E. 低值易耗品

4. 可修复废品必须同时具备的条件包括(　　)。

A. 经过修复可以使用　B. 经过修复仍不能使用

C. 所花费的修复费用在经济上合算　D. 可以修复，但在经济上不合算

E. 麻烦，不愿意修

5. 在核算废品损失过程中，可能贷记的账户有(　　)。

A. “生产成本——基本生产成本”　B. “废品损失”

C. “应付职工薪酬”　D. “制造费用”

E. “原材料”

6. 在下列各项损失中，不属于废品损失的有(　　)。

A. 产品入库以后发现的生产中的废品的损失

B. 产品入库以后发现的由于保管不善发生的废品的损失

C. 降价出售不合格品的降价损失

D. 产品销售后发现的废品由于包退发生的损失

E. 产品销售后发现的废品由于包换发生的损失

7. 按年度计划分配率分配制造费用，“制造费用”账户月末(　　)。

A. 可能有月末余额　B. 无月末余额

C. 可能有借方余额　D. 可能有贷方余额

E. 可能无月末余额

8. 下面说法正确的有(　　)。

A. 在只生产一种产品的车间中，制造费用直接计入产品成本

B. 制造费用应按产品品种开设明细账

C. 制造费用应按车间开设明细账

D. 制造费用应从该账户贷方转到基本生产成本账户借方

E. “制造费用”总账账户下可能不按辅助车间开设明细账

9. 当基本生产车间发生(　　)时，应借记“制造费用”账户。

A. 折旧费用　　B. 修理费

C. 机物料消耗　　D. 融资租赁费

E. 修理期间停工损失

10. 在分配制造费用时，可能借记的账户有(　　)。

A. “生产费用”　　B. “营业费用”

C.“管理费用”　　D.“生产成本——基本生产成本”

E. “生产成本——辅助生产成本”

11. 在下列项目中，属于制造费用的有(　　)。

A. 生产车间的保险费　　B. 厂部办公楼折旧

C. 在产品盘亏和毁损　　D. 低值易耗品摊销

E. 季节性停工损失

12. 在下列账户中，月末既可能有借方余额，也可能有贷方余额的是(　　)。

A.“制造费用”　　B.“生产成本——基本生产成本”

C. “材料成本差异”　　D. “管理费用”

E. “本年利润”

13. 制造费用的分配方法有(　　)。

A. 生产工人工时比例分配法　　B. 机器工时比例分配法

C. 直接分配法　　D. 计划成本分配法

E. 生产工人工资比例分配法

三、实务操作题

1. 某工业企业各种费用分配表中列示甲种产品可修复废品的修复费用为：原材料 2 130 元，应付生产工人工资 850 元，提取的生产工人福利费 119 元，制造费用 1 360 元。

不可修复废品成本按定额成本计价。不可修复废品的定额成本资料为：不可修复废品 5 件，每件原材料费用定额 100 元；每件定额工时 30 小时。每小时工资及福利费 3 元，制造费用 4 元。

可修复废品和不可修复废品的残料价值按计划成本计价，共 160 元，作为辅助材料入库；应由过失人赔款 120 元。废品净损失由当月同种产品成本负担。

要求：

(1) 计算甲种产品不可修复废品的生产成本。

(2) 计算甲种产品不可修复和可修复废品的净损失。

(3) 编制有关的会计分录。

2. 某企业有一个基本生产车间和一个辅助生产车间。基本车间生产甲、乙两种产品；辅助车间提供一种劳务。11 月份发生有关的经济业务如下：

（1）生产耗用原材料 13 590 元，其中直接用于甲产品生产 4 500 元。用于乙产品生产 3 200 元，用作基本生产车间机物料 1 210 元；直接用于辅助生产 2 700 元，用作辅助生产车间机物料 930 元；用于企业行政管理部门 1 050 元。

（2）发生工资费用 7 800 元。其中，基本生产车间生产工人工资 3 400 元，管理人员工资 1300 元，辅助生产车间生产工人工资 1 100 元，管理人员工资 500 元；企业行政管理人员工资 1 500 元。

（3）按工资总额的 14% 计提职工福利费。

（4）计提固定资产折旧费 6 430 元。其中，基本生产车间 2 740 元，辅助生产车间 1 530 元，行政管理部门 2 160 元。

（5）用银行存款支付其他费用 5 900 元。其中，基本生产车间 2 600 元，辅助生产车间 1 400 元，行政管理部门 1 900 元。

该企业辅助生产的制造费用通过“制造费用”账户核算。基本生产车间的制造费用按产品机器工时比例分配，其机器工时为：甲产品 1 670 小时，乙产品1 658 小时。辅助生产车间提供的劳务采用直接分配法分配。其中，应由基本生产车间负担 5 280 元，应由行政管理部门负担 3 104 元。

要求：

（1）编制各项费用发生的会计分录，归集和分配辅助生产和基本生产的制造费用。

（2）计算基本生产车间甲、乙产品应分配的制造费用。

项目五 生产费用在完工产品与在产品之间的分配

学习目标

知识目标

了解在产品的具体内容

懂得在产品的收发结存的核算

能力目标

较好掌握生产费用在完工产品与在产品之间的分配方法

任务一 核算在产品数量

通过上述各生产成本的归集和分配，基本生产车间在生产过程中发生的各项成本费用，已经集中反映在“生产成本——基本生产成本”账户的借方，这些成本费用都是当月发生的，但这并不是本月完工产品的成本。要计算出本月完工产品的成本，还要将本月发生的生产成本，加上月初在产品成本，然后，再将其在本月完工产品和月末在产品之间进行分配，从而计算出本月完工产品成本。

月初在产品成本、本月发生的生产成本、月末在产品成本和本月完工产品成本四项成本之间的关系可以用下列公式表达。

月初在产品成本+本月发生的生产成本=月末在产品成本+本月完工产品成本或者：

月初在产品成本+本月发生的生产成本-月末在产品成本=本月完工产品成本

由于公式中的前两项是已知数，所以在完工产品和月末在产品之间分配成本的方法有两类：一是将前两项之和按照一定的比例在后两项之间进行分配，从而计算出完工产品成本和月末在产品成本；二是先确定月末在产品成本，再计算完工产品成本。但是无论采用哪一类方法，都必须先取得在产品数量的核算资料。

企业的在产品有广义和狭义之分。广义的在产品是就整个企业而言的，它是指企业已经投入生产，但尚未完成全部生产过程，不能作为商品销售的产品。广义的在产品包括正在各个生产单位加工的在制品和已经完成一个或多个生产步骤，但尚未最终完工而需要继续加工的自制半成品。狭义的在产品是就企业某一个生产单位（分厂、车间）或某一个生产步骤而言的，它是指本生产单位和本步骤正在加工的在制品，不包括该生产单位或生产步骤已经完工交付的自制半成品。另外，对外销售的自制半成品，属于商品产品，验收入库后不应列入在产品之内。

在产品结存的数量，同其他材料物资结存的数量一样，既要有账面核算资料，又要有实际盘点资料。企业一方面要做好在产品收发结存的日常核算工作，另一方面要做好在产品的清查盘点工作。车间在产品收发结存的日常核算工作，一般是通过在产品收发结存账进行的。在实务工作中，通常是分车间并按照产品的品种和在产品名称设立在产品台账来反映车间各种在产品的转入、转出和结存数量。各车间应认真做好在产品的计量、验收和交接工作，并在此基础上根据领料凭证、在产品内部转移凭证、产成品检验凭证和产品交库凭证，及时完整地登记在产品收发结存账。该账簿由车间核算人员登记。做好这两项工作，既可以从账面上随时掌握在产品的动态，又可以清查在产品的数量。这对于正确计算产品成本、加强资金管理、保证在产品的安全完整以及保证账实相符都具有重要的意义。

为了核实在产品的数量，企业必须认真做好在产品的清查工作，可以定期进行清查，也可以不定期轮流清查。有的车间没有建立在产品的日常收发核算，则每月末都必须进行一次清查，以便取得在产品的实际盘存资料。清查后，根据在产品的清查结果和账面资料编制在产品盘点表，列明在产品的账面数、实存数和盘盈、盘亏数，并列明盈亏的原因和处理意见，对于毁损和报废的在产品，还要登记残值。

在产品发生盘盈时，根据盘盈在产品的成本，借记“生产成本”账户，贷记“待处理财产损益”账户；在按照管理权限报经批准进行处理时，借记“待处理财产损益”账户，贷记“管理费用”账户。在产品发生盘亏和毁损时，借记“待处理财产损益”账户，贷记“生产成本”账户，冲减在产品成本；在按照管理权限报经批准进行处理时，毁损在产品的残值，借记“原材料”账户，贷记“待处理财产损益”账户；盘亏和毁损在产品的损失，应借记“管理费用”、“其他应收款”等账户，贷记“待处理财产损益”账户。

任务二 核算完工产品与在产品成本

一、生产费用在完工产品与在产品之间的分配方法

每月末，当月生产成本明细账中按照成本项目归集了该种产品的本月生产成本以后，如果产品已经全部完工，则生产成本明细账中归集的月初在产品成本和本月发生的生产成本之和，就是该种完工产品的总成本。如果产品都没有完工，则生产成本明细账中归集的月初在产品成本和本月发生的生产成本之和，就是该种在产品的成本。如果月末既有完工产品，又有在产品，则生产成本明细账中归集的月初在产品成本和本月发生的生产成本之和，就应当在完工产品和月末在产品之间，采用适当的分配方法进行分配，以计算完工产品成本和月末在产品成本。

企业应当根据在产品数量的多少、各月在产品数量变化的大小、各项成本比重的大小以及定额管理基础的好坏等具体条件，采用适当的方法将生产成本在完工产品和月末在产品之间进行分配。常用的分配方法有：不计算在产品成本法、在产品按固定成本计价法、在产品按所耗直接材料成本计价法、约当产量比例法、在产品按定额成本计价法、定额比例法等。

（一）不计算在产品成本法

采用这种分配方法，月末虽然有在产品，但是不计算其成本。也就是说，每月发生的生产成本，全部由完工产品承担，生产成本明细账中归集的全部生产费用，就是完工产品的成本。这种方法适用于月末在产品数量很小，且不计算在产品成本对于完工产品成本的影响都很小的企业，为了简化核算工作，可以不计算在产品成本。

（二）在产品按固定成本计价法

采用这种分配方法，1—11 月各月月末的在产品成本固定不变。某种产品本月发生的生产费用就是本月完工产品的成本。但是，在年末，在产品成本不应再按固定不变的金额计价，否则会使按固定金额计价的在产品成本与其实际成本有较大差异，影响产品成本计算的正确性。因而，在年末，应当根据实际盘点的产品数量，具体计算在产品成本和 12 月份的完工产品成本。这种方法适用于月末在产品数量很小的产品，或者月末在产品数量虽然较多，但各月在产品数量比较均衡的产品。例如，炼钢厂等冶炼企业炼钢炉内溶液，化工企业输送带和管道内的在产品等，数量都比较稳定，可以采用这种固定在产品成本的方法。年度内，1—11 月的月末产

品成本是固定的，简化了成本核算工作；12 月份的在产品成本是通过实地盘点后重新计算的，从全年来看，完工产品的实际总成本的计算也是正确的；同时，12 月份计算的月末在产品成本，又可以作为下一年度 1—11 月固定在产品成本。

（三）在产品按所耗直接材料成本计价法

采用这种分配方法，各月末的在产品只计算其所耗用的直接材料成本，不计算直接人工等加工成本。也就是说，产品的直接材料成本（月初在产品的直接材料成本和本月发生的直接材料成本之和）需要在完工产品和月末在产品之间进行分配，而本月生产产品所发生的加工成本全部由完工产品成本承担。这种方法适用于各月末在产品数量较多、在产品数量变化较大、直接材料成本在生产成本中所占比重较大且材料在生产开始时一次就全部投入的产品。例如，纺织、造纸、酿酒等行业的产品，原材料费用在产品成本中所占比重较大，就可以采用这种方法。

【例 5-1】某企业生产甲产品，该产品原材料费用在产品成本中所占比重较大，月初在产品材料成本 6 500 元，本月共发生直接材料费用 51 600 元，原材料在生产开始时一次性投入。本月完工产品数量 400 件，月末在产品数量 100 件。本月发生直接人工费用 2 800 元，制造费用 2 980 元。按所耗原价材料成本计算月末在产品成本及完工产品成本。

分配计算过程如下：

$$直接材料费用分配率=\frac{6\ 500+51\ 600}{400+100}=116.20（元/件）$$

完工产品原材料费用＝400×116.2＝46 480（元）

月末在产品原材料费用＝100×116.2＝11 620（元）

完工产品成本＝46 480+2 800+2 980＝52 260（元）

（四）约当产量比例法

约当产量比例法，是指先将月末在产品数量按照完工程度折算为相当于完工产品的数量，即约当产量，然后将产品应负担的全部成本按照完工产品数量与月末在产品约当产量的比例进行分配，以计算出完工产品成本和月末在产品成本。这种分配方法适用于月末在产品数量较大，各月末在产品数量变化也较大，产品成本中直接材料、直接人工及制造费用所占比重相差不大的产品。

这种方法的计算公式如下：

月末在产品约当产量＝月末在产品数量×在产品完工程度（投料程度）

$$某成本项目费用分配率=\frac{月初在产品成本+本月生产费用}{完工产品数量+月末在产品约当产量}$$

完工产品成本＝完工产品产量×该成本项目费用分配率

月末在产品成本＝月末在产品约当产量×该成本项目费用分配率

采用约当产量比例法，月末在产品需要按完工程度折算为约当产量。由于月末在产品的投料程度与加工程度可能不尽相同，各项费用的投入程度也就可能不同，所以，应分别计算用于分配原材料、工资及福利费、制造费用等成本项目的在产品约当产量。

采用约当产量比例法计算、分配生产成本，一般可以分为以下几个步骤进行：

1. 计算月末在产品约当产量

月末在产品约当产量是按照月末在产品数量和完工程度折算的相当于完工产品的数量，用公式表示为：

月末在产品约当产量＝月末在产品数量×在产品完工程度（投料程度）

上述公式中的月末在产品数量，可以根据“在产品台账”并通过实地盘点确定，在产品完工程度则应当视具体情况，采用一定的方法测定。如果各道工序在产品数量和在产品加工程度都相差不多，则后面工序多加工的可以弥补前面工序少加工的，这样全部在产品的完工程度可以平均为50%。同理，每道工序在产品的完工程度也可以按50%计算（仅指完成本工序的50%，前面工序已完成的，要按100%计算）。此外，还需要视具体情况而定。

（1）直接人工费用和制造费用等成本项目的在产品约当产量。

这类成本项目是根据月末在产品的加工程度计算约当产量，加工程度按加工时间计算确定。

第一，如果产品生产是单工序的，则可以直接根据单位月末产品已加工时间占单位完工产品加工时间比例计算（也可以用工时定额）。

【例5-2】某产品有月末在产品200件，已加工时间占完工产品加工时间的70%，即完工程度为70%。

在产品约当产量＝200×70%＝140件

第二，如果产品生产是多工序的，则应分工序计算各工序完工程度和在产品约当产量。

$$\text{某道工序在产品完工率}=\frac{\text{前面各工序累计工时定额}+\text{本工序工时定额}\times 50\%}{\text{完工产品工时定额}}$$

$$\text{月末在产品约当产量}=\sum(\text{每一道工序在产品数量}\times\text{该道工序在产品完工率})$$

根据各道工序的在产品数量和测定的加工程度，计算出各个工序上的月末在产品约当产量，并据以计算、分配完工产品和月末在产品的加工费用。

【例5-3】某产品需要经三道工序加工完成，其工时定额50小时。第一道工序

20小时，第二道工序12小时，第三道工序18小时。该产品月末在产品100件，其中，第一道工序20件，第二道工序50件，第三道工序30件。试测算各工序在产品完工率，并计算在产品的约当产量。各工序结存的在产品在本工序的平均加工程度按50%计算。

$$第一道工序上的在产品完工率=\frac{20\times50\%}{50}=20\%$$

$$第二道工序上的在产品完工率=\frac{20+12\times50\%}{50}=52\%$$

$$第三道工序上的在产品完工率=\frac{20+12+18\times50\%}{50}=82\%$$

月末在产品约当产量=20×20%+50×52%+32×82%=56.24（件）

（2）直接材料成本项目的在产品约当产量。

在产品成本中直接材料费的完工程度也称为投料程度，是指在产品的已投材料占完工产品应投材料的百分比。原材料投料程度的确定按原材料投入形式的不同可分为以下几种情况：

第一，如果原材料是在生产开始一次性投入，则直接材料成本项目的在产品完工程度（投料率）为100%，即一件在产品应与一件完工产品同等分配原材料费用，月末在产品约当产量等于月末在产品数量。

第二，如果原材料随加工进度逐步投料，投料程度与加工程度一致，则用于分配原材料的在产品约当产量，与分配直接人工费用和制造费用等成本项目的在产品约当产量相同。

第三，如果原材料随加工进度逐步投料，投料程度与加工程度不一致，则原材料费用分配较为复杂。

如果产品生产是单工序的，则要按照实际的投料程度来计算在产品约当产量。

【例5-4】 某企业生产甲产品，在生产开始时，投料40%，在产品加工到50%时，投料30%；在产品加工到70%时，投料30%。本月末在产品310件，加工程度为60%。此时实际上已经投入两次材料，投料程度为40%+30%=70%。

月末在产品约当产量=310×70%=217（件）

如果产品生产是多工序的，则应根据各工序累计原材料消耗定额占完工产品原材料消耗定额的比率计算各工序完工率（投料率）

$$某道工序在产品完工率=\frac{前面各工序累计材料费用定额+本工序材料费用定额\times50\%}{完工产品材料费用定额}$$

$$月末在产品约当产量=\sum（各工序在产品数量\times各工序在产品完工程度）$$

【例5-5】 某企业生产丙产品要经过两道工序，各工序原材料费用定额、在产品数量以及完工率和约当产量计算见表5-1：

表 5-1　　　　　　　　**月末在产品约当产量计算表**

工序	本工序材料费用定额	完工率计算	月末在产品数量	月末在产品约当产量
1	30	$30\times50\%/50\times100\%=30\%$	40	12
2	20	$\frac{30+20\times50\%}{50}\times100\%=80\%$	80	64
合　计	50		120	76

第四，如果原材料随着加工程度在每道工序一开始时一次性投入，则计算在产品约当产量时，要将一次投料和陆续投料的计算方法相结合。

【**例 5-6**】沿用上例中的原材料费用定额和在产品数量资料，计算在产品的完工率和约当产量，见表 5-2：

表 5-2　　　　　　　　**月末在产品约当产量计算表**

工序	本工序材料费用定额	完工率计算	月末在产品数量	月末在产品约当产量
1	30	$\frac{30}{50}\times100\%=60\%$	40	24
2	20	$\frac{30+20}{50}\times100\%=100\%$	80	80
合　计	50		120	124

在这两种情况下计算出来的在产品约当产量不同，原因是原材料在每个工序一开始时一次性投入，不需要再乘以 50%。

【**例 5-7**】某产品经过三道工序加工完成，原材料于每个工序一开始时投入。月末在产品数量及原材料消耗定额资料，见表 5-3。其中，各工序结存的在产品在本工序的平均投料程度按 50% 计算。

表 5-3　　　　　　　　**各工序在产品数量及定额资料表**

工序	月末在产品数量（件）	单位产品原材料消耗定额
1	100	70
2	120	80
3	140	100
合　计	360	250

要求：计算各工序在产品的投料率及月末在产品直接材料成本项目的约当产量。

（1）原材料于每个工序一开始时投入。

（2）原材料于每个工序开始以后逐步投入。

计算结果，见表5-4、表5-5：

表5-4　　月末在产品直接材料约当产量计算表（1）

工序	月末在产品数量（件）	单位产品原材料消耗定额	投料率	在产品约当产量（件）
1	100	70	28%	28
2	120	80	60%	72
3	140	100	100%	140
合　计	360	250		240

工序一投料率＝70/250×100%＝28%

工序二投料率＝(70+80)/250×100%＝60%

工序三投料率＝(70+80+100)/250×100%＝100%

表5-5　　月末在产品直接材料约当产量计算表（2）

工序	月末在产品数量（件）	单位产品原材料消耗定额	投料率	在产品约当产量（件）
1	100	70	14%	28
2	120	80	44%	72
3	140	100	80%	140
合　计	360	250		240

工序一投料率＝70×50%/250×100%＝14%

工序二投料率＝(70+80×50%)/250×100%＝44%

工序三投料率＝(70+80+100×50%)/250×100%＝80%

2. 计算完工产品成本和月末在产品成本

确定了月末在产品约当产量后，就可以分配本月生产费用，计算完工产品成本和月末在产品成本。其计算公式如下：

月末在产品约当产量＝月末在产品数量×在产品完工程度（投料程度）

$$生产成本项目费用分配率=\frac{月初在产品成本+本月生活费用}{完工产品数量+月末在产品约当产量}$$

$$完工产品成本=完工产品产量\times该成本项目费用分配率$$

$$月末在产品成本=月末在产品约当产量\times该成本项目费用分配率$$

【例5-8】 某公司生产甲产品，20××年×月，完工产品产量3 000件，月末在产品数量400件，完工程度为50%，原材料在开始生产时一次性投入，其他成本按约当产量比例分配。月初在产品成本和本月生产费用，见表5-6：

表5-6 **本月生产费用资料表**

20××年×月×日 单位：元

成本项目	直接材料	直接人工	制造费用
月初在产品	200 000	80 000	90 000
本月生产费用	1 160 000	560 000	870 000
合　计	1 360 000	640 000	960 000

甲产品各项成本分配计算如下：

(1) 直接材料成本的分配。

由于原材料在开始生产时一次性投入，因此应按完工产品和在产品的实际生产数量比例进行分配，而不能使用约当产量。

$$完工产品应负担的直接材料成本=\frac{1\ 360\ 000}{3\ 000+400}\times3\ 000=1\ 200\ 000（元）$$

$$在产品应负担的直接材料成本=\frac{1\ 360\ 000}{3\ 000+400}\times400=160\ 000（元）$$

直接人工成本和制造费用均应该按照约当产量进行分配，在产品400件，完工程度以50%折合约当产量200件（400×50%）。

(2) 直接人工成本的分配。

$$完工产品应负担的直接人工成本=\frac{640\ 000}{3\ 000+200}\times3\ 000=600\ 000（元）$$

$$在产品应负担的直接材料成本=\frac{640\ 000}{3\ 000+200}\times200=40\ 000（元）$$

(3) 制造费用的分配。

$$完工产品应负担的直接人工成本=\frac{960\ 000}{3\ 000+200}\times3\ 000=900\ 000（元）$$

$$在产品应负担的直接材料成本=\frac{960\ 000}{3\ 000+200}\times200=60\ 000（元）$$

根据以上计算分配的结果，可以计算出甲产品完工产品成本和在产品成本。

甲产品完工产品成本=1 200 000+600 000+900 000=2 700 000（元）

甲产品在产品成本=160 000+40 000+60 000=260 000（元）

根据以上计算结果，编制“产品成本计算单”，见表5-7：

表5-7　　产品成本计算

产品名称：甲产品　　20××年×月×日　　单位：元

成本项目	直接材料	直接人工	制造费用	合　计
月初在产品成本	200 000	80 000	90 000	370 000
本月生产费用	1 160 000	560 000	870 000	2 590 000
生产费用合计	1 360 000	640 000	960 000	2 960 000
产成品数量（件）	3 000	3 000	3 000	
在产品约当产量（件）	400	200	200	
分配率（单位成本）/（元/件）	400	200	300	
转出完工产品成本	1 200 000	600 000	900 000	2 700 000
月末在产品成本	160 000	40 000	60 000	260 000

根据成本计算结果，编制结转完工产品成本的会计分录：

借：库存商品——甲产品　　2 700 000

　贷：生产成本——基本生产成本——甲产品　　2 700 000

（五）在产品按定额成本计价法

在产品按定额成本计价的方法简称定额成本法，即根据月末在产品数量及各项费用的定额资料计算出月末在产品的定额成本，将该产品实际发生的全部生产费用减去按定额成本计算的在产品成本，余额作为完工产品实际成本。这种分配方法，简化了生产费用在完工产品和月末在产品之间的分配计算工作，但是如果定额不够准确，则实际费用脱离定额的差异就较大，从而会影响成本计算的正确性。因此，这种分配方法适用于定额管理基础较好，各项消耗定额或费用定额比较准确、稳定，而且各月末在产品数量波动不大的产品。其计算公式如下：

在产品直接材料定额成本＝在产品数量×单位在产品材料定额成本

在产品直接材料定额成本＝在产品数量×单位材料消耗定额×材料计划单价

在产品直接人工定额成本＝在产品数量×单位工时定额×单位工时定额工资

在产品直接人工定额成本＝在产品定额工时×单位工时定额工资

在产品制造费用定额成本＝在产品数量×单位工时定额×单位工时定额制造费用

在产品直接人工定额成本＝在产品定额工时×单位工时定额制造费用

在产品定额成本=在产品直接材料定额成本+在产品直接人工定额成本+在产品制造费用定额成本

完工产品成本=月初在产品定额成本+本月生产费用-月末在产品定额成本

【例 5-9】某企业生产乙产品，生产分两道工序进行，原材料在第一道工序开始时一次性投入，各道工序内在产品的平均加工程度为 50%。本月完工 B 产品 2000 件，月末在产品 900 件，其中，第一道工序 420 件，第二道工序 380 件。月初在产品成本为直接材料成本 3 500 元，直接人工成本 2 520 元，制造费用 3 125 元。本月生产费用为：直接材料费用 86 500 元，直接人工费用 52 480 元，制造费用 21 875元。

单位产品材料消耗定额 4 千克，直接材料计划单价 5 元，单位产品工时定额 8 小时，其中，第一道工序 5 小时，第二道工序 3 小时。B 产品单位工时费用定额为：直接人工 4 元/小时，制造费用 2 元/小时。

要求：月末在产品按定额成本计价法分配计算本月完工产品和月末在产品成本。

（1）计算月末在产品定额成本。

在产品直接材料定额成本=900×4×5=18 000（元）

在产品完成的定额总工时=5×50%×420+（5+3×50%）×380=3 520（小时）

在产品直接人工定额成本 3 520×4=14 080（元）

在产品制造费用定额成本=3 520×2=7 040（元）

在产品定额成本=18 000+14 080+7 040=39 120（元）

（2）计算完工产品实际总成本。

完工产品直接材料成本=3 500+86 500-18 000=72 000（元）

完工产品直接人工成本=2 520+52 480-14 080=40 920（元）

完工产品制造费用成本=3 125+21 875-7 040=17 960（元）

完工产品实际总成本=72 000+40 920+17 960=130 880（元）

产品成本计算单，见表 5-8：

表 5-8　　**产品成本计算单**

产品名称：乙产品　　20××年×月×日　　单位：元

成本项目	直接材料	直接人工	制造费用	合 计
月初在产品成本	3 500	2 520	3 125	9 145
本月生产费用	86 500	52 480	21 875	160 855
本产费用合计	90 000	55 000	25 000	170 000

续表

成本项目	直接材料	直接人工	制造费用	合　计
月末在产品成本	18 000	14 080	7 040	39 120
完工产品成本	72 000	40 920	17 960	130 880
单位成本	36	20.46	8.98	65.44

根据成本计算结果，编制结转完工产品成本的会计分录：

借：库存商品——乙产品　　130 880

　贷：生产成本——基本生产成本——乙产品　　130 880

（六）定额比例法

定额比例法，是以完工产品与月末在产品的定额消耗量或定额成本的比例来分配计算完工产品成本和月末在产品成本的一种方法。由于原材料和人工费用、制造费用的定额耗用量标准不同，所以，需要按成本项目分别计算、分配。其中，原材料费用按照原材料定额耗用量或原材料定额费用比例分配；直接人工费用和制造费用，既可以按定额工时比例分配，也可以按定额费用比例分配。这种分配方法适用于各项消耗定额准确、稳定，各月完工产品和月末在产品之间按比例分配，从而提高了产品成本计算的正确性。

定额比例法的计算公式如下：

公式1：

$$\text{消耗量分配率}=\frac{\text{月初在产品实际消耗}+\text{本月实际消耗量}}{\text{完工产品定额消耗量}+\text{月末在产品定额消耗量}}$$

完工产品实际消耗量＝完工产品定额消耗量×消耗量分配率

完工产品成本＝完工产品实际消耗量×原材料单价（或单位工时的工资、费用）

月末在产品实际消耗量＝月末在产品定额消耗量×消耗量分配率

月末在产品成本＝月末在产品实际消耗量×原材料单价（或单位工时的工资、费用）

按照上述公式分配，既可以提供完工产品和月末在产品的实际费用资料，还可以提供实际消耗量资料，便于考核和分析各项消耗定额的执行情况。但是，在各产品所耗原材料的品种较多的情况下，采用这种分配方法工作量较大。为了简化核算工作，也可以采用下列公式计算分配。

公式2：

$$\text{直接材料成本分配率}=\frac{\text{月初在产品实际原材料成本}+\text{本月实际原材料成本}}{\text{完工产品定额原材料成本}+\text{月末在产品定额原材料成本}}$$

完工产品应负担的直接材料成本＝完工产品定额原材料成本×直接材料成本分配率

$$\text{月末在产品应负担的直接材料成本}=\text{月初在产品定额原材料成本}\times\text{直接材料成本分配率}$$

或：

$$\text{月末在产品应负担的直接材料成本}=\text{月初在产品的直接材料成本}+\text{本月实原材料成本}-\text{完工产品应负担的直接材料成本}$$

$$\text{直接人工成本分配率}=\frac{\text{月初在产品实际人工成本}+\text{本月实际发生直接人工成本}}{\text{完工产品定额工时}+\text{月末在产品定额工时}}$$

完工产品应负担的直接人工成本＝完工产品定额工时×直接人工成本分配率

月末在产品应负担的直接人工成本＝月末在产品定额工时×直接人工成本分配率

$$\text{制造和分配率}=\frac{\text{月初在产品的制造费用}+\text{本月实际发生的制造费用}}{\text{完工产品定额工时}+\text{月末在产品定额工时}}$$

完工产品应负担的制造费用＝完工产品定额工时×制造费用分配率

月末在产品应负担的制造费用＝月末在产品定额工时×制造费用分配率

$$\text{月末在产品应负担的制造费用}=\text{月初在产品的制造费用}+\text{本月实际发生的制造费用}-\text{完工产品应负担的制造费用}$$

【例 5-10】某企业生产丙产品，本月完工产品 500 件，月末在产品 80 件，单位完工产品材料消耗定额 400 千克，工时定额 100 小时。单位在产品材料消耗定额 400 千克，工时定额 50 小时。生产丙产品发生的费用资料，见表 5-9。要求按照定额比例法计算在产品成本及完工产品成本。

表 5-9　　本月生产费用资料表

20××年×月×日　　单位：元

项　目	直接材料	直接人工	制造费用	合　计
期初在产品成本	200 000	20 000	30 000	250 000
本期发生成本	480 000	300 000	450 000	1 230 000
合　计	680 000	320 000	480 000	1 480 000

按照完工产品定额与在产品定额各占总定额的比例，分配、计算在产品成本及完工产品成本，过程如下：

（1）完工产品直接材料定额消耗＝400×500＝200 000（千克）

完工产品直接人工定额消耗＝100×500＝50 000（小时）

完工产品制造费用定额消耗＝100×500＝50 000（小时）

（2）在产品直接材料定额消耗＝400×80＝32 000（千克）

在产品直接人工定额消耗＝50×80＝4 000（小时）

在产品制造费用定额消耗＝50×80＝4 000（小时）

(3) 计算定额比例。

在产品直接材料定额消耗比例 $=\frac{32\ 000}{200\ 000+32\ 000}=13.79\%$

在产品直接人工定额消耗比例 $=\frac{4\ 000}{50\ 000+4\ 000}\times100\%=7.41\%$

在产品制造费用定额消耗比例 $=\frac{4\ 000}{50\ 000+4\ 000}\times100\%=7.41\%$

完工产品直接材料定额消耗比例 $=\frac{200\ 000}{200\ 000+32\ 000}=\times100\%=86.21\%$

完工产品直接人工定额消耗比例 $=\frac{50\ 000}{50\ 000+4\ 000}\times100\%=92.59\%$

完工产品制造费用定额消耗比例 $=\frac{50\ 000}{50\ 000+4\ 000}\times100\%=92.59\%$

(4) 分配成本。

完工产品应负担的直接材料成本 = 680 000×86.21% = 586 228（元）

在产品应负担的直接材料成本 = 680 000×13.79% = 93 772（元）

完工产品应负担的直接人工成本 = 320 000×92.59% = 296 288（元）

在产品应负担的直接人工成本 = 320 000×7.41% = 23 712（元）

在工产品应负担的制造费用 = 480 000×92.59% = 444 432（元）

在产品应负担的制造费用 = 480 000×7.41% = 35 568（元）

通过以上计算、分配，可以计算出丙产品完工产品成本和月末在产品成本：

丙产品本月完工产品成本 = 586 228+296 288+444 432 = 1326 948（元）

丙产品月末在产品成本 = 93 772+23 712+35 568 = 153 052（元）

根据以上计算结果，编制“产品成本计算单”，见表 5-10：

表 5-10　　**产品成本计算单**

产品名称：丙产品　　20××年×月×日　　单位：元

成本项目	直接材料	直接人工	制造费用	合　计
月初在产品成本	200 000	20 000	30 000	250 000
本月生产费用	480 000	300 000	450 000	1 230 000
生产费用合计	680 000	320 000	480 000	1 480 000
月末在产品成本	93 772	23 712	35 568	153 052
完工产品成本	586 228	296 288	444 432	1 326 948
单位成本	1 172.46	592.56	888.86	2 653.88

根据以上丙产品完工产品总成本，编制结转完工产品入库的会计分录：

借：库存商品——丙产品　　1 326 948

　贷：生产成本——基本生产成本——丙产品　　1 326 948

二、完工产品成本结转的核算

工业企业的完工产品，包括产成品、自制材料、工具和模具等。完工产品经产成品仓库验收入库以后，其成本应从“生产成本”科目和各种产品成本明细账的贷方转入到各有关科目的借方，其中，完工入库产成品的成本，应转入“库存商品”科目；完工自制材料、工具、模具等的成本，应分别转入“原材料”和“低值易耗品”等科目。基本生产成本总账科目的月末余额，就是基本生产在产品的成本，也就是占用在基本生产过程中的生产资金，应与所属各种产品成本明细账中月末在产品成本之和核对相符。

月初在产品成本、本月发生的生产成本、月末在产品成本和本月完工产品成本四项成本之间的关系可以用下列公式表达：

月初在产品成本+本月发生的生产成本=月末在产品成本+本月完工产品成本

或者：月初在产品成本+本月发生的生产成本-月末在产品成本=本月完工产品成本

【例 5-11】 举例：根据前面的例题，本月完工的丙产品成本分别是

丙产品材料成本=200 000+480 000-93 772=586 228（元）

丙产品人工=20 000+300 000-23 712=296 288（元）

丙产品制造费用=30 000+450 000-35 568=444 432（元）

丙产品完工产品成本=586 228+296 288+444 432=1 326 948（元）

知识归纳

企业的在产品有广义和狭义之分。广义在产品是就整个企业而言的，是指已经投入生产，但尚未完成全部生产过程、不能作为商品销售的产品。狭义在产品是就企业某一个生产单位（分厂、车间）或某一个生产步骤而言的，它是指本生产单位和本步骤正在加工的在制品，不包括该生产单位或生产步骤已经完工交付的自制半成品。

月初在产品成本、本月发生的生产成本、月末在产品成本和本月完工产品成本四项成本之间的关系可以用下列公式表达。

月初在产品成本+本月发生的生产成本=月末在产品成本+本月完工产品成本

或者：月初在产品成本+本月发生的生产成本-月末在产品成本=本月完工产品成本

完工产品与在产品之间的生产费用分配常用的分配方法有：不计算在产品成本

法、在产品按固定成本计价法、在产品按所耗直接材料成本计价法、约当产量比例法、在产品按定额成本计价法、定额比例法等。

约当产量比例法，是指先将月末在产品数量按照完工程度折算为相当于完工产品的数量，即约当产量，然后，将产品应负担的全部成本按照完工产品数量与月末在产品约当产量的比例进行分配，以计算出完工产品成本和月末在产品成本。

工业企业的完工产品，包括产成品、自制材料、工具和模具等。完工产品经产成品仓库验收入库以后，其成本应从“生产成本”科目和各种产品成本明细账的贷方转入到各有关科目的借方，其中，完工入库产成品的成本，应转入“库存商品”科目；完工自制材料、工具、模具等的成本，应分别转入“原材料”和“低值易耗品”等科目。基本生产成本总账科目的月末余额，就是基本生产在产品的成本，也就是占用在基本生产过程中的生产资金，应与所属各种产品成本明细账中月末在产品成本之和核对相符。

知识考量与技能训练

一、单项选择题

1. 如果企业定额管理基础较好，则能够制定比较准确、稳定的消耗定额，各月末在产品数量变化较大的产品，应采用(　　)。

A. 定额比例法　　B. 在产品按定额成本计价法

C. 在产品按所耗原材料费用计价法　　D. 在产品按固定成本计价法

2. 假设某企业某种产品本月完工 250 件，月末在产品 160 件，在产品完工程度为 40%，月初和本月发生的原材料费用共 56 520 元，原材料随着加工进度陆续投入，则完工产品和月末在产品的原材料费用分别为(　　)。

A. 45 000 元和 11 250 元　　B. 40 000 元和 16 250 元

C. 45 000 元和 11 520 元　　D. 34 298 元和 21 952 元

3. 约当产量比例法适用于(　　)的产品。

A. 月末在产品数量较大　　B. 各月之间在产品数量变化较大

C. 产品成本中各项费用比重相差不多　　D. 以上三项条件同时具备

4. 某企业产品经过两道工序，各工序的工时定额分别为 30 小时和 40 小时，则第二道工序的完工率为(　　)。

A. 68%　　B. 69%

C. 70%　　D. 71%

5. 某种产品经两道工序加工完成。第一道工序月末在产品数量 100 件，完工程度为 20%；第二道工序的月末在产品数量 200 件，完工程度为 70%。据此计算的月一概而论产品约当产量为(　　)。

A. 20 件　　B. 135 件

C. 140 件　　D. 160 件

6. 某产品经三道工序加工而成。每道工序的工时定额分别为 15 小时、25 小时、10 小时。各道工序在产品在本道工序的加工程度按工时定额的 50% 计算。第三道工序的累计工时定额为(　　)。

A. 10 小时　　B. 50 小时

C. 45 小时　　D. 40 小时

7. 某种产品的各项定额准确、稳定，其各月末在产品数量变动不大，为了简化成本计算工作，其生产费用在完工产品与在产品之间进行分配应采用(　　)。

A. 定额比例法　　B. 约当产量比例法

C. 在产品按定额成本计价法　　D. 在产品按完工产品计算法

8. 如果产品成本中原材料费用所占比重很大，原材料随着生产进度逐渐投入生产，为了简化成本计算工作，在分配完工产品与月末在产品费用时，则应该采用的方法是(　　)。

A. 在产品按所耗原材料费用计价，原材料费用按约当产量比例分配

B. 约当产量比例法　　C. 在产品按所耗原材料费用计价

D. 原材料费用按约当产量比例分配

9. 如果某种产品的月末在产品数量较大，各月在产品数量变化也较大，产品成本中各项费用的比重相差不多，则生产费用在完工与月末在产品之间分配，应采用的方法是(　　)。

A. 不计在产品成本法　　B. 约当产量比例法

C. 在产品按完工产品计算法　　D. 定额比例法

10. 如果产品的消耗定额准确、稳定，各月末在产品数量变化不大，产品成本中原材料费用所占比重较大，为了简化成本计算，则月末在产品可以(　　)。

A. 按定额原材料费用计算　　B. 按定额成本计价

C. 按所耗原材料费用计价　　D. 按定额加工费用计价

11. 某种产品经两道工序加工完成。工序的工时定额分别为 24 小时、16 小时。各道工序的在产品在本道工序的加工程序按工时定额的 50% 计算。据此计算的第二道工序在产品累计工时定额为(　　)。

A. 16 小时　　B. 20 小时

C. 32 小时　　D. 40 小时

12. 分配加工费用时所采用的在产品完工率，是指产品(　　)与完工产品工时定额的比率。

A. 所在工序的工时定额

B. 前面各工序工时定额之和与所在工序工时定额之半的合计数

C. 所在工序的累计工时定额

D. 所在工序的工时定额之半

二、多项选择题

1. 采用约当产量比例法分配完工产品和在产品费用，适用于(　　)产品。

A. 月末在产品数量不大　　B. 月末在产品数量较大

C. 产品成本各项费用所占比重相差不多　　D. 各月在产品数量变动较大

E. 消耗定额比较准确、稳定

2. 生产费用在完工产品和月末在产品之间分配的方法有(　　)。

A. 定额比例法　　B. 按定额成本计价法

C. 不计在产品成本法　　D. 计划成本分配法

E. 不计在产品成本法

3. 在产品按年初数固定计算法，适用于(　　)产品。

A. 各月末在产品结存数量较小　　B. 各月末在产品结存数量很大

C. 各月末在产品结存数量虽大，但各月之间变化不大

D. 各月末在产品数量变化较大　　E. 产品成本中各项目比重相差不大

4. 采用约当产量比例法，必须正确计算在产品的约当产量，而在产品约当产量计算正确与否取决于产品完工程度的测定，测定在产品完工程度的方法有(　　)。

A. 按 50% 平均计算各工序完工率　　B. 分工序分别计算完工率

C. 按定额比例法计算　　D. 按定额工时计算

E. 按原材料消耗定额

5. 在分配计算完工产品和月末在产品的费用时，采用在产品按定额成本计价法所应具备的条件是(　　)。

A. 各月末在产品数量变化较大　　B. 产品的消耗定额比较稳定

C. 各月末在产品数量变化较小　　D. 产品的消耗定额比较准确

E. 定额管理基础较好

6. 在基本生产车间完工产品转出时，可能借记的账户有(　　)。

A. “低值易耗品”　　B. “原材料”

C. “辅助生产成本”　　D. “库存商品”

E. “基本生产成本”

7. 在确定生产费用在完工产品与在产品之间的方法时，应考虑的因素有(　　)。

A. 各月在产品数量变化的大小　　B. 在产品数量的多少

C. 定额管理基础的好坏　　D. 各项费用比重的大小

E. 在产品是否接近完工

8. 约当产量比例法适用于分配(　　)。

A. 直接材料　　　　　　　　　　　　B. 直接人工

C. 制造费用　　　　　　　　　　　　D. 管理费用

E. 燃料及动力

三、实务操作题

1. 某企业基本生产车间生产甲产品，采用约当产量比例法分配费用。甲产品单件工时定额 20 小时，经三道工序制造。各工序工时定额：第一工序 4 小时，第二工序 8 小时，第三工序 8 小时。各工序内均按 50% 的完工程度计算。本月完工 200 件，在产品 120 件，其中，第一工序 20 件，第二工序 40 件，第三工序 60 件。月初加本月发生费用合计分别为：原材料 16 000 元，工资及福利费 7 980 元，制造费用 8 512 元，原材料在生产开始时一次性投入。

要求：

（1）计算各工序在产品完工率。

（2）计算月末在产品的约当产量。

（3）按约当产量比例分配计算完工产品和月末在产品成本。

2. 某企业某月份生产乙产品，本月完工产品产量 1 000 件，期末在产品数量 100 件。期初在产品成本 2 600 元，本期发生费用共计 45 000 元。原材料在生产开始时一次性投入，在产品单件材料定额成本 20 元，单件定额工时 40 小时，每小时直接人工费用 0.05 元，每小时制造费用 0.02 元。

要求：在产品采用定额成本法，计算完工产品和期末在产品成本。

3. 某企业生产的甲种产品的原材料在生产开始时一次性投入，产品成本中的原材料费用所占比重很大，月末在产品按其所耗原材料费用计价。该种产品月初原材料费用 2 000 元，本月原材料费用 15 000 元，人工费用 1 500 元，制造费用 1 000 元，本月完工产品 150 件，月末在产品 50 件。

要求：在产品按所耗原材料费用计价法分配计算甲产品完工产品成本和月末在产品成本。

4. 某企业生产 A 产品，月初在产品直接材料费用 30 000 元，直接人工费用 2 500元，制造费用 1 500 元。本月实际发生直接材料费用 194 000 元，直接人工费用 25 000 元，制造费用 15 000 元、完工产品 5 000 件，单件原材料费用定额 30 元，单件工时定额 3.8 小时。月末在产品 400 件，单件原材料费用定额 25 元，工时定额 2.5 小时。

要求：采用定额比例法，计算完工产品成本与期末在产品成本。

项目六　**认知产品成本计算方法**

学习目标

知识目标

理解工业企业产品生产按生产特点进行的基本分类

了解产品成本计算方法的构成要素

基本懂得工业企业对成本计算方法的选择主要考虑的因素

明确各种产品成本计算方法的含义和主要特点

能力目标

能够根据企业生产特点和管理要求正确选择相应的产品成本计算方法

任务一　认知生产特点管理要求与成本计算方法的关系

一、工业企业的生产类型

生产类型，是指企业依据其产品的特点、生产计划或销售方式等企业自身的特点，所确立的一种或几种生产的方式。各个工业企业在产品结构、生产方法、设备条件、生产规模、专业化程度、工人技术水平以及其他各个方面，都具有各自不同的生产特点。这些特点反映在生产工艺、设备、生产组织形式、计划工作等各个方面。按照工业企业生产的一般特点，生产类型可作如下分类：

（一）按产品生产工艺过程分类

产品生产工艺过程，是指产品从投料到完工的生产工艺、加工制造的过程。按产品生产工艺过程的特点可以将产品生产分为连续单步骤生产和间断多步骤生产。

(1) 连续单步骤生产，是指长时间连续不断地生产一种或很少几种产品。生产的产品、工艺流程和使用的生产设备都是固定的、标准化的，工序之间没有在制品储存。典型的连续单步骤生产如电厂发电、油田的采油作业等。

(2) 间断多步骤生产，是指产品的生产工艺过程由若干个可以间断的、分散在不同地点的生产步骤组成，投入生产过程的各种要素是间断性地投入的，生产设备和运输装置必须适合各种产品加工的需要，工序之间要求有一定的自制半成品库存。纺织企业、机械制造企业是典型的间断多步骤生产。

间断多步骤生产按其产品的加工方式，又可分为连续加工式生产和平行同步加工式生产两种：

(1) 连续加工式生产，是指原材料投入生产后，要经过若干个连续加工步骤，才能加工成为产品，如纺织、冶金等。

(2) 平行同步加工式生产，亦称装配式生产，是指根据所要生产的产品所需要的零部件为目标，按照分工协作的原则，先将各种原材料平行同步地进行加工，制成各种零件、部件，然后再将零件、部件装配成产成品，如汽车、机械等的生产。

(二) 按企业生产组织方式分类

生产组织方式，是指在一定时期内生产产品品种的多少、同种类产品的数量以及生产的重复程度。按企业生产组织方式不同，可以分为大量生产、成批生产和单件生产。

(1) 大量生产，是指不断地重复生产一种或几种相同产品的生产。其主要特点是产出的产品品种较少，每种产品的产量大，产品品种变化不大，如发电、粮油加工、采矿等企业。

(2) 成批生产，是指一定时期内分批轮流地制造几种不同的产品，其主要特点是产品的品种较多，每隔一定时期重复生产一批。例如，服装、药品、机床、机车、电动机和纺织机械的制造等。

成批生产介于大量生产与单件生产之间，即品种不单一，每种产品都有一定的批量，生产有一定的重复性。在当今各国制造企业中，单纯的大量生产和单纯的单件生产企业都比较少，一般都是成批生产。

成批生产按照产品批量的大小，又可以分为大批生产、中批生产和小批生产。大批生产，由于产品批量大，往往在几个月内不断重复生产一种或几种产品，因而与大量生产相接近；小批生产，由于生产的产品批量小，一批产品一般可以同时完工，因而与单件生产相接近。

（3）单件生产，是指根据订货单位所提出的要求，进行特定规格和数量产品的生产。其主要特点是产品对象基本上是一次性需求的专用产品，一般不重复生产。生产中品种繁多，生产对象在不断变化，而通常生产设备和工艺装备采用通用性的，且工作地的专业化程度很低。如专用设备、造船、重型机械等的生产。

一般而言，单步骤生产和连续加工式的多步骤生产的组织方式是大量生产或大批生产。平行加工式的多步骤生产的组织方式，可能是大量生产或大批生产，也可能是小批生产或单件生产。

二、影响产品成本计算方法的因素

企业采用何种成本计算方法，在很大程度上取决于产品的生产特点即生产类型和成本管理的要求。主要表现在以下三个方面：

（一）对成本计算对象的影响

从成本核算的角度看，不同的成本计算对象，形成不同的成本计算的基本方法。确定成本计算对象，是为了确定按多大范围来归集生产费用，计算产品成本。在成本核算过程中，一个品种、一批产品、一类产品，以及生产过程中各步骤的半成品，都可以作为成本计算对象。

在连续单步骤生产条件下，原材料一经投入生产，各生产步骤就不能中断，直到生产出产品。由此决定各生产步骤不仅没有期末在产品，也没有半成品，因而成本计算对象比较单一，通常以最终完工的产品为成本计算对象。

在间断多步骤生产条件下，虽然生产是按照一定的生产顺序进行的，但在不同的生产步骤之间是可以间断的。并且，在各生产步骤都能产生具有一定使用价值的半成品。所以，在这种类型的企业中，由于半成品可以直接对外销售，或为便于成本管理和考核，除了要以最终完工的产品作为成本计算对象外，往往还要计算半成品的成本，因此，半成品也是成本计算对象。在装配式多步骤生产条件下，由于各步骤半成品的生产工艺过程特点基本是相同的，所以对成本计算的对象的影响主要在于生产组织方面。如果生产组织是单件或小批生产，则一般是以订单所确定的某一件或某一批产品作为其成本计算对象；如果生产组织是大批或大量生产，则通常是以最终完工产品作为成本计算对象。

（二）对成本计算期的影响

成本计算期即计算成本的时期。不同生产类型企业的成本计算期不尽相同，其起止日期是否与会计报告期或生产周期一致，主要取决于企业生产组织的特点。在大量、大批生产企业中，由于生产是连续不断进行的，企业不断地投入原材料，同时，不断地生产出并销售产品。因此，根据会计核算与成本管理要求，通常需要按月作为成本计算期，定期计算产品成本。成本计算期可能与生产周期不一致，但与会计报告期一致。在单件和小批量生产企业中，由于生产一般是不重复进行的，小批生产批量不大，批内产品基本都能同时完工，所以产品成本只能在某件或某批产品完工以后才能最终确定，因而成本计算期一般是不确定的，而与产品的生产周期一致。

（三）对生产费用在完工产品和月末在产品之间分配的影响

在连续单步骤大量、大批生产条件下，由于生产不能间断，产品生产周期短，期末一般没有在产品，或者期末在产品数量很少，或各期末在产品数量大致相同，因而在计算产品成本时，生产费用一般不需要在完工产品和月末在产品之间进行分配。在间断多步骤单件、小批生产条件下，单件生产时，完工的即产成品，未完工的即在产品，生产费用不需在完工产品与月末在产品之间进行分配；小批生产可能当月完工，也可能跨月陆续完工，同批产品未全部完工前，所归集的生产费用都是在产品成本。同批产品全部完工后，所归集的生产费用即是该批完工产品的成本，故也不需要将生产费用在完工产品和月末在产品之间进行分配。在间断多步骤较大批量生产条件下，各期末各生产步骤在产品数量变化较大，故需要将生产费用在完工产品和月末在产品之间进行分配。

任务二　认知产品成本计算方法

不同类型的工业企业，产品生产特点和成本管理要求不同，其成本计算对象、成本计算期、在产品成本的计算也不尽相同。根据企业产品生产特点和成本管理要求，将不同的成本计算对象、不同的成本计算期及生产费用在完工产品与在产品之间不同的分配方法等因素组合在一起，就形成了不同的成本计算方法。其中，成本计算对象是决定成本计算方法的主要因素。

一、产品成本计算的基本方法

为了适应工业企业各种类型生产的特点和成本管理要求，会计实际工作者在长期的成本核算实践中创造并应用的具体成本计算方法多种多样。但是，由于产品成本计算对象不外乎品种、批别和步骤三种，因此，以产品成本计算对象为标志，工业企业产品成本计算的基本方法主要有品种法、分批法和分步法。

（1）品种法，也称简单法，是指以产品品种为成本计算对象，归集和分配生产费用，计算产品成本的方法。品种法适用于大量大批的单步骤生产或管理上不要求分步骤计算成本的多步骤生产。例如，发电、自来水生产、原煤原油的开采等企业。

（2）分批法，是指按照产品批别为成本计算对象，归集和分配生产费用，计算产品成本的方法。分批法适用于单件小批的单步骤生产或管理上不要求按步骤计算成本的多步骤生产。例如，单件、小批生产的重型机械、船舶、精密工具、仪器制造、不断更新产品种类的时装制造等企业。

（3）分步法，是指以产品生产步骤和产品品种为成本计算对象，归集和分配生产费用，计算产品成本的方法。分步法适用于连续、大量大批、且管理上需分步骤计算成本的生产企业。例如，冶金、水泥、纺织、酿酒、砖瓦等企业。

二、产品成本计算的辅助方法

为了使产品成本计算更加便捷，或更能满足企业成本管理的需要，在实际工作中，除了上述三种基本方法之外，还有分类法、定额法、标准成本法、变动成本法等成本计算的辅助方法。

（1）分类法，是指在产品品种、规格繁多，但可以按照一定标准分类的情况下，为了简化计算工作而采用的一种成本计算方法。其特点是：按照产品的类别归集生产费用，计算该类产品成本；类内不同品种（或规格）产品的成本按照一定的方法分配确定。

（2）定额法，是指以事先制定的产品定额成本为标准，在生产费用发生时，就及时提供实际发生的费用脱离定额耗费的差异额，并且根据定额和差异额计算产品实际成本的一种成本计算和控制的方法。

（3）标准成本法，也称标准成本会计，是指以预先制定的标准成本为基础，用标准成本与实际成本进行比较，核算和分析成本差异的一种产品成本计算方法，也是加强成本控制、评价经济业绩的一种成本控制制度。它的核心是按标准成本记录和反映产品成本的形成过程和结果，并借以实现对成本的控制。

（4）变动成本法，是指只将变动成本计入产品成本，而将固定成本全部作为期间费用直接计入当期损益的一种成本计算方法。

严格意义上讲，标准成本法和变动成本法属于管理会计的方法范畴，而非财务会计产品成本计算的方法范畴，因为这两种方法都不能计算出产品的实际生产成本。

从计算产品实际成本角度来说，分类法、定额成本法、标准成本法和变动成本法等都不是必不可少的，因而统称为产品成本计算的辅助方法。

在工业企业中，确定不同的成本计算对象，采用不同的成本计算方法，主要是为了适应企业的生产类型特点和管理要求，正确提供产品成本资料，为成本管理服务。不论什么类型的企业，也不论采用哪种成本计算方法，最终都必须按产品品种为对象提供产品成本资料，因此，品种法是成本计算方法中最基本的方法。

三、产品成本计算方法的综合运用

产品成本计算的品种法、分步法、分批法以及分类法、定额法等是比较典型的成本计算方法。在实际工作中，一个企业的不同车间，一个车间的不同产品，由于其生产特点和管理要求不同，因而，可以同时应用几种不同的成本计算方法。

即使是同一种产品，其各个生产步骤、各种半成品、各个成本项目之间，由于生产特点和管理要求不同，也有可能把几种成本计算方法结合起来应用。

（一）几种产品成本计算方法同时应用

（1）同一企业不同车间采用不同的成本计算方法。例如，在纺织厂，基本生产车间的纺纱和织布，属多步骤的大量生产，适宜用分步法计算半成品纱和产成品布的成本。而在其辅助生产车间如供电、供水、供气等车间，却属单步骤大量生产，因此适宜用品种法计算成本。

（2）同一车间不同产品采用不同的成本计算方法。例如，在家具生产厂，生产定型老产品，一般是大量大批生产，因此适宜采用分步法计算产品成本，而若是进行新产品试制，则一般是单件小批生产，适宜采用分批法或品种法计算产品成本。

（二）多种成本计算方法结合应用

（1）同一产品不同步骤、不同的半成品、由于生产特点和管理要求的不同，可能采用不同的成本计算方法。例如，在机械制造厂小批单件生产，铸工车间可以采用品种法，加工装配车间采用分批法。

（2）在构成一种产品的不同零部件（半成品）之间，也可采用不同的成本计算方法。例如，在机械制造厂对不外售的专用件，可不单独计算成本，而对通用件，则应单独计算成本。

另外，企业在采用分类法、定额法等计算产品成本时，因为它是成本计算的辅助方法，必须结合品种法、分批法和分步法等成本计算的基本方法加以应用。

企业生产类型和管理要求对成本计算方法的影响，见表6-1：

表 6-1　　产品成本计算的基本方法应用

<table>
<tr><th rowspan="2">生产组织特点</th><th rowspan="2">生产工艺特点</th><th rowspan="2">成本管理要求</th><th colspan="3">成本计算方法特点</th><th rowspan="2">成本计算方法</th><th rowspan="2">适用类型</th></tr>
<tr><th>成本计算对象</th><th>成本计算期</th><th>在产品成本计算</th></tr>
<tr><td rowspan="3">大量大批生产</td><td>单步骤</td><td>要求按品种计算成本</td><td rowspan="2">产成品</td><td>按月计算</td><td rowspan="2">不需要计算在产品成本</td><td rowspan="2">品种法</td><td>采掘、发电等</td></tr>
<tr><td rowspan="2">多步骤</td><td>不要求按步骤计算成本</td><td rowspan="3">按月计算</td><td>水泥、食品、造纸等</td></tr>
<tr><td>要求按步骤计算成本</td><td>半成品产成品</td><td>需要计算在产品成本</td><td rowspan="2">分步法</td><td></td></tr>
<tr><td rowspan="2">单件小批量生产</td><td rowspan="2">单步骤或多步骤</td><td>要求按步骤计算成本</td><td>半成品产成品</td><td>需要计算在产品成本</td><td>纺织、汽车、机床等</td></tr>
<tr><td>只要求按批别计算成本</td><td>产成品</td><td>按批别计算</td><td>不需要计算在产品成本</td><td>分批法</td><td>飞机、船舶等</td></tr>
</table>

知识归纳

生产类型，是指企业依据其产品的特点、生产计划或销售方式等企业自身的特点，所确立的一种或几种生产的方式。

生产类型按产品生产工艺过程分类：

（1）连续单步骤生产，是指长时间连续不断地生产一种或很少几种产品。

（2）间断多步骤生产，是指产品的生产工艺过程由若干个可以间断的、分散在不同地点的生产步骤组成，投入生产过程的各种要素是间断性地投入的，生产设备和运输装置必须适合各种产品加工的需要，工序之间要求有一定的自制半成品库存。

间断多步骤生产按其产品的加工方式，又可分为连续加工式生产和平行同步加工式生产两种：连续加工式生产，平行同步加工式生产。

按企业生产组织方式分类：可以分为大量生产、成批生产和单件生产。

影响产品成本计算方法的因素：产品的生产特点即生产类型和成本管理的要求。

工业企业产品成本计算的基本方法主要有品种法、分批法和分步法。

品种法，也称简单法，是指以产品品种为成本计算对象，归集和分配生产费用，计算产品成本的方法。

分批法，是指按照产品批别为成本计算对象，归集和分配生产费用，计算产品成本的方法。分批法适用于单件小批的单步骤生产或管理上不要求按步骤计算成本的多步骤生产。

分步法，是指以产品生产步骤和产品品种为成本计算对象，归集和分配生产费用，计算产品成本的方法。

产品成本计算的辅助方法有分类法、定额法、标准成本法、变动成本法等成本计算的辅助方法。

分类法，是指在产品品种、规格繁多，但可以在按照一定标准分类的情况下，为了简化计算工作而采用的一种成本计算方法。

定额法，是指以事先制定的产品定额成本为标准，在生产费用发生时，就及时提供实际发生的费用脱离定额耗费的差异额，并且根据定额和差异额计算产品实际成本的一种成本计算和控制的方法。

标准成本法，也称标准成本会计，是指以预先制定的标准成本为基础，用标准成本与实际成本进行比较，核算和分析成本差异的一种产品成本计算方法，也是加强成本控制、评价经济业绩的一种成本控制制度。

变动成本法，是指只将变动成本计入产品成本，而将固定成本全部作为期间费用直接计入当期损益的一种成本计算方法。

品种法是成本计算方法中最基本的方法。

知识考量与技能训练

一、单项选择题

1. 产品成本计算最基本的方法是(　　)。

A. 分批法　　B. 品种法

C. 分类法　　D. 分步法

2. 不属于产品成本计算基本方法的是(　　)。

A. 品种法　　B. 分批法

C. 分步法　　D. 分类法

3. 在少品种大量大批多步骤生产，但管理上不要求分步计算产品成本的企业，应采用的成本计算方法是(　　)。

A. 分类法　　B. 品种法

C. 分批法　　D. 分步法

4. 工业企业产品成本的计算最终是通过下列(　　)账户进行的。

A. “生产成本”　　B. “生产成本——基本生产成本”

C. “制造费用”　　D. “生产成本——辅助生产成本”

5. 生产特点和管理要求对于产品成本计算的影响，主要表现在(　　)。

A. 产品生产的批次上　　B. 成本计算程序上
C. 产品生产的品种上　　D. 成本计算对象的确定上

6. 区别各种成本计算基本方法的主要标志是(　　)。

A. 间接费用的分配方法　　B. 成本计算对象
C. 成本计算日期　　D. 完工产品与在产品之间分配费用的方法

7. 在小批单件多步骤生产生产，管理上不要求分步计算产品成本的企业，适宜采用的成本计算方法是(　　)。

A. 分步法　　B. 分批法
C. 分类法　　D. 定额成本法

二、多项选择题

1. 在确定成本计算方法时，应从企业的具体情况出发，同时考虑(　　)。

A. 生产特点　　B. 成本管理的要求
C. 企业生产规模的大小　　D. 月末有没有在产品

2. 按照工艺过程划分，工业企业的生产可以分为(　　)。

A. 多步骤生产　　B. 单步骤生产
C. 单件生产　　D. 大量生产

3. 下列情况适宜采用品种法计算产品成本(　　)。

A. 小批单件生产企业
B. 大量大批多步骤生产但管理上不要求分步计算成本的企业
C. 大量大批多步骤生产而且在管理上要求分步计算成本的企业
D. 大量大批单步骤生产企业

4. 下列是成本计算的基本方法(　　)。

A. 品种法　　B. 分批法
C. 分步法　　D. 分类法

项目七

产品成本计算品种法

学习目标

知识目标

理解产品成本计算品种法的概念、特点及适用范围

能力目标

能够较熟练地运用品种法进行产品成本计算

任务一　认知产品成本计算品种法

一、品种法的特点

（一）品种法的概念

品种法，是指以产品的品种为成本计算对象，归集和分配生产费用，计算产品成本的一种方法。按照产品品种计算成本，是工业企业产品成本计算最一般、最起码的要求，不论什么组织方式的制造企业，也不论什么生产类型的产品，更不论成本管理要求如何，最终都必须按照产品品种计算出产品成本，因此，品种法是最基本的成本计算方法。

按照企业的生产类型和成本计算的繁简程度，品种法可分为标准品种法和简单品种法。

标准品种法亦称典型品种法，多品种的品种法，是指企业生产多种产品，凡是生产过程中发生的分不清何种产品耗用应计入产品成本的各种直接生产费用和间接生产费用，均应在采用适当的方法在各种产品之间进行

分配。需要按不同品种设置基本生产成本明细账，还需计算每种产品的完工产品成本和月末在产品成本。

简单品种法亦称单一品种法，是指企业只生产一种产品或劳务，生产过程中发生的应计入产品成本的各种费用都是直接计入费用，不存在各种产品间分配的问题，而只需要根据有关原始凭证及费用汇总表登记产品成本明细账。

（二）品种法的特点

1. 以产品品种作为成本计算对象

品种法以企业或生产车间生产的每种产品作为成本计算对象，因此，企业成本会计应为每一品种产品开设一张基本生产成本明细账（或称为产品成本计算单，下同）。如果企业只生产一种产品，则成本计算对象就是该种产品，就只需为该种产品开设一张基本生产成本明细账，账中按直接材料、直接人工、制造费用等成本项目设置专栏，企业生产中所发生的应计入产品成本的全部生产费用都是“直接费用”，可以直接根据有关凭证和费用分配表分成本项目直接记入该种产品的基本生产成本明细账中；如果企业生产两种以上产品，则成本计算对象就是每一种产品，应按每一种产品分别开设基本生产成本明细账，企业生产中发生的应计入产品成本的各项生产费用，要区分为直接费用和间接费用，凡能根据有关凭证分清应由某种产品负担的直接费用，应直接记入该种产品的基本生产成本明细账中，对于几种产品共同耗用而又难以分清应由哪种产品负担多少数额的间接费用，应采用适当的分配方法，在各种产品之间直接进行分配，或先另行归集计入“制造费用”明细账，月末再经分配计入各基本生产成本明细账中的“制造费用”成本项目中。

2. 成本计算期与会计报告期相同，按月计算产品成本

品种法的适用范围，大多是大量大批单步骤生产型企业或生产车间。在这些企业或生产车间一般是连续不断地重复着某种或几种产品的生产，随时都有很多完工产品产出和销售，因此，不能等到产品全部制造完工时再计算产品成本，而应以月为周期，定期在每月末计算一次产品成本。

3. 月末据情确定在产品成本

每月末，如果生产上没有在产品，或者在产品数量很少，其所占生产费用数额不大，可根据重要性原则，不计算在产品成本，该产品当月基本生产成本明细账中所归集的全部生产费用，就是当月该产品的完工产品总成本，用当月该产品的完工产品总成本除以该产品的产量，即为该产成品当月的单位成本；如果月末在产品数量较多，且占用的生产费用数额也较大，就应将该产品基本生产成本明细账上所归集的生产费用（包括月初在产品成本和本月发生的费用），采用适当的分配方法，在完工产品和月末在产品之间进行合理分配，以便合理计算出当月完工产品成本和月末在产品成本。

二、品种法的适用范围

（一）标准品种法适用范围

（1）生产两种或两种以上产品的大量大批单步骤生产类型企业。

（2）生产两种或两种以上产品的管理上不要求分步计算成本的多步骤生产企业，如砖瓦厂、造纸厂等企业。

（二）简单品种法的适用范围

（1）大量大批单步骤生产类型企业，品种单一，没有或极少存在在产品，如发电、自来水生产、采掘等企业。

（2）企业内部独立设置的供水、供电、供气单步骤大量生产等辅助生产车间内部辅助生产车间。

任务二　应用品种法计算产品成本

一、品种法的成本计算程序

成本计算程序，是指从对发生的生产费用按照财务会计制度的规定进行审核开始，到归集和分配生产费用，最后计算出各种完工产品总成本和单位成本为止的整个成本计算过程。标准品种法的成本计算程序是：

（1）根据企业生产的产品品种确定成本计算对象，并据此开设“基本生产成本明细账”。基本生产成本明细账是归集成本计算对象所发生的生产费用，计算其产品成本的最基本的明细账，在基本生产成本明细账中应按直接材料、直接人工、制造费用等成本项目设置专栏。上月末没有制造完成的在产品成本，即为在本月基本生产成本明细账中的月初在产品成本。

（2）对生产过程中发生的各项要素费用进行审核、归集和分配。对生产过程中发生的各项要素费用支出，应根据国家、上级主管部门和本企业的有关制度、规定进行严格审核，一方面，要对不符合制度和规定的费用，以及各种浪费，损失等加以制止或追究经济责任；另一方面，对符合规定的要素费用进行汇总，定期编制各种要素费用分配表和相应的会计分录，据以登记“基本生产成本明细账”、“辅助生产成本明细账”、“制造费用明细账”等。对能通过原始凭证就能清晰确认属某一成本计算对象所耗用的直接费用，如直接材料、直接人工等费用，应直接记入对应的“生产成本——基本生产成本”账户；反之，则应按费用发生的环节或用途进行归集分配，分别记入“制造费用”、“生产成本——辅助生产成本”、“废品损失”等综合性费用账户。

(3) 分配辅助生产费用。月末，对各“生产成本——辅助生产成本”明细账归集的全部费用，按照各种产品和各单位受益的辅助生产产品或劳务的数量，编制辅助生产费用分配表和相应的会计分录，据以登记到受益产品的“基本生产成本明细账”和受益部门的费用明细账中。

(4) 分配制造费用。月末，将各基本生产车间（分厂）“制造费用”明细账归集的费用进行汇总，采用适当的方法，在本车间（分厂）生产的各种产品之间进行分配，并编制制造费用分配表和相应的会计分录，据以记入有关产品的“基本生产成本明细账”。

(5) 进行完工产品成本与在产品成本的计算分配。经过上述程序，当月生产产品应负担的各项费用都已记入了各产品的基本生产成本明细账中，如果月初、月末均没有在产品，则本月发生的全部生产费用即为本月完工产品的总成本；如果月末有在产品，而且数量较大，则应将基本生产成本明细账中归集的生产费用按照一定的方法在完工产品和月末在产品之间进行分配，计算出完工产品成本和月末在产品成本。

(6) 结转各产品基本生产成本明细账中的完工产品成本。编制完工产品成本汇总计算表和相应会计分录，并据以结转基本生产成本明细账中的完工产品成本。

简单品种法较上述标准品种法而言，其成本计算程序相对简化，主要体现在成本计算对象品种单一，费用的发生较为直接，无须分配，只要按费用项目直接归集。由于月末没有在产品，汇总本月发生的生产费用，即可求得完工产品的总成本。基于上述特点，在简单品种法下，可按照发生的费用项目设置生产成本明细账的专栏，各生产单位发生的全部生产费用都为直接费用，应根据原始凭证或各项费用分配表编制记账凭证，直接登记“生产成本明细账”的相应项目，月末汇总生产成本明细账，编制产品成本计算单，结转完工产品成本。

二、应用品种法计算产品成本示例

【例 7-1】(1) 企业基本情况：

亚太金属铸造厂属大量大批生产组织形式，单步骤生产类型的小型工业企业，该厂有一个基本生产车间——铸造车间，生产甲、乙两种产品，另设置一个辅助车间——机修车间，为全厂提供机修服务。根据生产特点与管理要求，企业确定采用品种法计算产品成本。辅助车间不单独设置制造费用明细账，发生的间接费用计入辅助生产成本明细账。该厂按约当产量法计算完工产品和月末在产品成本。甲、乙两种产品均为生产开始时一次投料，期初在产品均为零。甲产品期末完工入库4 000件，期末在产品1 000 件，完工程度为50%；乙产品完工入库3 000 件，期末在产品 2 000 件，完工程度为60%。

(2)该厂20××年11月成本核算有关资料如下:

①领料单汇总表,见表7-1:

表7-1 领料单汇总表 单位:千克

材料名称	甲产品	乙产品	机修车间	生产车间一般耗用	合 计
A	12 000	6 000			18 000
B	5 000	5 000			10 000
C	6 000	7 000	4 000	3 000	20 000
D	8 000	5 000	3 000	4 000	20 000

②原材料明细账记录汇总情况表,见表7-2:

表7-2 原材料明细账记录汇总情况表 单位:元/千克

材料名称	月初结存		本月购进	
	数量	金额	数量	金额
A	20 000	200 000	40 000	430 000
B	10 000	50 000	20 000	130 000
C	15 000	30 000	10 000	32 500
D	10 000	30 000	30 000	98 000

(该厂对原材料发出采用全月一次加权平均法计价)

③20××年11月该厂工资结算汇总记录如下:

基本生产车间工人工资 120 000元

机修车间职工工资 20 000元

基本车间管理人员工资 34 000元

企业行政管理人员工资 30 000元

总 计 204 000元

④20××年11月该厂各部门外购电力抄表情况如下:

基本生产车间生产产品用电60 000(kW·h)

基本生产车间照明用电2 000(kW·h)

机修车间生产及照明用电10 000(kW·h)

企业行政管理部门等用电12 000(kW·h)

每(kW·h)电价0.45元,产品生产用电按产品生产工时比例分配。根据供电公司规定，当月电费应于次月10日前支付。

⑤20××年11月该厂应提折旧情况如下：

固定资产原价：

a. 基本生产车间机器设备4 000 000元，厂房1 200 000元，合计5 200 000元。

b. 机修车间机器设备450 000元，厂房150 000元，合计600 000元。

c. 行政管理用房屋800 000元，办公设备100 000元，合计900 000元。

该厂确定的机器设备月折旧率1%；房屋月折旧率0.5%；办公设备月折旧率2%。

⑥其他各项费用支出（假设均以银行存款支付）：

根据按支出用途归类的20××年11月以货币资金支付的各项费用（假定全部用银行存款支付，以简化举例）汇总，见表7-3：

表7-3　**其他各项费用支出汇总表**　单位：元

应借科目		成本或费用项目	金额
总账科目	明细科目		
生产成本	辅助生产成本（机修车间）	水费	1 500
		办公费	510
制造费用	基本生产车间	水费	18 000
		其他	1 860
		办公费	1 230
管理费用		水费	2 500
		其他	3 500
合　计			29 100

（注：在实际会计工作中，支付货币资金的业务应逐项填制记账凭证，分别编制会计分录。此处为了简化举例，汇总编制会计分录，汇总记账。）

⑦20××年11月生产工时统计如下：

基本生产车间产品生产工时：

甲产品24 000小时、乙产品16 000小时；

机修车间修理工时2 000小时，其中生产车间维修工时1 800小时，管理部门维修工时200小时。

制造费用按产品生产工时比例分配，辅助生产费用采用直接分配法，按维修工时比例分配。

（3）要求：根据上述资料，用品种法计算该厂20××年11月生产的甲、乙两种产品的总成本和单位成本。

解：1. 要素费用的归集与分配

（1）根据材料耗用情况，编制材料耗用分配汇总表，见表7-4：

表7-4　　**材料费用分配汇总表**

20××年11月30日

材料名称	平均单位成本	甲产品		乙产品		机修车间		制造费用		合计	
		数量（件）	金额（元）	数量（件）	金额（元）	数量（件）	金额（元）	数量（件）	金额（元）	数量（件）	金额（元）
A	10.5	12 000	126 000	6 000	63 000					18 000	189 000
B	6	5 000	30 000	5 000	30 000					10 000	60 000
C	2.5	6 000	15 000	7 000	17 500	4 000	10 000	3 000	7 500	20 000	50 000
D	3.2	8 000	25 600	5 000	16 000	3 000	9 600	4 000	12 800	20 000	6 4000
合计			196 600		126 500		19 600		20 300		363 000

其中，

$$A\text{材料平均单价}=\frac{200\ 000+430\ 000}{20\ 000+40\ 000}=10.5\text{（元/千克）}$$

$$B\text{材料平均单价}=\frac{50\ 000+130\ 000}{10\ 000+20\ 000}=6.0\text{（元/千克）}$$

$$C\text{材料平均单价}=\frac{30\ 000+32\ 500}{15\ 000+10\ 000}=2.5\text{（元/千克）}$$

$$D\text{材料平均单价}=\frac{30\ 000+98\ 000}{10\ 000+30\ 000}=3.2\text{（元/千克）}$$

根据上述材料费用分配汇总表编制会计分录如下：

借：生产产品——基本生产成本——甲产品　　196 600
　　　　　　　基本生产成本——乙产品　　126 500
　　　　　　　辅助生产成本——机修车间　　19 600
　　制造费用　　20 300
　贷：原材料——A材料　　189 000
　　　　　　　B材料　　60 000
　　　　　　　C材料　　50 000
　　　　　　　D材料　　64 000

（2）根据工资结算有关记录编制职工薪酬分配表，见表7-5：

表 7-5　　　　　　　　　　**职工薪酬分配汇总表**

20××年 11 月 30 日

项　目	生产工人职工薪酬分配标准（生产工时）	分配率（元/小时）	分配金额（元）	管理人员薪酬（元）	合　计
基本生产成本					
其中：甲产品	24 000		72 000		72 000
乙产品	16 000		48 000		48 000
小计	40 000	3	120 000		120 000
辅助生产成本					
机修车间			20 000		20 000
制造费用				34 000	34 000
管理费用				30 000	30 000
合计			138 000	64 000	204 000

其中生产工人工资分配率＝120 000÷40 000＝3（元/小时）

根据上述职工薪酬分配汇总表编制会计分录如下：

借：生产成本——基本生产成本——甲产品　　72 000

　　　　　　　基本生产成本——乙产品　　48 000

　　　　　　　辅助生产成本——机修车间　　20 000

　　制造费用　　34 000

　　管理费用　　30 000

　贷：应付职工薪酬　　204 000

（3）根据用电情况有关记录编制外购动力费用分配表，见表 7-6：

表 7-6　　　　　　　　　　**外购动力费用分配表**

20××年 11 月 30 日

应借科目		成本或费用项目	分配率标准（生产工时）	分配率（元/小时）	分配金额（元）
生产成本——基本生产成本	甲产品	直接材料	24 000		16 200
	乙产品	直接材料	16 000		10 800
	小计		40 000	0.675	27 000
生产成本——辅助生产成本	机修车间	直接材料			4 500

续表

应借科目		成本或费用项目	分配率标准（生产工时）	分配率（元/小时）	分配金额（元）
制造费用	基本生产车间	水电费			900
管理费用		水电费			5 400
合　计					37 800

产品生产用电分配率＝（60 000×0.45）÷40 000＝0.675（元）

甲产品动力费用＝24 000×0.675＝16 200（元）

乙产品动力费用＝16 000×0.675＝10 800（元）

根据上述外购动力费用分配汇表编制会计分录如下：

借：生产成本——基本生产成本——直接材料（甲产品）　16 200

　　　　　　　基本生产成本——直接材料（乙产品）　10 800

　　制造费用　900

　　生产成本——辅助生产成本　4 500

　　管理费用　5 400

　贷：应付账款　37 800

（4）计提固定资产折旧，编制固定资产折旧分配表，见表 7-7：

表 7-7　**固定资产折旧计提分配表**

20××年 11 月 30 日　单位：元

应借科目	房屋（月折旧率 0.5%）		机器设备（月折旧率 1%）		办公设备（月折旧率 2%）		折旧额合　计
	原　值	折旧额	原　值	折旧额	原　值	折旧额	
制造费用	1 200 000	6 000	4 000 000	40 000			46 000
生产成本——辅助生产成本	150 000	750	450 000	4 500			5 250
管理费用	800 000	4 000			100 000	2 000	6 000
合　计	2 150 000	10 750	4 450 000	44 500	100 000	2 000	57 250

根据固定资产折旧计提分配表编制会计分录如下：

借：制造费用　46 000

　　生产成本——辅助生产成本——机修车间　5 250

　　管理费用——折旧费　　　　　　　　　　　　　　　　　6 000
　贷：累计折旧　　　　　　　　　　　　　　　　　　　　　　57 250

（5）根据其他各项费用支出凭证（见表7-3）编制会计分录如下：

借：生产成本——辅助生产成本（机修车间）　　　　　　　2 010
　　制造费用——基本生产车间　　　　　　　　　　　　　21 090
　　管理费用　　　　　　　　　　　　　　　　　　　　　6 000
　贷：银行存款　　　　　　　　　　　　　　　　　　　　　　29 100

2. 辅助生产成本的归集与分配

根据以上费用分配表及相关会计分录，登记“辅助生产成本明细账”，见表7-8：

表7-8　**辅助生产费用明细账**　单位：元

20××年		凭证	摘　要	人工费	办公费	电费	材料消耗	折旧费	其他	合计
月	日									
11	30		分配材料费用				19 600			19 600
	30		分配人工费	20 000						20 000
	30		分配电费			4 500				4 500
	30		计提折旧					5 250		5 250
	30		其他费用		510				1 500	2 010
	30		本月费用合计	20 000	510	4 500	19 600	5 250	1 500	51 360
	30		分配转出	51 000	510	4 500	19 600	5 250	1 500	51 360

根据辅助生产成本明细账归集的费用进行辅助生产费用的分配，见表7-9：

表7-9　**辅助生产费用分配表（直接分配法）**

20××年11月30日　单位：元

辅助生产车间名称			机修车间	合　计
待分配费用			51 360	51 360
供应劳务量（工时）			2 000	2 000
单位成本（分配率）			25. 68	
基本车间	修　理	耗用数量	1 800	1 800
		分配金额	46 224	46 224
企业管理部门	修　理	耗用数量	200	200
		分配金额	5 136	5 136

辅助生产费用分配率＝51 360÷2 000＝25.68

基本生产车间应分配费用＝1 800×25.68＝46 224（元）

管理部门应分配费用＝200×25.68＝5 136（元）

根据以上辅助生产费用分配表，编制会计分录如下：

借：制造费用　　46 224

　　管理费用　　5 136

　贷：辅助生产成本——机修车间　　51 360

3. 制造费用的归集与分配

根据以上费用分配表及会计分录，登记“制造费用明细账”，见表7-10：

表7-10　　制造费用明细账　　单位：元

20××年		摘　要	工资	折旧费	修理费	物料消耗	办公费	电费	水费	其他	合　计
月	日										
11	30	分配材料费				20 300					20 300
	30	分配工资	34 000								34 000
	30	分配电费						900			900
	30	计提折旧		46 000							46 000
	30	支付其他费用					1 230		18 000	1 860	21 090
	30	分配修理费			46 224						46 224
	30	本月费用合计	34 000	46 000	46 224	20 300	1 230	900	18 000	1 860	168 514
	30	分配转出	34 000	46 000	46 224	20 300	1 230	900	18 000	1 860	168 514

根据“制造费用明细账”归集的制造费用编制制造费用分配表，见表7-11：

表7-11　　制造费用分配表

20××年11月30日　　单位：元

分配对象	分配标准（工时）	分配率	分配金额
甲产品	24 000		101 112
乙产品	16 000		67 402
合计	40 000	4.213	168 514

其中：制造费用分配率＝168 514÷400 000＝4.213

　　甲产品分配制造费用＝24 000×4.213＝101 112（元）

乙产品分配制造费用=16 000×4. 213=67 402（元）

根据上述制造费用分配表编制会计分录如下：

借：生产成本——基本生产成本——甲产品　　101 112

　　　　　　　　　　　　　——乙产品　　67 402

　贷：制造费用　　168 514

4. 计算约当产量，分配完工产品和期末在产品成本

根据以上费用分配表及相关会计分录登记"基本生产成本明细账"，并计算完工产品和月末在产品成本，见表7-12、表7-13：

表7-12　　**基本生产成本明细账**

产品名称：甲产品　　完工产品数量：4 000　　单位：元

　　月末在产品数量：1 000　　完工程度：50%

20××年		凭证号	摘　　要	成本项目			合　计
月	日			直接材料	直接人工	制造费用	
11	30	（略）	分配材料费用	196 600			196 600
	30		分配工资费用		72 000		72 000
	30		分配动力费用	16 200			16 200
	30		分配制造费用			101 112	101 112
	30		生产费用合计	212 800	72 000	101 112	385 912
	30		转出完工产品成本	170 240	64 000	89 877	324 117
	30		月末在产品成本	42 560	8 000	11 235	61 795

甲产品月末原材料项目约当产量=1 000×100%=1 000（件）

甲产品月末加工费项目约当产量=1 000×50%=500（件）

甲产品原材料单位成本=212 800÷（4 000+1 000）=42. 56（元）

甲产品月末在产品直接材料项目成本=1 000×42. 56=42 560（元）

甲产品本月完工产品直接材料项目成本=4 000×42. 56=170 240（元）

甲产品直接人工项目单位成本=72 000×（4 000+500）=16（元）

甲产品月末在产品直接人工项目成本=500×16=8 000（元）

甲产品本月完工产品直接人工项目成本=4 000×16=64 000（元）

甲产品制造费用项目单位成本=101 112÷（4 000+500）≈22. 47（元）

甲产品月末在产品制造费用项目成本=500×22. 47=11 235（元）

甲产品本月完工产品制造费用项目成本=101 112−11 235=89 877（元）

表 7-13 **基本生产成本明细账**

产品名称：乙产品　　完工产品数量：3 000　　单位：元

月末在产品数量：2 000　　完工程度：60%

20××年		凭证号	摘　　要	成本项目			合　计
月	日			直接材料	直接人工	制造费用	
11	30	（略）	分配材料费用	126 500			126 500
	30		分配工资费用		48 000		48 000
	30		分配动力费用	10 800			10 800
	30		分配制造费用			67 402	67 402
	30		生产费用合计	137 300	48 000	67 402	252 702
	30		转出完工产品成本	82 380	34 284	48 142	164 806
	30		月末在产品成本	54 920	13 716	19 260	87 896

乙产品月末原材料项目约当产量＝2 000×100%＝2 000（件）

乙产品月末加工费项目约当产量＝2 000×60%＝1 200（件）

乙产品原材料单位成本＝137 300÷（3 000+2 000）＝27.46（元）

乙产品月末在产品直接材料项目成本＝2 000×27.46＝54 920（元）

乙产品本月完工产品直接材料项目成本＝3 000×27.46＝82 380（元）

乙产品直接人工项目单位成本＝48 000×（3 000+1 200）≈11.43（元）

乙产品月末在产品直接人工项目成本＝1 200×11.43＝13 716（元）

乙产品本月完工产品直接人工项目成本 48 000－13 716＝34 284（元）

乙产品制造费用项目单位成本＝67 402÷（3 000+1 200）≈16.05（元）

乙产品月末在产品制造费用项目成本＝1 200×16.05＝19 260（元）

乙产品本月完工产品制造费用项目成本＝67 402－19 260＝48 142（元）

5. 编制产品成本计算单

根据上述核算资料，编制 20××年 11 月产品成本汇总计算单，见表 7-14：

表 7-14 **产品成本汇总计算单**

20××年 11 月 30 日　　单位：元

成本项目	甲产品 4 000 件		乙产品 3 000 件	
	总成本	单位成本	总成本	单位成本
直接材料	170 240	42.56	82 380	27.46
直接人工	64 000	16	34 284	11.43

续表

成本项目	甲产品 4 000 件		乙产品 3 000 件	
	总成本	单位成本	总成本	单位成本
制造费用	89 877	22.47	48 142	16.05
合计	324 117	81.03	164 806	54.94

根据上述产品成本汇总计算单，编制结转产成品的会计分录如下：

借：库存商品——甲产品　　324 117

　　　　　　——乙产品　　164 806

　贷：生产成本——基本生产成本——甲产品　　324 117

　　　　　　　　　　　　　　——乙产品　　164 806

知识归纳

品种法，是指以产品的品种为成本计算对象，归集和分配生产费用，计算产品成本的一种方法。品种法是最基本的成本计算方法。按照企业的生产类型和成本计算的繁简程度，品种法可分为标准品种法和简单品种法。

品种法的特点：以产品品种作为成本计算对象；成本计算期与会计报告期一致，按月计算产品成本；月末据情确定在产品成本。

品种法主要适用于大量大批单步骤生产类型或管理上不要求分步骤计算成本的多步骤生产的企业。例如，发电、自来水生产、采掘等企业。

品种法的成本计算程序：

(1) 根据企业生产的产品品种设置基本生产成本明细账或产品成本计算单；

(2) 对生产过程中发生的各项要素费用进行审核、归集和分配；

(3) 进行辅助生产费用的分配；

(4) 进行基本生产车间制造费用的分配；

(5) 进行完工产品成本与在产品成本的分配；

(6) 结转各产品基本生产成本明细账中的完工产品成本。

简单品种法较标准品种法，其成本计算程序相对简化，主要体现在成本计算对象品种单一，费用的发生较为直接，无须分配，只要按费用项目直接归集。

知识考量与技能训练

一、单项选择题

1. 品种法是产品成本计算的(　　)。

A. 辅助方法　　　　B. 重要方法

C. 最基本的方法　　D. 最简单的方法

2. 品种法适用的生产组织是(　　)。

A. 少品种大量大批生产　　B. 大量成批生产

C. 大量小批生产　　D. 单件小批生产

二、多项选择题

1. 适合采用品种法计算产品成本的企业有(　　)。

A. 船舶制造企业　　B. 汽车制造企业

C. 发电企业　　D. 供水公司

2. 品种法适用于(　　)。

A. 小批、单件，管理上不要求分步骤计算成本的多步骤生产

B. 大量大批的多步骤生产

C. 管理上不要求分步骤计算成本的多步骤生产

D. 大量大批的单步骤生产

3. 有关品种法的计算程序，下列表述正确的是(　　)。

A. 如果生产多种产品，要按照产品的品种分别开设“基本生产成本明细账”

B. 发生的各项直接费用直接计入各产品“基本生产成本明细账”

C. 发生的间接费用则采用适当的分配方法在各种产品之间进行分配

D. 月末不计算在产品成本

三、判断题

1. 品种法不适用于大量大批多步骤的生产企业。(　　)

2. 品种法主要适用于简单生产，因此称为简单法。(　　)

3. 单步骤生产的企业都应采用品种法计算产品成本。(　　)

4. 品种法的成本计算期与会计报告期不一致，与生产周期一致。(　　)

四、实务操作题

【目的】练习产品成本计算的品种法

【资料】金山制造厂大量生产甲、乙两种产品，生产工艺为单步骤，据此企业决定采用品种法计算产品成本。20××年10月份发生的生产费用资料如下：

(1) 通过银行存款支付的费用明细：

①应由基本生产车间负担的费用：办公费2 100元，水费8 460元，差旅费3 400元，运输费4 800元，其他费用2 600元。

②应由机修车间负担的费用：办公费1 200元，水费1 380元，其他费用1 600元。

③支付10月份的外购电费42 120元。(该厂外购电费通过“应付账款”核算，其中，电费36 000元，增值税6 120元)。

（2）材料费用：

根据材料领用凭证汇总的材料费用（按实际成本计算）为：

①生产甲产品领用原材料费用 186 000 元；生产乙产品领用原材料费用165 800 元。

②基本生产车间一般耗用 6 540 元。

③机修车间修理领用材料 5 480 元。

④企业管理部门领用 4 650 元。

（3）当月各部门电表抄表情况：基本生产车间动力用电 22 000 度，其中，甲产品占 60%，乙产品占 40%；机修车间 6 800 度；企业管理部门 1 200 度。企业规定，电费按抄表数分配。

（4）工资费用：

根据 10 月份工资结算凭证汇总的工资费用为：

①基本生产车间：生产工人工资 88 400 元，管理人员工资 12 400 元。

②机修车间：车间人员工资 14 800 元。

③企业管理部门：管理人员工资 36 300 元。

该厂规定，基本生产车间生产工人工资在甲、乙两种产品之间按产品的实用工时比例分配。实用工时为：甲产品耗用生产工人工时 7 500 小时，乙产品耗用生产工人 5500 小时。

（5）折旧费用：

10 月份应计提的固定资产折旧费：

①基本生产车间 24 650 元。

②机修车间 6 180 元。

③企业管理部门 5 600 元。

（6）计提短期借款利息 3 500 元。

（7）辅助生产费用：

辅助生产车间不单独设置“制造费用”账户，辅助生产费用采用直接分配法计算分配。机修车间当月修理劳务工时 8 000，其中，基本生产车间 7 500 小时，企业管理部门 500 小时。

（8）制造费用：

基本生产车间制造费用按甲、乙产品的实用工时比例分配。

（9）完工产品和月末在产品：

甲产品、乙产品生产所需原材料均在生产时一次性投入，10 月份甲、乙产品产量资料，见表 7-15：

表 7-15　　产品产量统计表　　计量单位：件

产品名称	本月完工产品的产量	期末在产品数量	
		数　量	完工程度（%）
甲	2 460	60	50
乙	1 240	120	80

（10）甲、乙产品的月初在产品成本：

甲产品 10 月初在产品成本为：直接材料 21 000 元，直接人工费用 2 400 元，制造费用 1 800 元，合计 25 200 元。

乙产品 10 月初在产品成本为：直接材料 8 600 元，直接人工费用 2 400 元，制造费用 1 500 元，合计 12 500 元。

要求：

1. 开设甲、乙产品“基本生产成本明细账”，并根据各种生产费用有关的期初余额资料，登记“基本生产成本明细账”（见表 7-25、表 7-26）；

2. 根据上列资料，编制各种生产费用汇总表、分配表和相应会计分录，见表 7-16 至表 7-24；

3. 根据各种生产费用汇总表和分配表及会计分录，登记“制造费用明细账”和“基本生产成本明细账”，采用约当产量法计算甲、乙产品成本；

4. 编制结转完工产品成本的会计分录。

表 7-16　　原材料费用分配表

年　月

应借账户		成本或费用项目	金　额
生产成本——基本生产成本	甲产品	直接材料	
	乙产品	直接材料	
	小　计		
制造费用			
生产成本——辅助生产成本			
管理费用			
合　计			

表 7-17

外购动力费用分配表

年　　月

应借账户		成本或费用项目	用电量（度）	分配率	应分配金额
生产成本——辅助生产成本	甲产品	直接材料			
	乙产品	直接材料			
	小　　计				
生产成本——辅助生产成本	机修车间	直接材料			
管理费用		电　　费			
合　　计					

表 7-18

职工薪酬费用分配表

年　　月

应借账户		工　资			
		生产工人		其他人员	合　计
		工时	分配金额（分配率）		
生产成本——基本生产成本	甲产品				
	乙产品				
	小　计				
生产成本——辅助生产成本					
制造费用					
管理费用					
合　　计					

表 7-19

固定资产折旧费计提分配表

年　　月

应借账户 / 费用项目	制造费用		管理费用	合　计
	基本生产车间	辅助生产车间		
折旧费				

表 7-20　　利息费用计提分配表

年　月

费用项目	对应账户	计提金额
合　计		

表 7-21　　辅助生产成本明细账

车间名称：机修车间

年		凭证	摘　要	费用项目						
月	日			材料费	工资及福利费	办公费	水电费	折旧费	其　他	合计

表 7-22　　辅助生产费用分配表（直接分配法）

年　月

辅助生产车间名称			机修车间	合　计
待分配费用				
供应劳务量（工时）				
单位成本（分配率）				
基本车间	修　理	耗用数量		
		分配金额		
企业管理部门	修　理	耗用数量		
		分配金额		

表 7-23　　　　　　　　　　**制造费用明细账**

车间名称：基本生产车间

摘　要	办公费	水费	差旅费	工资	福利费	折旧费	消耗材料	修理费	劳动保护费	运输费	其他	合计

表 7-24　　　　　　　　　　**制造费用分配表**

年　　月

应借账户		成本项目	实用工时	分配率	应分配金额
基本生产成本	甲产品				
	乙产品				
	小　计				

表 7-25　　　　　　　　　　**基本生产成本明细账**

车间名称：　　　　产品名称：　　　　完工数量：　　　　在产品数量：　　　　完工程度：

年		凭　证		摘　　要	直接材料	直接人工	制造费用	合　　计
月	日	种类	号数					
6	30			期初在产品成本				
7	31			材料分配				
	31			动力分配				
	31			工资及福利费分配				
	31			制造费用分配				

续表

年		凭证		摘要	直接材料	直接人工	制造费用	合计
月	日	种类	号数					
	31			本月合计				
	31			累计总成本				
	31			约当总产量				
	31			单位成本（分配率）				
	31			完工产品生产成本				
	31			期末在产品成本				

表 7-26　　**基本生产成本明细账**

产品名称：　　完工数量：　　在产品数量：　　完工程度：

年		凭证		摘要	直接材料	直接人工	制造费用	合计
月	日	种类	号数					
6	30			期初在产品成本				
7	31			材料分配				
	31			动力分配				
	31			工资及福利费分配				
	31			制造费用分配				
	31			本月合计				
	31			累计总成本				
	31			约当总产量				
	31			单位成本（分配率）				
	31			完工产品生产成本				
	31			期末在产品成本				

项目八　产品成本计算分批法

学习目标

知识目标

理解产品成本计算分批法的含义、特点

掌握产品成本计算分批法适用范围及成本计算程序

能力目标

能够较熟练地运用分批法进行产品成本的计算

任务一　认知产品成本计算分批法

一、分批法的概念和特点

（一）分批法的概念

产品成本计算分批法也称订单法，是指以企业产品批别或订单为成本计算对象，按产品批别设置“基本生产成本明细账”，并据此归集生产费用，计算产品生产总成本及单位成本的一种产品成本计算方法。

（二）分批法的特点

1. 成本计算对象是产品批别

分批法的成本计算对象就是产品的批次（订单、生产通知单），按产品批别设置基本生产成本明细账，归集生产费用。凡能直接计入各成本计算对象的直接材料、直接人工、废品损失等，应根据原始凭证，直接计入该批次产品的“基本生产成本明细账”；凡不能直接计入各批次的共用生产费用，如共用材料、制造费用等，应根据一定标准进行分配后，计入各有关批次产品的“基本生产成本明细账”。

产品批别，是指企业生产计划部门签发并下达到生产车间的产品批号。在实际工作中，产品的订单与产品生产组织批次之间可能有三种情形：

一是一张订单一个批次。

二是一张订单几个批次。如果一张订单中规定的产品品种较多，为了分别考核不同产品的生产成本，则可以将一张订单分为几批组织生产；如果一张订单要求陆续交货，并且交货持续的时间较长，为了及时确定成本以便及时计算损益，则也可以分成几批组织生产。

三是几张订单一个批次。如果在同一时期内的几张订单中规定有相同的产品，而且交货的时间相差不多，则也可以将几张订单中相同的产品合并为一批组织生产。

2. 成本计算期以产品生产周期为准

实际生产活动中，企业各批产品生产因生产的复杂程度、数量、要求等不同，各批次的生产周期就会不相同。有的批次当月投产，当月完工；有的批次要几个月，甚至几年才能完工。产品生产费用应按月汇总，但由于各批产品的生产周期不一致，月末不一定完工，而每批产品的实际成本，应等到该批产品全部完工后才能计算确定，所以，采用分批法计算产品成本的企业，虽然各批产品的基本生产成本明细账仍按月归集生产费用，但是只有在该批产品全部完工时才能计算其实际成本，其成本计算是不定期的，成本计算期与产品的生产周期一致，与会计报告期不一致。

3. 月末一般不需要进行完工产品与在产品成本的分配

采用分批法计算产品成本，一般是在该批产品全部完工时才计算该批产品成本，所以，月末如果某批产品全部完工，则该批产品“基本生产成本明细账”所归集的全部生产费用就是该批产品的完工产品总成本；如果月末该批产品未完工，则该批产品“基本生产成本明细账”所归集的全部生产费用均为在产品成本。所以采用分批法计算产品成本，月末一般不需要在完工产品与在产品之间分配生产费用。

在一批产品跨月陆续完工陆续交货的情况下，为了按期确定损益，应该在月末计算该批产品完工产品与在产品成本。为了减少成本计算的工作量，可以按计划单位成本、定额单位成本或最近一期相同产品的实际单位成本等简便的方法来计算完工产品成本，将完工产品成本从该产品的“基本生产成本明细账”中转出，余额即为该产品的月末在产品成本。待该批产品全部完工时再计算该批产品的实际总成本和单位成本，对已经转出的完工产品成本，不必再进行账面调整。

如果一批产品批量较大，陆续交货的时间过长，为了减少在完工产品与月末在产品之间分配费用的工作，提高成本计算的正确性和及时性，则也可以适当缩小产品的批量，以较小的批量分批生产，尽量使同一批产品能够同时完工，避免跨月陆续完工。

二、分批法适用范围

分批法适用于单件、小批生产的企业。如大型机械、飞机、船舶、专用设备等的生产制造。适用分批法计算产品成本的主要情形有：

（1）企业根据购买方订单生产产品。

（2）产品种类经常发生变动的制造厂。

（3）新产品试制。

在市场经济条件下，企业以市场需求为导向，依据客户的需要组织生产，以销定产是普遍现象，因此，实际工作中分批法计算产品成本被广泛采用。

任务二　应用分批法计算产品成本

一、分批法计算产品成本的基本程序

（1）按产品批别（订单、生产通知单）开设“基本生产成本明细账”。

采用分批法计算产品成本的企业，当财会部门接到生产通知单副本时，就应按产品批别设置产品“基本生产成本明细账”、即按每一批次或每一订单或每一生产通知单设置一张“基本生产成本明细账”，按车间设置“制造费用明细账”，按各辅助生产车间分别设置“辅助生产成本明细账”。有关的生产费用都分成本项目归集到该批产品基本生产成本明细账中。在该批产品全部完工后，将所有生产费用分成本项目加以汇总合计，即为该批产品的总成本，将总成本除以该批产品产量即为该批产品的单位成本。

（2）按产品批别归集和分配各要素费用。

在分批法下，企业应该尽可能按生产通知单的批别组织生产、领用原材料、计算工资、支付费用；但往往有些原材料的领用，工资、费用的支付难以直接区分用于某一批次，而是几批次共用的。因此，凡能分清批次的原材料、自制半成品的领用，工资费用的支付，应根据原始凭证（如领料单、工资结算单等），或原始凭证汇总表（如领料分配汇总表，应付职工薪酬汇总分配表等）借记“生产成本——基本生产成本——××批次”账户，贷记“原材料”、“应付职工薪酬”等账户，直接计入按批次设置的“基本生产明细账”中相应的成本项目专栏中。

对于间接计入的费用，应根据各费用项目的发生数，按各批次的耗用工时数或其他分配标准计算有关分配率和各批次的分配额编制间接费用分配表，根据分配表借记“生产成本——基本生产成本——××批次”账户；贷记有关账户。有些企业生产的产品工艺流程较多，在采用“分批法”计算产品成本时，可先按产品生产环节设置基本生产明细账，发生的生产费用，先在各基本核算环节（如生产车间）归集，计算各基本核算环节（自制半成品）成本和单位成本，然后，再分配归集到各批次的生产成本明细账中。

（3）分配辅助生产费用。

（4）分配基本生产车间制造费用。

（5）月末根据完工批别产品的完工通知单，将计入已完工的该批产品的“基本生产成本明细账”所归集的生产费用，按成本项目加以汇总，计算出该批完工产品的总成本和单位成本，并编制完工产品结转的会计分录。如果出现批内产品跨月陆续完工并已销售或提货的情况，则应采用适当的方法将生产费用在完工产品和月末在产品之间分配，计算出该批已完工产品的总成本和单位成本。

二、应用分批法计算产品成本示例

【例 8-1】 星辰机械厂属根据客户订单组织生产的工业企业，该厂设有第一和第二两个基本生产车间，每种产品都要依次经过第一和第二车间生产才能完工。另设置一个辅助车间——模具车间，为基本生产车间生产专用模具。根据生产特点与管理要求，企业采用分批法计算成本。辅助生产车间不单独设置制造费用明细账，发生的间接费用计入辅助生产成本明细账。该厂20××年11月成本核算有关资料如下：

（1）生产订单情况，见表8-1：

表 8-1　　产品生产订单情况表

订单批次	产品名称	订货量（台）	投产期	完工期	备　注
D60	A	40	8月	11月	
W10	B	60	9月	12月	11月交货30台
T20	C	50	11月	次年2月	

（2）20××年10月31日期末在产品成本，见表8-2：

表 8-2　　期初在产品成本表

20××年 11 月 1 日　　单位：元

20××年 月	日	产品批别	摘要	成本项目 直接材料	直接人工	制造费用	废品损失	合计
11	1	D60	至本月末发生成本费用累计	457 800	158 600	87 400	13 460	717 260
11	1	W10	至本月末发生成本费用累计	258 000	123 400	68 000	1 200	450 600

（3）产品生产工时统计，见表 8-3：

表 8-3　　产品生产工时记录汇总表

批次	生产工时 第一车间	第二车间
D60	11 200	9 680
W10	10 190	10 750
T20	8 960	7 440
合计	30 350	27 870

（4）生产领料情况，见表 8-4：

表 8-4　　领料汇总表

材料用途	直接用料	共同用料	一车间一般耗用	二车间一般耗用	其他
D60	224 000				
W10	142 200				
T20	187 800				
共同耗用		37 200	7 300	8 240	
辅助生产车间					16 336
修复废品耗用，其中：					
D60					4 290
W10					2 834
合计	554 000	37 200	7 300	8 240	23 460

（注：A、B、C 三种产品共同耗用材料的单位消耗定额分别是 240、120、160，A、B、C 三种产品共同耗用材料按定额消耗量比例分配。）

（5）职工薪酬情况，见表 8-5：

表 8-5　　**职工薪酬汇总表**　　单位：元

部　门	生 产 工 人	管 理 人 员	其　他
第一车间	376 340	13 688	
第二车间	289 848	28 640	
辅助生产车间			19 200
修复废品			6 344（其中，D60 占 60%，W10 占 40%）
厂部管理人员		42 964	
合计	666 188	85 292	25 544

各批产品的直接人工费按工时比例分配。

要求：根据上述资料，用分批法计算该厂 20××年 11 月生产的各批次产品成本。

解：1. 要素费用的归集与分配

（1）根据材料领用情况，编制材料耗用分配汇总表，见表 8-6：

表 8-6　　**产品生产耗用材料分配表**

20××年 11 月 30 日　　单位：元

产品批别	直接领用材料小计	共用材料分配					耗用材料总额
		产量（台）	单位消耗定额	定额消耗量	分配率	应分配材料费用	
D60	224 000	40	240	9 600		14 400	238 400
W10	142 200	60	120	7 200		10 800	153 000
T20	187 800	50	160	8 000		12 000	199 800
合计	554 000			24 800	1.5	37 200	591 200

根据表 8-6 并结合表 8-4 编制的会计分录如下：

借：生产成本——基本生产成本——D60　　238 400

　　　　　　　基本生产成本——W10　　153 000

　　　　　　　基本生产成本——T20　　199 800

　　　　　　　辅助生产成本　　16 336

　　废品损失 ——直接材料——D60　　4 290

——W10　　2 834

制造费用——第一车间　　7 300

第二车间　　8 240

贷：原材料　　630 200

（2）根据职工薪酬汇总表编制产品生产工资费用分配表，见表 8-7：

表 8-7　**产品生产工人工资费用分配表**

20××年 11 月 30 日　　单位：元

产品批别	第一生产车间			第二生产车间			合计
	生产工时	分配率	应分配费用	生产工时	分配率	应分配费用	
D60	11 200		138 880	9 680		100 672	239 552
W10	10 190		126 356	10 750		111 800	238 156
T20	8 960		111 104	7 440		77 376	188 480
	30 350	12.4	376 340	27 870	10.4	289 848	666 188

根据表 8-7 并结合表 8-5 编制的会计分录如下：

借：生产成本——基本生产成本——D60　　239 552

基本生产成本——W10　　238 156

基本生产成本——T20　　188 480

辅助生产成本　　19 200

废品损失——直接人工——D60　　3 806.40

——W10　　2 537.60

制造费用——第一车间　　1 388

第二车间　　28 640

管理费用　　42 964

贷：应付职工薪酬　　777 024

2. 辅助生产费用归集和分配

例题延伸：辅助生产——模具车间，除发生上述直接费用外，另发生以银行存款支付车间费用 35 408 元。

据此，应编制会计分录如下：

借：生产成本——辅助生产成本　　35 408

贷：银行存款　　35 408

根据以上会计分录登记辅助生产明细账，见表 8-8：

表 8-8　　辅助生产成本明细账　　单位：元

20××年		凭证类号		摘　　要	成本项目			合计
月	日	类	号		直接材料	直接人工	制造费用	
11	30			分配材料费用	16 336			16 336
	30			分配工资费用		19 200		19 200
	30			支付制造费用			35 408	35 408
	30			本月费用合计	16 336	19 200	35 408	70 944
	30			分配辅助生产费用	16 336	19 200	35 408	70 944

例题延伸：辅助车间当月为三批次产品制造专用模具，企业辅助生产费用按各批次产品直接耗用材料比例分配（直接分配法）。

编制辅助生产费用分配表，见表 8-9：

表 8-9　　辅助生产费用分配表

20××年 11 月 30 日　　单位：元

产品批别	分配标准（材料消耗金额）	分配率	分配金额
D60	238 400		28 608
W10	153 000		18 360
T20	199 800		23 976
合计	591 200	0.12	70 944

根据表 8-9 编制的会计分录如下：

借：生产成本——基本生产成本——D60 批次　　28 608
　　　　　　　基本生产成本——W10 批次　　18 360
　　　　　　　基本生产成本——T20 批次　　23 976
　贷：生产成本——辅助生产成本　　70 944

3. 编制制造费用分配表

例题延伸：当月制造费用 57 868 元（其中，第一车间 20 988 元，第二车间 36 880元），各批产品的制造费用按工时比例分配。

编制制造费用分配表，见表 8-10：

表 8-10　　　　　　　　**制造费用分配表**

20××年 11 月 30 日　　　　　　　　单位：元

批 次	第一生产车间			第二生产车间			合 计
	生产工时	分配率	应分配费用	生产工时	分配率	应分配费用	
D60	11 200		7 728	9 680		12 806.64	20 534.64
W10	10 190		7 031.1	10 750		14 222.25	21 253.35
T20	8 960		6 228.9	7 440		9 851.11	16 080.01
合计	30 350	0.69	20 988	27 870	1.323	36 880	57 868

根据表 8-10 编制的会计分录如下：

借：生产成本——基本生产成本——D60　　20 534.64
　　　　　　基本生产成本——W10　　21 253.35
　　　　　　基本生产成本——T20　　16 080.01
　贷：制造费用——第一车间　　20 988
　　　　　　　　第二车间　　36 880

4. 归集和分配废品损失

例题延伸： 为控制、考核废品造成的损失，企业单独设置“废品损失”账户，用来归集企业在生产过程中产生的废品损失。在“生产成本”账户中增加“废品损失”成本项目。

根据上述资料编制废品损失明细账，见表 8-11：

表 8-11　　　　　　　　**废品损失明细账（简略式）**　　　　　　　　单位：元

项　　目	D60 批次产品	W10 批次产品	合　计
修复废品用料	4 290	2 834	7 124
修复废品用工	3 806.4	2 537.6	6 344
合　　计	8 096.4	571.6	13 468
结转废品损失	8 096.4	5 371.6	13 468

结转废品损失，应作如下会计分录：

借：生产成本——基本生产成本——D60（废品损失）　　8 096.40
　　　　　　基本生产成本——W10（废品损失）　　5 371.60
　贷：废品损失　　13 468

5. 按分批法登记产品“基本生产成本明细账”

详见表 8-12、表 8-13、表 8-14；并结转完工产品成本。

表 8-12　　　　　　　　**基本生产成本明细账**

产品批别：D60　　　　　　　　投产期：8 月　　　　　　　　投产量：40 台

产品名称：A 产品　　　　　　　完工期：11 月　　　完工产量：40 台　单位：元

20××年		摘要	成本项目				合计
月	日		直接材料	直接人工	制造费用	废品损失	
10	31	至本月末成本费用累计	457 800	158 600	87 400	13 460	717 260
11	30	本月发生费用	267 008	239 552	20 534.64	8 096.4	535 191.04
11	30	至本月末成本费用累计	724 808	398 152	107 934.64	21 556.4	1 252 451.04
		单位成本	18 120.2	9 953.8	2 698.37	538.91	31 311.28
11	30	结转完工产品成本	724 808	398 152	107 934.64	21 556.4	1 252 451.04

结转完工产品成本，应编制如下会计分录：

借：库存商品——D60（A 产品）　　　　　　　　　1 252 451.04

　贷：生产成本——基本生产成本——D60（A 产品）　　　1 252 451.04

表 8-13　　　　　　　　**基本生产成本明细账**

产品批别：W10　　　　　　　　投产期：9 月　　　　　　　　投产量：60 台

产品名称：B 产品　　　　　　　完工期：12 月　　　　　　已完工产量：30 台

月末在产品数量：30 台　　　　　　　　单位：元

20××年		摘要	成本项目				合计
月	日		直接材料	直接人工	制造费用	废品损失	
10	31	至本月末成本费用累计	258 000	123 400	68 000	1 200	450 600
11	30	本月发生费用	171 360	238 156	21 253.35	5 371.6	436 140.95
11	30	至本月末成本费用累计	429 360	361 556	89 253.35	6 571.6	886 740.95
11	30	转出本月完工产品成本	315 000	300 000	66 000	4 500	685 500
11	30	月末在产品成本	114 360	61 556	23 253.35	2 071.6	201 240.95

例题延伸：假定企业当月部分完工 B 产品按定额单位成本 22 850 元，（其中，直接材料费用 10 500，直接人工费用 10 000，制造费用 2 200，废品损失 150）计算结转。

应编制如下会计分录：

借：库存商品——W10（B 产品）　　685 500

　贷：生产成本——基本生产成本——W10（B 产品）　　685 500

表 8-14　　**基本生产成本明细账**

产品批别：T20　　投产期：11 月　　投产量：50 台

产品名称：C 产品　　完工期：次年 2 月　　已完工产量：0 台

月末在产品数量：50 台　　单位：元

20××年		摘　　要	成　本　项　目				合　计
月	日		直接材料	直接人工	制造费用	废品损失	
11	30	本月发生费用	223 776	188 480	16 080.01		428 336.01

任务三　应用简化分批法计算产品成本

一、认知产品成本计算简化分批法

（一）简化分批法的概念

简化分批法是将每月发生的产品生产人工费用和制造费用等间接费用累计起来，待产品完工时，按照完工产品工时的比例，在各批完工产品之间进行分配，以简化成本计算工作的一种成本计算方法。这种方法又叫“间接费用累计分配法”。

（二）简化分批法的特点

简化分批法的主要特点是：在按照产品批别开设基本生产成本明细账的同时，还必须设置基本生产成本二级账。各月发生的间接费用（如多批产品共同发生的直接人工费用、制造费用）不需按月在各批产品之间进行分配，而是按成本项目登记在基本生产成本二级账中，在有完工产品的月份，将基本生产成本二级账中累计的各项目费用按照完工产品工时占全部累计工时的比例（各项目费用累计间接费用分配率），作为各批完工产品之间和在完工产品与月末在产品之间分配各项间接费用的依据，对当月完工的不同批次的产品，在成本计算工作中，均根据同一个累计间接费用分配率向完工产品进行分配；未完工产品的间接费用，保留在基本生产成本二级账中，某批完工产品基本生产明细账已归集的直接计人费用，加上由基本生产成本二级账分入的间接计人费用即为该批完工产品的总成本。

如果月末无完工产品的批次，则不必在各批次产品中分配登记间接费用。全部产品的在产品成本只分成本项目以总数反映在基本生产成本二级账中，无须按产品的批别分配记入各基本生产成本明细账。采用简化分批法计算产品成本的关键是掌握基本生产成本二级账的设置与登记方法，以及累计间接费用分配率的计算与运用。

（三）简化分批法的成本计算程序

简化分批法的成本计算程序是：当产品投产时，按产品批别设置“基本生产成本明细账”，另外，再不分产品批别设置“基本生产成本二级账”；对当月发生的生产费用和生产工时按不同的要求在基本生产成本明细账与二级账上进行登记；有完工产品的月份，确定累计间接费用分配率，计算完工产品成本。

简化分批法主要适应于投产批次多，而每月完工批次较少的企业。

二、应用简化分批法计算产品成本示例

【例8-2】虹光机械厂属小批生产企业，产品批别多，为简化产品成本计算工作，决定采用简化分批法计算产品成本。该厂20××年11月各批别产品生产批别资料及基本生产成本二级账，见表8-15、表8-16：

表8-15　　**各批别产品生产资料表**

20××年11月　　单位：件

产品批别	产品名称	产量	投产月份	完工月份
Q12	甲 A	1 000	10	11
Q13	甲 B	1 500	10	12
Q21	乙 1	750	9	12
Q34	丙 C	1 300	11	12（11月完工700件）
Q35	丙 D	500	11	次年1月

表8-16　　**基本生产成本二级账**　　单位：元

20××年		摘　要	直接材料	生产工时	直接人工	制造费用	合　计
月	日						
			…	…	…	…	…
10	31	月末余额	454 000	16 800	232 000	68 400	754 400
11	30	本月发生	248 000	4 600	86 860	21 480	356 340
11	30	本月止累计余额	702 000	21 400	318 860	89 880	1 110 740

各批别产品基本生产成本明细账，见表 8-17 至表 8-21：

表 8-17 基本生产成本明细账

产品批别：Q12 产量：1 000

产品名称：甲 A 投产期：10 月 完工期：11 月

20××年		摘要	直接材料	生产工时	直接人工	制造费用	合计
月	日						
10	31	本月止累计余额	115 400	3 200			
11	30	本月发生	62 000	920			

表 8-18 基本生产成本明细账

产品批别：Q13 产量：1 500

产品名称：甲 B 投产期：10 月 完工期：12 月

20××年		摘要	直接材料	生产工时	直接人工	制造费用	合计
月	日						
10	31	本月止累计余额	153 800	3 650			
11	30	本月发生	56 800	1 120			
11	30	本月止累计余额	210 600	4 770			

表 8-19 基本生产成本明细账

产品批别：Q21 产量：750

产品名称：乙 1 投产期：9 月 完工期：12 月

20××年		摘要	直接材料	生产工时	直接人工	制造费用	合计
月	日						
9	30	本月止累计余额	145 600	4 500			
10	31	本月止累计余额	184 800	9 950			
11	30	本月发生	23 800	1 100			
11	30	本月止累计余额	208 600	11 050			

表 8-20 **基本生产成本明细账**

产品批别：Q34　　　　产量：1 300

产品名称：丙 C　　　　投产期：11 月　　　　完工期：12 月

本月完工：700

20××年		摘　要	直接材料	生产工时	直接人工	制造费用	合　计
月	日						
11	30	本月发生	85 540	1 260			
11	30	本月止累计余额	85 540	1 260			

表 8-21 **基本生产成本明细账**

产品批别：Q35　　　　产量：500

产品名称：丙 D　　　　投产期：11 月　　　　完工期：次年 1 月

20××年		摘　要	直接材料	生产工时	直接人工	制造费用	合　计
月	日						
11	30	本月发生	19 860	200			
11	30	本月止累计余额	19 860	200			

要求：采用简化分批法计算产品成本。(完成“基本生产成本二级账”和各批产品的“基本生产成本明细账”的登记)

解：

(1)“基本生产成本二级账”的登记，见表 8-22：

表 8-22 **基本生产成本二级账**

20××年		摘　要	直接材料	生产工时	直接人工	制造费用	合　计
月	日						
			…	…	…	…	…
10	31	月末余额	454 000	16 800	232 000	68 400	754 400
11	30	本月发生	248 000	4 600	86 860	21 480	356 340
11	30	本月止累计余额	702 000	21 400	318 860	89 880	1 110 740
11	30	累计分配率			14. 90	4. 2	
11	30	完工产品成本结转	223 460	5 170	77 033	21 714	322 207
11	30	月末余额	478 540	16 230	241 827	68 166	788 533

(注：在基本生产成本二级账中，直接人工累计分配率为 14. 90 (318 860÷21 400)，制造费用累计分配率为 4. 2 (89 880÷21 400)。完工产品成本结转与根据各批产品“基本生产成本明细账”中结转完工产品成本汇总登记入账，余额即为本月份在产品成本。)

（2）“基本生产成本明细账”的登记，见表 8-23 至表 8-27：

表 8-23　　基本生产成本明细账

产品批别：Q12　　产量：1 000

产品名称：甲 A　　投产期：10 月　　完工期：11 月

20××年		摘　要	直接材料	生产工时	直接人工	制造费用	合　计
月	日						
10	31	本月止累计余额	115 400	3 200			
11	30	本月发生	62 000	920			
11	30	累计分配率	177 400	4 120	14.90	4.2	
11	30	结转完工产品成本	177 400	4 120	61 388	17 304	256 092
11	30	完工产品单位成本	177.40	41.2	61.39	17.3	256.09

表 8-24　　基本生产成本明细账

产品批别：Q13　　产量：1 500

产品名称：甲 B　　投产期：10 月　　完工期：12 月

20××年		摘　要	直接材料	生产工时	直接人工	制造费用	合　计
月	日						
10	31	本月止累计余额	153 800	3 650			
11	30	本月发生	56 800	1 120			
11	30	本月止累计余额	210 600	4 770			

表 8-25　　基本生产成本明细账

产品批别：Q21　　产量：750

产品名称：乙 1　　投产期：9 月　　完工期：12 月

20××年		摘　要	直接材料	生产工时	直接人工	制造费用	合　计
月	日						
9	30	本月止累计余额	145 600	4 500			
10	31	本月止累计余额	184 800	9 950			
11	30	本月发生	23 800	1 100			
11	30	本月止累计余额	208 600	11 050			

表 8-26　　　　基本生产成本明细账

产品批别：Q34　　　　产量：1 300

产品名称：丙 C　　　　投产期：11 月　　　　完工期：12 月

本月完工：700

20××年		摘　要	直接材料	生产工时	直接人工	制造费用	合　计
月	日						
11	30	本月发生	85 540	1 260			
11	30	本月止累计余额	85 540	1 260			
		累计分配率	85 540	1 260	14.9	4.2	
		结转完工产品成本	46 060	1 050	15 645	4 410	66 115
		完工产品单位成本	65.8	1.5	22.35	6.3	94.45
		月末在产品成本	39 480	210			

表 8-27　　　　基本生产成本明细账

产品批别：Q35　　　　产量：500

产品名称：丙 D　　　　投产期：11 月　　　　完工期：次年 1 月

20××年		摘　要	直接材料	生产工时	直接人工	制造费用	合　计
月	日						
11	30	本月发生	19 860	200			
11	30	本月止累计余额	19 860	200			

（注：在各批次产品“基本生产成本明细账”中，不计算在产品成本，以简化计算手续，其中，只登记直接材料及生产工时数。对已完工产品，根据基本生产成本二级账中计算的累计分配率和累计生产工时直接计算工资和制造费用额，Q12 批次本月全部完工，直接材料全部结转，直接工资与制造费用全部结转计算产品总成本。Q34 批次完工 700 件，直接材料费用按完工件数分配 46 060 元（85 540÷1 300×700），生产工时按定额工时每件 1.5 工时计算为 1 050 工时，同时，按累计分配率计算应结转的直接人工费用 15 645 元、制造费用 4 410 元。结转完工 700 件，产品成本 66 115 元。）

知识归纳

产品成本计算分批法也称订单法，是指以企业产品批别或订单为成本计算对象，按产品批别设置产品的基本生产成本明细账，归集生产费用，计算产品生产总成本及单位成本的一种产品成本计算方法。

分批法的特点：成本计算对象是产品批别；成本计算期以产品生产周期为准；

月末一般不需要进行完工产品与在产品成本的分配。

分批法适用于单件、小批生产的企业。如大型机械、飞机、船舶、专用设备等的生产。适用分批法的主要情形有：企业根据购买方订单生产产品；产品种类经常发生变动的制造厂；新产品试制等。

分批法计算产品成本的基本程序：

（1）按产品批别（订单、生产通知单）开设“基本生产成本明细账”；

（2）按产品批别归集和分配各要素费用；

（3）分配辅助生产费用；

（4）分配基本生产车间制造费用；

（5）月末根据完工批别产品的完工通知单，将计入已完工的该批产品的基本生产成本明细账所归集的生产费用，按成本项目加以汇总，计算出该批完工产品的总成本和单位成本，并编制完工产品结转的会计分录转账。

简化分批法是将每月发生的产品生产人工费用和制造费用等间接费用累计起来，待产品完工时，按照完工产品工时的比例，在各批完工产品之间进行分配，以简化成本计算工作的一种成本计算方法。这种方法又叫“间接费用累计分配法”。

简化分批法的主要特点是，在按照产品批别开设“基本生产成本明细账”的同时，还必须设置“基本生产成本二级账”。

简化分批法的成本计算程序是：当产品投产时，按产品批别设置“基本生产成本明细账”。再不分批别设置“基本生产成本二级账”，对当月发生的生产费用和生产工时按不同的要求在“基本生产成本明细账”与“基本生产成本二级账”上进行登记；有完工产品的月份，确定累计间接费用分配率，计算完工产品成本。

知识考量与技能训练

一、单项选择题

1. 以产品批别（订单）为成本计算对象的产品成本计算方法，称为(　　)。

　A. 品种法　　B. 分批法

　C. 分步法　　D. 分类法

2. 下列生产组织形式适宜采用分批法(　　)。

　A. 成批生产　　B. 大量生产

　C. 单件生产　　D. 单件小批生产

3. 产品成本计算的分批法，又称为(　　)。

　A. 品种法　　B. 间接费用分配率法

　C. 简化分批法　　D. 订单法

4. 在简化分批法下，(　　)。

A. 不计算月末在产品的材料成本　B. 不计算月末在产品的加工费用

C. 不分批计算在产品成本　D. 月末在产品分配结转间接计入费用

5. 采用简化分批法，在各批产品完工以前，产品成本明细账(　　)。

A. 不登记任何费用　B. 只登记间接费用

C. 只登记原材料费用　D. 只登记直接费用和生产工时

6. 简化的分批法不宜在下列情况下采用(　　)。

A. 各月间接费用水平相差较大　B. 各月间接费用水平相差不大

C. 月末未完工产品批数较多　D. 投产批数繁多

二、多项选择题

1. 分批法适用于(　　)。

A. 单件生产

B. 小批生产

C. 管理上不要求分步计算成本的多步骤生产

D. 单步骤生产

2. 分批法与品种法主要区别是(　　)不同。

A. 成本计算对象　B. 生产周期

C. 成本计算期　D. 会计核算期

3. 关于分批法，下列说法中不正确的有(　　)。

A. 按产品批别计算产品成本，也就是按照订单计算产品成本

B. 分批法适用于小批单件及大批生产

C. 分批法也称定额法

D. 如果一张订单中规定有几种产品，则也应合为一批组织生产

4. 累计间接费用分配率是(　　)。

A. 完工批别与月末在产品批别之间分配各该费用的依据

B. 各批产品之间分配间接费用的依据

C. 各车间产品之间分配间接费用的依据

D. 某批产品的完工产品与月末在产品之间分配各该费用的依据

三、判断题

1. 分批法的成本计算期与产品生产周期不一致。(　　)

2. 分批法是按照产品的生产批别归集生产费用，计算产品成本的一种方法。(　　)

3. 分批法适用于大量大批的单步骤生产或管理上不要求分步计算成本的多步

骤生产。（　　）

4. 分批法应按产品批别（订单）开设“基本生产成本明细账”。（　　）

5. 在分批法下，期末一般不需要在完工产品和期末在产品之间分配生产费用，但当一批产品跨月陆续完工时，则需要进行分配。（　　）

6. 采用简化的分批法，必须设立“基本生产成本二级账”。（　　）

四、实务操作题

（一）目的：练习产品成本计算分批法

【资料】西原制造厂20××年11月投产甲产品1 000件，批号1101，当月全部完工；投产乙产品1 500件，批号1102，当月完工880件；投产丙产品2 000件，批号1103，当月均未完工。

（1）11月发生的各项费用：

①材料费用：1101产品耗用原材料625 000元；1102产品耗用原材料467 000元；1103产品耗用原材料826 000元；生产车间一般耗用原材料18 600元；厂部一般耗用8 400元；该厂原材料采用计划成本计价。当月材料成本差异率为-2%。

②人工费用：生产工人工资666 000元；车间管理人员工资12 100元；厂部行政管理人员工资68 800元；职工社会保障费综合提取比例26%；生产工人工资按产品耗用工时比例分配，1101产品工时36 000小时；1102产品工时40 000小时；1103产品工时14 000小时。

③其他费用：生产车间耗用水电费82 400元，厂部耗用水电费34 000元，以银行存款付讫；生产车间固定资产的折旧费63 800元，厂部用固定资产折旧费25 600元；车间办公费6 250元，以银行存款付讫。

（2）制造费用按各批产品耗用工时比例分配。

（3）1102号产品完工880件按定额成本转出，1102号产品定额单位成本为：直接材料300元，直接人工200元，制造费用60元。

【要求】

（1）编制原材料费用分配表和工资费用分配表（见表8-28、表8-29）；

（2）根据资料内容，以及原材料费用分配表和工资费用分配表，编制相关会计分录；

（3）根据会计分录，登记“制造费用明细账”、“基本生产成本明细账”（见表8-30、表8-32、表8-33、表8-34）；

（4）根据制造费用明细账，编制制造费用分配表，见表8-31，并编制会计分录，登记“基本生产成本明细账”；

（5）计算1101产品总成本和单位成本，并编制完工入库的会计分录；

（6）编制结转1102产品已完工产品的定额成本的会计分录。

表 8-28　　　　　　　　　　**原材料费用分配表**

年　　月

应借账户		成本或费用项目	计划成本	材料差异额	材料实际成本
生产成本——基本生产成本	1101 产品				
	1102 产品				
	1103 产品				
小　　计					
制造费用	机物料消耗				
管理费用	物料消耗				
合　　计					

表 8-29　　　　　　　　　　**工资费用分配表**

年　　月

应借账户		工　资				社会保险（26%）	合 计
		生产工人		其他人员	合 计		
		工时	分配金额（分配率：　）				
生产成本——基本生产成本	1101 产品						
	1102 产品						
	1103 产品						
	小　　计						
制造费用							
管理费用							
合　　计							

表 8-30　　　　　　　　　　**制造费用明细账**

摘要	机物料消耗	工资	职工福利费	水电费	折旧费	其他	合计

表 8-31

制造费用分配表

年　　月

<table>
<tr><th colspan="2">应借账户</th><th>成本项目</th><th>实用工时</th><th>分配率</th><th>分配金额</th></tr>
<tr><td rowspan="3">生产成本——基本生产成本</td><td>1101 产品</td><td></td><td></td><td></td><td></td></tr>
<tr><td>1102 产品</td><td></td><td></td><td></td><td></td></tr>
<tr><td>1103 产品</td><td></td><td></td><td></td><td></td></tr>
<tr><td colspan="3">合　计</td><td></td><td></td><td></td></tr>
</table>

表 8-32

基本生产成本明细账

批号：1101　　　　开工日期：11 月 1 日

产品名称：甲产品　　　　批量：1 000 件　　　　完工日期：11 月 30 日

<table>
<tr><th colspan="2">20××年</th><th colspan="2">凭　证</th><th rowspan="2">摘　要</th><th rowspan="2">直接材料</th><th rowspan="2">直接人工</th><th rowspan="2">制造费用</th><th rowspan="2">合　计</th></tr>
<tr><th>月</th><th>日</th><th>种类</th><th>号数</th></tr>
<tr><td></td><td></td><td></td><td></td><td></td><td></td><td></td><td></td><td></td></tr>
<tr><td></td><td></td><td></td><td></td><td></td><td></td><td></td><td></td><td></td></tr>
<tr><td></td><td></td><td></td><td></td><td></td><td></td><td></td><td></td><td></td></tr>
<tr><td></td><td></td><td></td><td></td><td></td><td></td><td></td><td></td><td></td></tr>
<tr><td></td><td></td><td></td><td></td><td></td><td></td><td></td><td></td><td></td></tr>
<tr><td></td><td></td><td></td><td></td><td></td><td></td><td></td><td></td><td></td></tr>
<tr><td></td><td></td><td></td><td></td><td></td><td></td><td></td><td></td><td></td></tr>
</table>

表 8-33

基本生产成本明细账

批号：1102　　　　开工日期：11 月 8 日

产品名称：乙产品　　　　批量：1 500 件　　　　完工日期：

<table>
<tr><th colspan="2">20××年</th><th colspan="2">凭　证</th><th rowspan="2">摘　要</th><th rowspan="2">直接材料</th><th rowspan="2">直接人工</th><th rowspan="2">制造费用</th><th rowspan="2">合　计</th></tr>
<tr><th>月</th><th>日</th><th>种类</th><th>号数</th></tr>
<tr><td></td><td></td><td></td><td></td><td></td><td></td><td></td><td></td><td></td></tr>
<tr><td></td><td></td><td></td><td></td><td></td><td></td><td></td><td></td><td></td></tr>
<tr><td></td><td></td><td></td><td></td><td></td><td></td><td></td><td></td><td></td></tr>
<tr><td></td><td></td><td></td><td></td><td></td><td></td><td></td><td></td><td></td></tr>
<tr><td></td><td></td><td></td><td></td><td></td><td></td><td></td><td></td><td></td></tr>
</table>

表 8-34　　**基本生产成本明细账**

批号：1103　　　　开工日期：11 月 23 日

产品名称：丙产品　　批量：2 000 件　　完工日期：

20××年		凭证		摘要	直接材料	直接人工	制造费用	合计
月	日	种类	号数					

（二）目的：练习产品成本计算的简化分批法

【资料】西玺制造厂主要以客户订单为生产依据，属于多批次，小批量生产，长生产周期型企业，每月末均有大量未完工的产品批数。为了简化产品成本核算工作，企业采用简化的分批法计算产品成本。该厂 20××年 12 月成本的有关资料如下：

（1）月初在产品成本

①直接费用（直接材料）：1201 批号 683 750 元，1202 批号 462 200 元，1203 批号 241 600 元。

②间接费用：直接人工 645 725 元，制造费用 342 350 元。

（2）月初在产品累计耗用工时：1201 批号 42 800 工时，1202 批号 31 590 工时，1203 批号 2 960 工时。

（3）本月的产品批别、发生的工时和直接材料，见表 8-35：

表 8-35　　**产品的批别、工时和直接材料费用**

产品名称	批号	批量	投产日期	完工日期	本月发生	
					工时	直接材料
甲	1201	10 件	10 月	12 月	14 500	0
乙	1202	25 件	11 月	12 月	32810	0
丙	1203	40 件	11 月	预计次年 2 月	31 640	247 630

（4）本月发生的各项费用：直接工资 781 400 元，制造费用 182 400 元。

【要求】

1. 根据上述有关资料登记“基本生产成本明细账”见表 8-36、表 8-37、表 8-38、表 8-39。

2. 列式计算 1201、1202 批次产品应分配的间接费用，未完工的 1203 批的丙产品暂不分配负担间接费用，编制分配结转会计分录并登账。

3. 计算 12 月份已完工的 1201 批的甲产品、1202 批的乙产品成本的单位成本和总成本。

4. 编制结转完工产品成本的会计分录。

表 8-36　　**基本生产成本二级账**

年		摘　要	直接材料	工　时	直接人工	制造费用	合　计
月	日						

表 8-37　　**基本生产成本明细账**

批号：1201　　投产日期：10 月

产品名称：甲产品　　批量：10 件　　完工日期：12 月

年		摘　要	直接材料	工　时	直接人工	制造费用	合　计
月	日						

表 8-38　　　　基本生产成本明细账

批号：1202　　　　投产日期：11 月

产品名称：乙产品　　　批量：25 件　　　完工日期：12 月

年		摘　　要	直接材料	工　时	直接人工	制造费用	合　计
月	日						

表 8-39　　　　基本生产成本明细账

批号：1203　　　　投产日期：11 月

产品名称：丙产品　　　批量：40 件　　　完工日期：次年 2 月

年		摘　　要	直接材料	工　时	直接人工	制造费用	合　计
月	日						

项目九　产品成本计算分步法

学习目标

知识目标

理解产品成本计算分步法的含义、特点、种类及适用范围

掌握逐步结转分步法和平行结转分步法的核算程序

理解逐步结转分步法与平行结转分步法的结合应用

能力目标

能够较熟练运用分步法进行产品成本计算

任务一　认知产品成本计算分步法

一、分步法的概念和特点

（一）分步法的概念

产品成本计算分步法简称分步法，是指按照产品生产过程中各个加工步骤（分品种）为成本核算对象，归集和分配生产成本，计算各步骤半成品和最后产成品成本的一种方法。根据成本管理对各生产步骤成本资料的不同要求（如是否要求计算半成品成本）和简化核算的要求，各生产步骤成本的计算和结转，一般采用逐步结转和平行结转两种方法。所以，分步法又可以分为逐步结转分步法和平行结转分步法。

逐步结转分步法也称顺序结转分步法，是指自制半成品成本随着半成品在各加工步骤之间移动而顺序结转的一种方法。

在逐步结转分步法下，半成品成本结转方式有两种，即逐步综合结转和逐步分项结转。

1. 逐步综合结转法

逐步综合结转法，是指各生产步骤耗用上一步骤的半成品成本，以其综合成本（不分成本项目）记入下一步骤基本生产成本明细账中的“直接材料”项目，或单独设立的“半成品”项目。采用综合结转法结转半成品成本时，可按实际成本结转，也可按计划成本结转。

2. 逐步分项结转法

分项结转法是将各生产步骤所耗上一步骤的半成品成本，按其成本项目分别记入各生产步骤产品基本生产成本明细账相同的成本项目内，以计算按成本项目反映的各步骤产品生产成本的方法。在采用这种方法时，如果半成品是通过半成品库收发的，则其自制半成品明细账还必须按成本项目设专栏登记。分项结转，既可以按实际成本结转，也可以按计划成本结转，然后，按成本项目分项调整成本差异。由于后一种做法计算工作量较大，因而一般多采用按实际成本分项结转的方法。

平行结转分步法，是指半成品成本并不随半成品实物的转移而结转，而是在哪一步骤发生就留在该步骤的基本生产成本明细账内，直到最后加工成产成品，才将其成本从各步骤的基本生产成本明细账转出的方法。

在平行结转分步法下，各生产步骤只归集计算本步骤直接发生的生产费用，不计算结转本步骤所耗用上一步骤的半成品成本；各生产步骤分别与完工产品直接联系，本步骤只提供在产品成本和加入最终产品成本的份额，平行独立、互不影响地进行成本计算，平行地把份额计入完工产品成本。

（二）分步法的特点

1. 逐步结转分步法的特点

（1）成本计算对象是各步骤的半成品和最终完工产品。

（2）按月计算产品成本，成本计算期与会计报告期一致。

（3）必须分步骤确定在产品成本，计算半成品成本和最终完工产品成本。

（4）逐步综合结转分步法下，若在管理上有要求，则还要进行成本还原。

2. 平行结转分步法的特点

（1）各步骤完工半成品成本不需要在步骤之间进行结转，因此各步骤只计算本步骤所发生的生产费用，不用计算转出完工半成品成本。

（2）半成品成本不随半成品实物转移而结转，各步骤的成本计算单中，只登记本步骤发生的生产费用，因此成本计算单不另设“半成品”项目栏。

（3）每一生产步骤发生的生产费用，必须划分为耗用于产成品部分和尚未最后制成的在产品部分。各步骤只需要将本月应当由产品成本负担的费用份额转入产成品成本计算单，计算完工产品的总成本。

（4）在各步骤的成本计算单中，转出完工产品的费用份额后，月末在产品成本由正在加工中的在产品成本（狭义在产品费用，广义在产品成本）和尚未最后加工成产品的半成品成本，包括存放在仓库的半成品、存放在以后各步骤的半成品和在以后各步骤正在加工中的半成品成本构成。

在加工步骤中，月末在产品仅是加工中在产品（狭义）数量，而成本却是广义在产品费用，两者不一致，这是平行结转分步法的最大特点。

二、分步法计算产品成本的程序

（一）逐步结转分步法计算产品成本的程序

产品成本计算逐步结转分步法简称逐步结转分步法，也叫计算半成品成本分步法，它是按照产品生产加工的顺序，逐步计算并结转半成品成本，直到最后加工步骤完成才能计算产成品成本的一种方法。其基本程序是：先计算第一生产步骤的半成品成本，随着半成品转移到第二步骤继续加工，其成本也随同转移到第二步骤。下一步骤将上一步骤转来的半成品成本，加上本步骤耗用材料和加工费，计算出本步骤的半成品成本，这样顺序结转，产品成本也随同半成品成本逐步积累，直到最后一个步骤，计算出产品成本。这种方法实际上就是分步计算半成品成本，所以也称计算半成品成本分步法。

逐步结转分步法计算产品成本程序可以通过图 9-1 进行较为形象的理解。

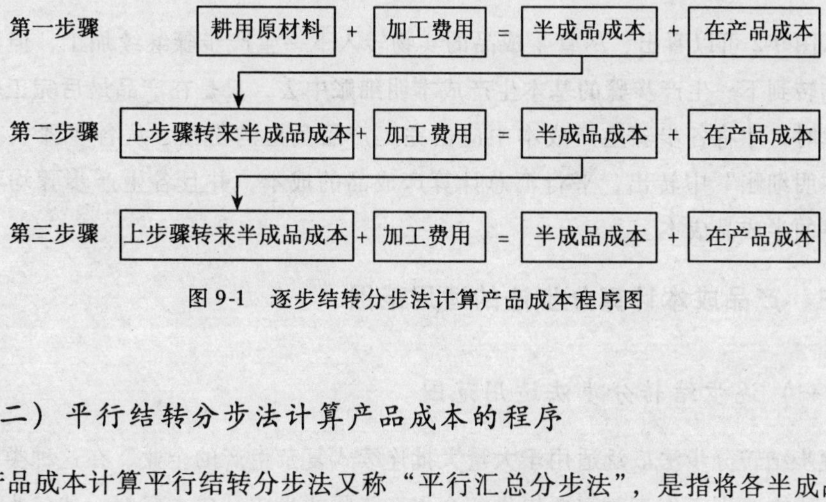

图 9-1　逐步结转分步法计算产品成本程序图

（二）平行结转分步法计算产品成本的程序

产品成本计算平行结转分步法又称“平行汇总分步法”，是指将各半成品生产步骤发生的生产费用中属于应由产成品负担的那份费用额（简称份额），采用一定的方法加以平行汇总，从而计算完工产品成本的一种方法。

在平行结转分步法下，各步骤只计算本步骤的加工费用，而不计算各步骤完工半成品的成本，各步骤的加工费用要用一定的方法计算出其应计入产成品的成本金额，然后，平行地计入产成品成本内。由于这种方法下半成品成本不随着实物在加工步骤的转移而转移，成本明细账上不反映半成品实际成本。因此，又称为不计算半成品成本分步法。

平行结转分步法计算产品成本程序，可以通过图 9-2 进行较为形象的理解。

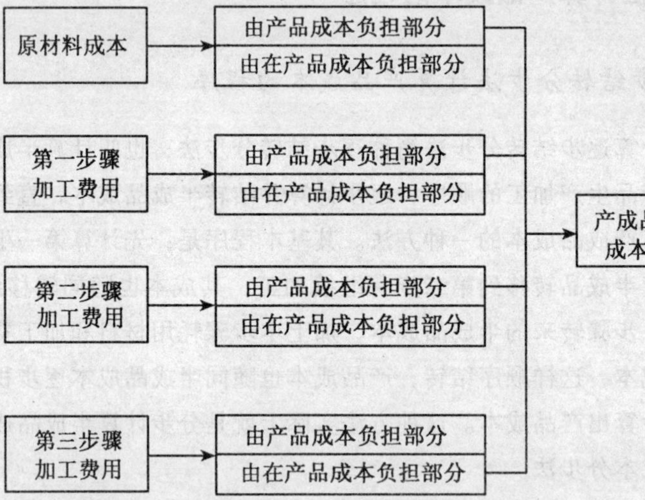

图 9-2　平行结转分步法计算产品成本程序图

从图 9-2 可以看出，尽管半成品的实物转入下一生产步骤继续加工，但其成本并不结转到下一生产步骤的基本生产成本明细账中去，只是在产品最后完工转入产成品库时，才将各步骤生产成本中应由完工产品负担的份额，从各步骤“基本生产成本明细账”中转出，平行汇总计算产成品的成本，并且各生产步骤均不计算本步骤的半成品成本。

三、产品成本计算分步法的适用范围

（一）逐步结转分步法适用范围

逐步结转分步法广泛适用于大量大批连续式复杂生产的企业，在这种类型的企业中，成本管理工作有时需要提供各个生产步骤的半成品成本资料，如各步骤生产的半成品既可自用（转给下一步骤继续加工，耗用在不同产品上），又可以作为商品产品对外销售，如纺织厂的棉纱等。因此，这种类型的企业在计算成本时，除了要计算各种产品成本之外，还必须计算各生产步骤的半成品成本，以便计算半成品的销售成本，计算以后各生产步骤的产品成本，以及为进行成本评比、成本考核提供必要的成本资料。

逐步结转分步法的优点：一是能提供各个生产步骤的半成品资料；二是能为各生产步骤的在产品实物管理及资金管理提供资料；三是能够全面地反映各生产步骤的生产耗费水平，更好地满足各生产步骤成本管理的要求。缺点是：成本结转工作量较大，各步骤的半成品成本如果采用逐步综合结转方法，则还要进行成本还原，会增加核算的工作量。

（二）平行结转分步法的特点和适用范围

平行结转分步法适用于大量大批连续式复杂生产，半成品种类较多，逐步结转半成品成本工作量较大，管理上又不要求提供各步骤半成品成本资料的企业。

任务二　应用分步法计算产品成本

一、应用逐步结转分步法计算产品成本示例

（一）应用逐步综合结转分步法计算产品成本示例

【例 9-1】 帮德制造厂生产的 D 产品需经过三个基本生产车间连续加工才能制成。第一车间生产完工的甲半成品，不经过仓库收发直接转入第二车间加工制成乙半成品，乙半成品通过仓库收发入库，三车间向半成品仓库领用乙半成品继续加工成 D 产品。其中，1 件 D 产品耗用 1 件乙半成品，1 件乙半成品耗用 1 件甲半成品。生产 D 产品所需的原材料于第一车间生产开始时一次性投入，第二、三车间不再投入材料。各车间的生产费用在完工产品和在产品之间的分配，采用约当产量法，各基本生产车间的月末在产品完工率均为 50%。三车间领用的乙半成品成本结转，采用先进先出法进行计算。月初，乙半成品数量 20 件，单位成本 2 360 元，合计 47 200 元。

帮德制造厂 20××年 11 月生产 D 产品的有关成本计算资料如下：

（1）本月各车间产量资料，见表 9-1：

表 9-1 生产车间产量资料 单位：件

项目	第一车间	第二车间	第三车间
月初在产品数量	20	30	40
本月投产或上步骤转入数量	200	180	180
本月完工产品数量	180	200	205
月末在产品数量	40	10	15

（2）各车间月初及本月费用资料，见表 9-2：

表 9-2 各生产车间月初及本月生产费用表 单位：元

摘要		直接材料	半成品	直接人工	制造费用	合计
第一车间	月初在产品成本	20 000		6 000	1 000	27 000
	本月生产费用	196 920		128 000	98 000	422 920
第二车间	月初在产品成本		29 000	4 500	900	34 400
	本月生产费用			58 000	12 000	70 000
第三车间	月初在产品成本		38 500	3 200	800	42 500
	本月生产费用			32 000	7 000	39 000

（3 要求：根据上述资料，编制各步骤成本计算单，采用综合结转法分步法计算各步骤半成品成本及产成品成本。

解：

（1）编制第一车间的成本计算单，计算第一车间的甲半成品的实际生产成本，见表 9-3：

表 9-3 产品成本计算单

产品名称：甲半成品 车间：第一生产车间 单位：元

摘要	直接材料	直接人工	制造费用	合计
月初在产品成本	20 000	6 000	1 000	27 000
本月发生生产费用	196 920	128 000	98 000	422 920
生产费用合计	216 920	134 000	99 000	449 920
约当产量	220	200	200	

续表

摘　要	直接材料	直接人工	制造费用	合　计
单位成本	986	670	495	2 151
完工甲半成品成本	177 480	120 600	89 100	387 180
月末在产品成本	39 440	13 400	9 900	62 740

（注：直接材料的约当产量＝180+40＝220（件）；直接人工、制造费用的约当产量＝180+40×50%＝200（件））

（2）编制第二车间的成本计算单，计算第二车间的乙半成品的实际成本，见表9-4：

表 9-4　　产品成本计算单

产品名称：乙半成品　　车间：第二生产车间　　单位：元

摘　要	半产品	直接人工	制造费用	合　计
月初在产品成本	29 000	4 500	900	34 400
本月发生生产费用	387 180	58 000	12 000	457 180
生产费用合计	416 180	62 500	12 900	491 580
约当产量	210	205	205	
单位成本	1 981. 81	304. 88	62. 93	2 349. 62
完工乙半成品成本	396 362	60 976	12 586	469 924
月末在产品成本	19 818	1 524	314	21 656

（注：直接材料的约当产量＝200+10＝210（件）；直接人工、制造费用的约当产量＝200+10×50%＝205（件））

（3）根据表9-4 的计算结果，通过仓库收发的半成品，应编制结转完工入库半成品成本的会计分录，并在半成品明细账中进行登记。

结转完工入库半成品成本的会计分录如下：

借：自制半成品——乙半成品　　469 924

　　贷：生产成本——基本生产成本——（乙半成品）　　469 924

（4）登记乙半成品明细账并计算第三车间领用乙半成品的实际成本，见表9-5（该企业采用先进先出法计算领用乙半成品成本）。

表 9-5　　　　　　　　　　　　**自制半成品明细账**

品名：乙半成品

20××年		摘要	收入			发出			结存		
月	日		数量	单价	金额	数量	单价	金额	数量	单价	金额
10	31	结存							20	2 360	47 200
11	30	交库	200	2 349.62	469 924				20 200	2 360 2 349.62	47 200 469 924
11	30	领用				20 160	2 360 2 349.62	47 200 375 939.20	40	2 349.62	93 984.80
11	30	合计	200	2 349.62	469 924	180		423 139.20	40	2 349.62	93 984.80

由于采用先进先出法对发出半成品进行计价，第三车间本月领用 180 件乙半成品成本＝20×2 360+160×2 349.62＝423 139.20（元）。

（5）根据自制半成品明细账有关三车间领用乙半成品成本的计算结果，编制第三车间领用乙半成品的会计分录如下：

借：生产成本——基本生产成本——第三车间　　　　423 139.20

　贷：自制半成品——乙半成品　　　　423 139.20

上述会计分录应计入自制半成品明细账，见表 9-5 和第三车间的成本计算单，见表 9-6：

（6）编制第三车间的成本计算单，计算甲产品的生产成本，见表 9-6：

表 9-6　　　　　　　　　　　　**产品成本计算单**

产品名称：D 产成品　　　　车间：第三生产车间　　　　单位：元

摘　要	半产品	直接人工	制造费用	合　计
月初在产品成本	38 500	3 200	800	42 500
本月发生生产费用	423 139.2	32 000	7 000	462 139.2
生产费用合计	461 639.2	35 200	7 800	504 639.2
约当产量	220	212.5	212.5	
单位成本	2 098.36	165.65	36.71	200.72
完工 D 产品成本	430 163.8	33 958.25	7 525.55	471 647.6
月末在产品成本	31 475.4	1 241.75	274.45	32 991.6

（注：D 产品半成品约当产量＝205+15＝220（件）；直接人工、制造费用的约当产量＝205+15×50%＝212.5（件））

（7）根据产品成本计算单和 D 产成品的入库单，编制结转完工入库 D 产品生产成本的会计分录：

借：库存商品——D 产品　　471 647.60

　贷：生产成本——基本生产成本—— 三车间　　471 647.60

（二）半成品成本综合结转下的成本还原

从上例可以看出，半成品成本的综合结转，是指上一步骤转入下一步骤的半成品成本，以“直接材料”或专设的“半成品”项目综合列入下一步骤的成本计算单中。如果半成品通过半成品库收发，由于各月所生产的半成品的单位成本不同，因而所耗半成品的单位成本可以如同材料核算一样，采用先进先出法或加权平均方法计算。这种结转方式虽可以简化计算手续，但计算出来的产成品成本不能提供按原始成本项目反映的成本资料。在生产步骤较多的情况下，逐步综合结转以后，表现在产成品成本中的绝大部分费用是最后一个步骤所耗自制半成品的费用，其他费用只是最后一个步骤的费用，在产成品成本中所占的比重很小，这显然不符合企业产品成本的实际结构，因而不能据以从整个企业的角度来考核、分析产品成本的构成状况，寻求降低成本的途径。因此，还必须对自制半成品项目进行成本还原，即将产成品成本还原为按原始成本项目反映的成本。

成本还原的方法是从最后一个生产步骤起，将其耗用上一生产步骤的自制半成品的综合成本，按照上一生产步骤完工半成品的成本项目的比例分解还原为原来的成本项目，如此自后向前逐步分解还原直到第一个生产步骤为止，然后，再将各生产步骤相同成本项目的数额加以汇总，即可求得按原始成本项目反映的产品成本。

成本还原应用示例：

【例 9-2】红河制造厂生产的甲产品，分两个生产步骤连续加工，其中，第一车间制造 A 半成品，入半成品库。第二车间领用 A 半成品继续加工成甲产成品。成本计算采用逐步综合结转分步法。20××年 11 月有关成本资料如下：

（1）第一车间完工 A 半成品 250 件，月末在产品 10 件，本车间的月末在产品成本采用定额成本法计算，在产品的单位定额成本分别为：原材料 250 元，直接人工 100 元，制造费用 35 元。本月有关的成本资料，见表 9-7：

表 9-7　　**第一车间成本资料**　　单位：件

项　目	产　量	直接材料	直接人工	制造费用	合 计
月初在产品成本	15	3 750	1 500	525	5 775
本月发生的生产费用	245	61 800	3 900	36 750	137 750

(2) 自制A半成品的明细账资料，见表9-8：

表9-8　　　　自制半成品明细账（简略式）

半成品名称：A半成品

月初结存		本月增加		合计			本月减少		月末结存	
数量	金额	数量	金额	数量	单价	金额	数量	金额	数量	金额
5	2 900	250		255			240		15	

(3) 第二车间本月领用A半成品240件投入生产，发出半成品成本采用加权平均法计算。本月完工甲产成品235件，月末在产品10件，第二车间的月末在产品成本采用约当产量法计算，本月末在产品完工程度为50%。有关成本计算资料，见表9-9：

表9-9　　　　第二车间成本资料　　　　单位：件

项　目	产量	半成品	直接人工	制造费用	合计
月初在产品成本	5	2 900	800	425	4 125
本月发生的生产费用	240		48 000	24 000	

(4) 要求：采用综合结转法进行成本计算，并对甲产品进行成本还原。

解：

(1) 计算各步骤产品成本，见表9-10、表9-11、表9-12：

表9-10　　　　基本生产成本明细账

第一车间　　成本对象：A半成品

项　目	原材料	直接人工	制造费用	合计
月初在产品成本	3 750	1 500	525	5 775
本月发生的费用	61 800	39 200	36 750	137 750
合　计	65 550	40 700	37 275	143 525
本月完工产品成本（250）件	63 050	39 700	36 925	139 675
月末在产品成本（10）件	2 500	1 000	350	3 850

表 9-11

自制半成品明细账

半成品名称：A 半成品　　（加权平均法）

20××年		月初结存		本月增加		合　计		本月减少		月末结存	
月	日	数量	金额	数量	金额	单价	金额	数量	金额	数量	金额
略	略	5	2 900	250	139 675	559.12	142 575	240	134 188.20	15	8 386.80

表 9-12

基本生产成本明细账

第二车间　　成本对象：甲产品

项　　目	半成品	直接人工	制造费用	合　计
月初在产品成本	2 900	800	425	4 125
本月发生的费用	134 188.20	48 000	24 000	206 188.20
合　　计	137 088.20	48 800	24 425	210 313.20
约当产量	245	240	240	
分配率	559.54	203.33	101.77	864.64
本月完工产品成本（235）件	131 491.90	47 782.55	23 915.95	203 190.40
月末在产品成本（10）件	5 596.30	1 017.45	509.05	7 122.80

（2）对完工的甲产品成本进行成本还原，见表 9-13：

表 9-13

产成品成本还原计算表

产品名称：甲产品　　产量：235　　单位：元

项目	产量（件）	还原分配率	半成品	直接材料	直接人工	制造费用	成本合计
还原前产成品成本	235		131 491.90		47 782.55	23 915.95	203 190.40
本月所产半成品成本	250			63 050	39 700	36 925	139 675
产成品所耗半成品的成本进行还原		0.941 413		59 356.12	37 374.10	34 761.68	131 491.90
还原后产成品总成本				59 356.12	85 156.65	58 677.63	203 190.40
还原后产品单位成本				252.58	362.37	249.69	864.64

（三）应用分项结转分步法计算产品成本示例

分项结转，是指上一步骤转入的半成品成本，分别按照成本项目计入下一步骤基本生产成本明细账的各有关成本项目中，这样结转计算的产品成本能够真实地反映产品成本结构，不需要进行成本还原。这种结转方式转账手续比较复杂，特别是当半成品经过半成品库收发时，半成品明细账也要分成本项目登记，当采用加权平均法结转半成品成本时，还要分别对每一成本项目求得加权平均成本，因此半成品成本采用分项结转工作量较大，实际工作中较少采用。

【例 9-3】 江山制造厂生产 A 产品顺序通过三个步骤，分设一、二、三生产车间，上步骤生产的半成品直接移送下步骤，不通过半成品库收发。各步骤按约当产量法计算成本（第一步骤用料按产品生产进度逐步投入）。有关产量与成本资料，见表 9-14、表 9-15：

表 9-14　　**产量资料**　　单位：件

产量记录	第一车间	第二车间	第三车间
本月投产	120	80	60
本月完工	80	60	40
月末在产品	40	20	20
完工程度（%）	50	60	50

表 9-15　　**成本资料**　　单位：元

成本项目	第一车间	第二车间	第三车间	合　计
直接材料	100 000			100 000
直接人工	20 000	36 000	30 000	86 000
制造费用	30 000	36 000	40 000	106 000
合计	150 000	72 000	70 000	292 000

要求：采用逐步分项结转分步法计算 A 产品成本（填制各步骤产品成本计算单）。

解：根据上述资料，采用逐步分项结转分步法计算 A 产品成本，填制的各步骤产品成本计算单，见表 9-16、表 9-17、表 9-18：

表 9-16　　**产品成本计算单**

生产步骤：第一步　　完工：80 件　　在产品：40 件

项　　目	直接材料	直接人工	制造费用	合　　计
本步骤生产费用	100 000	20 000	30 000	150 000
约当产量	100	100	100	
单位成本	1 000	200	300	1 500
本月完工半产品成本转出	80 000	16 000	24 000	120 000
月末在产品成本	20 000	4 000	6 000	30 000

（注：直接材料约当产量＝80+40×50%＝100（件）；直接人工、制造费用约当产量＝80+40×50%＝100（件）。）

表 9-17　　**产品成本计算单**

生产步骤：第二步　　完工：60 件　　在产品：20 件

项　　目	直接材料	直接人工	制造费用	合 计
上步骤转入半成品成本	80 000	16 000	24 000	120 000
本步骤发生成本		36 000	36 000	72 000
合计	80 000	52 000	60 000	192 000
约当产量	80	80/72	80/72	
单位成本	1 000	700	800	2 500
转出完工半成品成本	60 000	42 000	48 000	150 00
月末在产品成本	20 000	10 000	12 000	42 000

（注：在采用分项结转方式时，上一步骤转入的半成品直接人工、制造费用，对本步骤完工产品和在产品来说均应按产量平均分配，不需要把在产品按完工程度折合为约当产量。因此，直接材料约当产量＝60+20×100%＝80（件）；本步骤耗用上步骤半成品的直接人工、制造费用约当产量＝60+20（月末在产品耗用上步骤转入半成品量）×100%＝80（件）；本步骤发生的直接人工、制造费用约当产量＝60+20×60%＝72（件），直接人工单位成本＝16 000/80+36 000/72＝700（元），制造费用单位成本＝24 000/80+36 000/72＝800（元）。第三步骤同理。）

表 9-18　　**产品成本计算单**

生产步骤：第三步　　完工：40 件　　在产品：20 件

项　　目	直接材料	直接人工	制造费用	合　计
上步骤转入半成品成本	60 000	42 000	48 000	150 000
本步骤发生成本		30 000	40 000	70 000

续表

项　目	直接材料	直接人工	制造费用	合　计
合　计	60 000	72 000	88 000	220 000
约当产量	60	60/50	60/50	
单位成本	1 000	1 300	1 600	3 900
转出完工半成品成本	40 000	52 000	64 000	156 000
月末在产品成本	20 000	20 000	24 000	64 000

（注：直接材料约当产量=40+20×100%=60（件）；本步骤耗用上步骤半成品的直接人工、制造费用约当产量=40+20（月末在产品耗用上步骤转入半成品量）×100%=60（件）；本步骤发生的直接人工、制造费用约当产量=40+20×50%=50（件）。直接人工单位成本=42 000/60+30 000/50=1 300（元），制造费用单位成本=48 000/60+40 000/50=1 600（元）。）

二、应用平行结转分步法计算产品成本示例

（一）平行加工方式下，平行结转分步法计算产品成本示例

平行加工方式，是指企业的各个半成品（或产品零部件）生产车间之间不存在生产工艺上的递进关系，而是互不相干的平行关系。平行加工方式下的生产工艺过程，见图9-3：

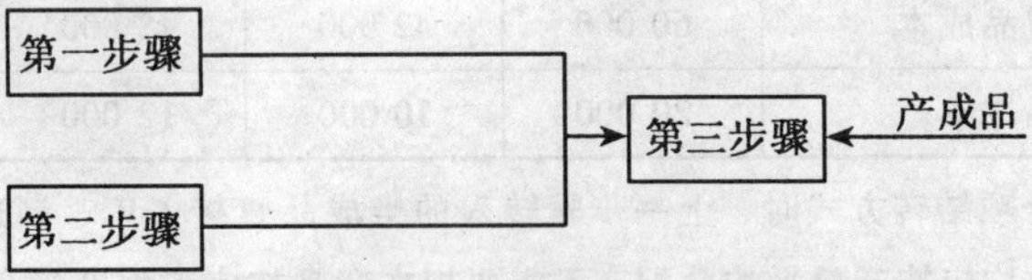

图9-3　平行加工方式下的生产工艺过程

从图9-3可以看出，第一、第二两个步骤的生产没有联系，是平行加工，第三步骤是将第一、第二两个步骤中转出的半成品进行装配生产。

平行加工方式下，平行结转分步法计算产品成本的计算程序如下：

1. 产量和约当产量的计算

$$产量和约当产量=\frac{本期完工}{半成品数量}+\frac{加工中在产品的}{产量或约当产量}+\frac{某步骤期初}{半成品数量}$$

某步骤期初半成品数量，是指期初在产品中经本步骤加工完成而留存在半成品仓库和以后各步骤的半成品之和，其实就是最后一个装配生产步骤中期初在产品的

数量。

2. 计算半成品单位成本

$$半成品单位成本=\frac{某步骤期初在产品费用+本期生产费用}{产量和约当产量}$$

3. 计算份额

份额=半成品单位成本×完工产品数量份额=半成品单位成本×完工产品数量

【例9-4】正兴制造厂生产甲产品，第一车间生产A零件，第二车间生产B零件，第三车间将A、B零件装配成甲产品，每件甲产品由A、B零件各1件组成。A零件耗用材料在生产开始时一次性投入，B零件所耗用的原材料随加工进度逐步投入，各车间月末在产品完工程度为50%。该企业20××年11月产品生产情况及各车间生产成本资料，见表9-19、表9-20、表9-21：

1. 生产情况

表9-19　　产品生产情况资料

项　目	A零件	B零件	甲产品
期初在产品数量	800	1 200	2 000
本月投产数量	8 000	7 200	7 600
本月完工转出数量	7 600	7 600	8 000
期末在产品数量	1 200	800	1 600

2. 各车间生产成本资料

(1) 各车间月初在产品成本，见表9-20：

表9-20　　各车间月初在产品成本表　　单位：件

生产车间	直接材料	直接人工	制造费用	合　计
一车间	47 000	7 600	6 900	61 500
二车间	21 000	5 500	3 900	30 400
三车间		1 000	1 600	2 600

(2) 各车间本月生产成本，见表9-21：

表 9-21　　各车间本月生产成本表　　单位：元

生产车间	直接材料	直接人工	制造费用	合　计
一车间	147 400	33 200	24 720	205 320
二车间	64 000	15 500	11 100	90 600
三车间		9 120	12 480	21 600

解：

（1）产量和约当产量计算：

A 零件直接材料费用的产量和约当产量＝7 600+1 200+2 000＝10 800（件）

A 零件加工费用的产量和约当产量＝7 600＋1 200×50%＋2 000＝7 600+600+2 000＝10 200（件）

B 零件直接材料费用的产量和约当产量＝7 600+800×50%＋2 000＝10 000（件）

B 零件加工费用的产量和约当产量＝7 600+800×50%＋2 000＝10 000（件）

甲产品加工费用的产量和约当产量＝8 000+1 600×50%＝8 800（件）

（2）各车间半成品单位成本、产成品分担份额及产品成本的计算，见表 9-22：

表 9-22　　各车间半成品单位成本、产成品分担份额及产品成本计算表　　单位：元

项目	一车间			二车间			三车间			合计		
	单位成本	份额	月末在产品成本	单位成本	份额	月末在产品成本	单位成本	份额	月末在产品成本	单位成本	份额	月末在产品成本
直接材料	18	144 000	50 400	8.5	68 000	17 000				26.5	212 000	67 400
直接人工	4	32 000	8 800	2.1	16 800	4 200	1.15	9 200	920	7.25	58 000	13 920
制造费用	3.1	24 800	6 820	1.5	12 000	3 000	1.6	12 800	1280	6.2	49 600	11 100
合计	25.1	200 800	66 020	12.1	96 800	24 200	2.75	22 000	2 200	39.95	319 600	92 420

计算过程（单位：元）：

一车间：

单位成本：直接材料＝（47 000+147 400）÷10 800＝18

直接人工＝（7 600+33 200）÷10 200＝4

制造费用＝（6 900+24 720）÷10 200＝3.1

完工产品应分担份额：直接材料＝18×8 000＝144 000

直接人工＝4×8 000＝32 000

制造费用＝3.1×8 000＝24 800

月末在产品成本：

直接材料＝47 000+147 400－144 000＝50 400

直接人工＝7 600+33 200－32 000＝8 800

制造费用＝6 900+24 720－24 800＝6 820

二车间

单位成本：直接材料＝（21 000+64 000）÷10 000＝8.5

直接人工＝（5 500+15 500）÷10 000＝2.1

制造费用＝（3 900+11 100）÷10 000＝1.5

完工产品应分担份额：直接材料＝8.5×8 000＝68 000

直接人工＝2.1×8 000＝16 800

制造费用＝1.5×8 000＝12 000

月末在产品成本：

直接材料＝21 000+64 000－68 000＝17 000

直接人工＝5 500+15 500－16 800＝4 200

制造费用＝3 900+11 100－12 000＝3 000

三车间

单位成本：直接人工＝（1 000+9 120）÷8 800＝1.15

制造费用＝（1 600+12 480）÷8 800＝1.6

完工产品应分担份额：直接人工＝1.15×8 000＝9 200

制造费用＝1.6×8 000＝12 800

月末在产品成本：直接人工＝1 000+9 120－9 200＝920

制造费用＝1 600+12 480－12 800＝1 280

完工产品总成本＝144 000+32 000+24 800+68 000+16 800+12 000+9 200+12 800＝319 600

（二）连续加工方式下，平行结转分步法计算产品成本示例

连续加工方式，是指企业的各个半成品（或产品零部件）生产车间之间存在生产工艺上严格的递进关系。连续加工方式下的生产工艺过程，见图 9-4：

从图 9-4 可以看出，第一步骤生产出来的半成品 A，转移给第二步骤进行继续加工形成半成品 B，再将第二步骤加工完成的半成品 B 转移给第三步骤进行加工，

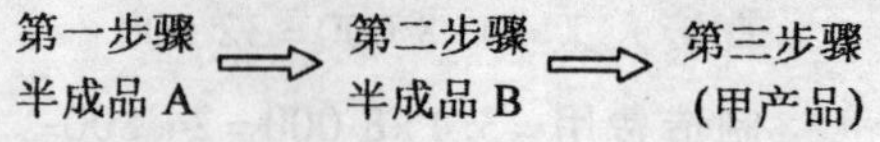

图 9-4　连续加工方式下的生产工艺过程

形成最后的完工甲产品。

连续加工方式下，平行结转分步法计算产品成本其计算程序如下：

1. 产量和约当产量的计算

产量和约当产量＝本步骤完工半成品数量＋加工中在产品的产量或约当产量＋某步骤期初半成品数量

在这里其实就是以后步骤期初在产品之和，也可以用这样的方式计算：

产量和约当产量＝本步骤期末在产品的产量或约当产量＋以后各步骤期末在产品数量＋最后步骤完工产成品数量

2. 计算单位成本

方法与平行加工方式相同。

3. 计算份额

方法与平行加工方式相同。

【例 9-5】光明制造厂有三个基本生产车间，第一车间生产 A 半成品，第二车间将 A 半成品加工成 B 半成品，第三车间将 B 半成品加工成甲产品，原材料在一车间生产开始时一次性投入，各车间在产品完工程度均为 50%。20××年 11 月，该企业产品生产情况及各车间生产费用资料，见表 9-23、表 9-24、表 9-25：

（1）生产情况，见表 9-23：

表 9-23　　**生产情况资料**　　单位：件

项　　目	一车间	二车间	甲产品
期初在产品数量	160	120	40
本月投产数量	680	800	720
本月完工转出数量	800	720	600
期末在产品数量	40	200	160

（2）各生产车间月初在产品成本，见表 9-24：

表 9-24　　　各生产车间月初在产品成本表　　　单位：元

车　　间	直接材料	直接人工	制造费用
一车间	12 000	1 900	4 500
二车间		1 200	2 000
三车间		2 700	2 200

（3）各生产车间本月生产成本，见表 9-25：

表 9-25　　　各生产车间本月生产成本表　　　单位：元

车　　间	直接材料	直接人工	制造费用
一车间	368 000	43 100	105 500
二车间		41 800	16 800
三车间		31 300	59 000

要求：用平行结转分步法计算产品成本。

解：

（1）产量和约当产量计算（单位：件）：

一车间直接材料产量和约当产量 = 800+40+120+40 = 1 000

或 = 40+200+160+600 = 1 000

加工费用产量和约当产量 = 800+40×50% +120+40 = 980

或 = 40×50% +200+160+600 = 980

二车间加工费用产量和约当产量 = 720+200×50% +40 = 860

或 = 200×50% +160+600 = 860

三车间加工费用产量和约当产量 = 600+160×50% = 680

（2）各车间半成品单位成本、产成品分担份额及产品成本计算，见表 9-26：

表 9-26　　各车间半成品单位成本、产成品分担份额及产品成本计算表　　单位：元

项目	一车间			二车间			三车间			合计		
	单位成本	份额	月末在产品成本	单位成本	份额	月末在产品成本	单位成本	份额	月末在产品成本	单位成本	份额	月末在产品成本
直接材料	380	228 000	152 000							380	228 000	152 000

续表

项目	一车间			二车间			三车间			合计		
	单位成本	份额	月末在产品成本	单位成本	份额	月末在产品成本	单位成本	份额	月末在产品成本	单位成本	份额	月末在产品成本
直接人工	45.92	27 552	17 448	50	30 000	13 000	50	30 000	4 000	145.92	87 552	34 448
制造费用	112.24	67 344	42 656	100	60 000	26 000	90	54 000	7 200	302.24	181 344	75 856
合计		322 896	212 104		90 000	39 000		84 000	11 200	828.16	496 896	262 304

计算过程（单位：元）：

一车间：

单位成本：直接材料＝（12 000+368 000）÷1 000＝380

直接人工＝（1 900+43 100）÷980＝45.92

制造费用＝（4 500+105 500）÷980＝112.24

完工产品应分担份额：直接材料＝380×600＝228 000

直接人工＝45.92×600＝27 552

制造费用＝112.24×600＝67 344

月末在产品成本：

直接材料＝12 000+368 000－228 000＝152 000

直接人工＝1 900+43 100－27 552＝17 448

制造费用＝4 500+105 500－67 344＝42 656

二车间

直接人工＝（1 200+41 800）÷860＝50

制造费用＝（2 000+84 000）÷860＝100

完工产品应分担份额：直接人工＝50×600＝30 000

制造费用＝100×600＝60 000

月末在产品成本：直接人工＝1 200+41 800－30 000＝13 000

制造费用＝2 000+84 000－60 000＝26 000

三车间

单位成本：直接人工＝（2 700+31 300）÷680＝50

制造费用＝（2 200+59 000）÷680＝90

完工产品应分担份额：直接人工＝50×600＝30 000

制造费用＝90×600＝54 000

月末在产品成本：直接人工=2 700+31 300-30 000=4 000

制造费用=2 200+59 000-54 000=7 200

完工产品总成本=228 000+27 552+67 344+30 000+60 000+30 000+54 000

=496 896

采用平行结转方式的一个很重要的特点是：半成品成本并不随着半成品实物的转移而结转，而是在什么步骤发生，就留在该步骤的成本明细账内，直到最后加工成产成品，才将其成本从各步骤的成本明细账里转出来。于是，各步骤成本明细账上反映的在产品成本包括正在本步骤加工的在产品在本步骤发生的费用，和经过本步骤加工完成转移到下步骤（或半成品库）但尚未最后制成产品的那些半成品在本步骤发生的费用。

知识归纳

产品成本计算分步法简称分步法，是指按照产品生产过程中各个加工步骤（分品种）为成本核算对象，归集和分配生产成本，计算各步骤半成品和最后产成品成本的一种方法。这种方法适用于大量大批的多步骤生产，如冶金、纺织、造纸以及大量大批生产的机械制造业等。

在实际工作中，根据成本管理对各生产步骤成本资料的不同要求（如是否要求计算半成品成本）和简化核算的要求，各生产步骤成本的计算和结转，一般采用逐步结转和平行结转两种方法，称为逐步结转分步法和平行结转分步法。

产品成本计算逐步结转分步法简称逐步结转分步法，也叫计算半成品成本分步法。

产品成本计算平行结转分步法又称"平行汇总分步法"，是指将各半成品生产步骤发生的生产费用中属于应由产成品负担的那份费用额（简称份额），加以平行汇总，来计算完工产品成本的一种方法。

分步法月终计算成本时各步骤都有在产品，因此要将生产费用在产成品（或半成品）和在产品之间进行合理分配。

逐步结转分步法计算产品成本的程序：

先计算第一生产步骤的半成品成本，随着半成品转移到第二步骤继续加工，其成本也随同转移到第二步骤。下一步骤将上步骤转来的半成品成本，加上本步骤耗用材料和加工费，计算出本步骤的半成品成本，这样顺序结转，产品成本也随同半成品成本逐步积累，直到最后一个步骤，计算出产品成本。

平行结转分步法产品成本计算程序：

在平行结转分步法下，各步骤只计算本步骤的加工费用，而不计算各步骤完工半成品的成本，各步骤的加工费用要用一定的方法计算出其应计入产成品的成本金额，然后，平行地计入产成品成本内。

半成品成本综合结转的成本还原方法，是从最后一个生产步骤起，将其耗用上一生产步骤的自制半成品的综合成本，按照上一生产步骤完工半成品的成本项目的比例分解还原为原来的成本项目，如此自后向前逐步分解还原直到第一个生产步骤为止，然后，再将各生产步骤相同成本项目的数额加以汇总，即可求得按原始成本项目反映的产品成本。

半成品成本的分项结转，是指上一步骤转入的半成品成本，分别按照成本项目计入下一步骤成本计算单的各有关成本项目中，这样结转计算的产品成本能够真实地反映产品成本结构，不需要进行成本还原。

平行结转分步法也称不计算半成品成本分步法，是指在计算各步骤成本时，不计算各步骤所产半成品的成本，也不计算各步骤所耗上一步骤的半成品成本，而只计算本步骤发生的各项其他成本，以及这些成本中应计入产成品的份额，将相同产品的各步骤成本明细账中的这些份额平行结转、汇总，即可计算出该种产品的产成品成本。

平行结转分步法的特点：

(1) 各步骤完工半成品成本不需要在步骤之间进行结转，因此，各步骤只计算本步骤所发生的生产费用，不用计算转出完工半成品成本。

(2) 半成品成本不随半成品实物转移而结转，在各步骤的成本计算单中，只登记本步骤发生的生产费用，因此，成本计算单不另设“半成品”项目栏。

(3) 每一生产步骤发生的生产费用，必须划分为耗用于产成品部分和尚未最后制成的在产品部分。各步骤只需要将本月应当由产品成本负担的费用份额转入产成品成本计算单，计算完工产品的总成本。

(4) 在各步骤的成本计算单中，转出完工产品的费用份额后，月末在产品成本由正在加工中的在产品成本（狭义在产品费用广义在产品成本）和尚未最后加工成产品的半成品成本，包括：存放在仓库的半成品、存放在以后各步骤的半成品和在以后各步骤正在加工中的半成品成本构成。

在加工步骤中，月末在产品仅是加工中在产品（狭义）数量，而成本却是广义在产品费用，两者不一致，这是平行结转分步法的最大特点。

平行结转分步法适用于半成品种类较多，逐步结转半成品成本工作量较大，管理上又不要求提供各步骤半成品成本资料的企业。

知识考量与技能训练

一、单项选择题

1. 半成品成本不随实物转移而结转的方法是(　　)。

A. 按实际成本综合结转法　　B. 按计划成本综合结转法

C. 平行结转分步法　　D. 分项结转法

2. 在平行结转分步法下，期末完工产品与在产品之间的费用分配，是在（　　）两者之间的费用分配。

A. 各步骤完工半成品与月末加工中的在产品

B. 产成品与月末各步骤尚未加工完成的在产品

C. 各步骤完工半成品与月末各步骤尚未完工的在产品

D. 产成品与月末各步骤尚未加工完成的在产品和各步骤已完工但尚未最终完成的产品

3. 分步法计算产品成本，要求“基本生产成本明细账”应按(　　)设置。

A. 生产步骤和产品品种　　B. 生产批别

C. 生产车间　　D. 成本项目

4. 在逐步结转分步法下，如果半成品需通过半成品库收发，那么在半成品领用时，应借记“基本生产成本”账户，贷记(　　)账户。

A. “库存商品”　　B. “在产品”

C. “制造费用”　　D. “自制半成品”

5. 在逐步结转分步法下的在产品，是指(　　)。

A. 本步骤的半成品和在产品　　B. 本步骤自制半成品

C. 广义在产品　　D. 狭义在产品

6. 在逐步结转分步法下，完工产品与在产品之间的费用分配，是指在(　　)之间的费用分配。

A. 完工半成品与月末加工中的在产品

B. 产成品与广义的在产品

C. 产成品与月末在产品

D. 以后步骤的产成品与最后步骤加工中的在产品

7. 半成品成本流转与实物流转相一致，不需要进行成本还原的成本计算方法是(　　)。

A. 平行结转分步法　　B. 分项结转分步法

C. 综合结转分步法　　D. 逐步结转分步法

8. 若管理上要求提供产品的分项成本信息，则需要进行成本还原的分步法是(　　)。

A. 综合结转法　　B. 分项结转法

C. 平行结转法　　D. 逐步结转法

9. 综合结转分步法成本还原的对象是(　　)。

A. 产成品成本

B. 以后步骤的产成品成本

C. 本步骤半成品成本

D. 本步骤所耗上一步骤半成品的综合成本

二、多项选择题

1. 分步法可进一步细分为(　　)等多种方法。

A. 同步结转分步法　　B. 多步结转分步法

C. 逐步结转分步法　　D. 平行结转分步法

2. 关于平行结转分步法，下列说法中正确的有(　　)

A. 在产品的费用在最后完工以前，不随实物转出而转出

B. 能全面地反映各生产步骤的生产耗费水平

C. 不能提供各个步骤的半成品成本资料

D. 成本结转工作量较大

3. 关于成本计算分步法的表述，正确的有(　　)。

A. 逐步结转分步法适用于大量大批连续式复杂生产的企业

B. 平行结转分步法不能更好地满足各步骤成本管理的要求

C. 平行结转分步法不能提供各个步骤半成品的资料

D. 逐步结转分步法需要进行成本还原

4. 半成品成本的计算和结转，可以采用(　　)方式。

A. 综合结转　　B. 逐步结转

C. 分项结转　　D. 平行结转

5. 能够直接反映产成品成本的原始构成项目的分步法成本计算方法有(　　)

A. 逐步结转分步法　　B. 逐步综合结转方式

C. 平行结转分步法　　D. 逐步分项结转方式

6. 逐步结转分步法的特征有(　　)。

A. 管理上要求计算半成品成本

B. 半成品实物转移成本随之结转

C. 最后生产步骤计算的是产成品成本

D. 期末在产品指狭义在产品

7. 广义在产品包括(　　)。

A. 尚在本步骤加工中的在产品

B. 转入各半成品库的半成品

C. 企业最后一个步骤的完工产品

D. 已从半成品库转到以后各步骤进一步加工尚未最后制成的产成品

8. 在平行结转分步法下，第二生产步骤的在产品包括(　　)。

A. 第二生产步骤完工入库的半成品

B. 第二生产步骤正在加工的在产品

C. 第一生产步骤完工入库的半成品

D. 第三生产步骤正在加工的在产品

9. 平行结转分步法与逐步结转分步法相比，优点是(　　)。

A. 各步骤能够同时计算产品成本

B. 不需要进行成本还原

C. 能为实物管理和资金管理提供资料

D. 能提供各步骤的半成品成本资料

三、判断题

1. 逐步结转分步法不利于各步骤在产品的实物管理和成本管理。(　　)

2. 在实际工作中，分步法计算产品成本的分步与产品的实际生产步骤应完全一致。(　　)

3. 分步法的显著特征是计算半成品成本。(　　)

4. 凡是大量大批多步骤生产企业，都应该采用分步法计算成本。(　　)

5. 平行结转分步法能够直接提供原始的成本项目资料。(　　)

6. 分步法都应进行成本还原。(　　)

7. 综合结转分步法能够提供各生产步骤的半成品成本资料，而分项结转分步法却不能。(　　)

8. 完工产品的各成本项目，其还原后的合计与还原前的合计应该是相等的。(　　)

9. 在平行结转分步法下，各步骤完工产品和在产品之间的费用分配，都是指完工产品和广义在产品之间的费用分配。(　　)

10. 分步法可进一步细分为单步骤结转分步法和多步骤结转分步法两种方法。(　　)

11. 按照半成品是否入半成品库的标准，逐步结转分步法可划分为综合结转和分项结转两种方法。(　　)

12. 平行结转分步法半成品成本的结转与其半成品实物的流转相互分离。(　　)

四、实务操作题

(一) 目的：练习逐步分项结转分步法计算产品成本

【资料】美康制造厂生产A产品，依次经过第一、第二两个基本生产车间进行加工，在产品按定额成本计算；半成品通过半成品库收发。第二步骤所耗半成品成本按加权平均单位成本计算。该厂20××年11月的产量、成本和在产品定额成本及月初结存自制半成品资料，见表9-27、表9-28、表9-29、表9-30：

表9-27　　**产品产量记录**　　单位：件

项　目	一车间	二车间
月初在产品	100	120
本月投产或半成品	1 540	1 520
本月完工产品	1 500	1 540
月末在产品	140	100

表9-28　　**在产品单位定额成本**　　单位：元

项　目	直接材料	直接人工	制造费用	合　计
一车间	1 000	280	70	1 350
二车间	1 300	350	80	1 730

表9-29　　**生产费用资料**　　单位：元

成本项目	一车间		二车间	
	月初在产品	本月费用	月初在产品	本月费用
直接材料	100 000	1 520 000	156 000	
直接人工	28 000	456 000	42 000	608 000
制造费用	7 000	140 800	9 600	167 200
合　计	135 000	2 116 800	207 600	775 200

表9-30　　**自制半成品期初资料**　　单位：元

摘　要	数　量	直接材料	直接人工	制造费用	合　计
月初余额	110	1 441 000	93 500	28 600	1 563 100

【要求】

1. 登记第一车间、第二车间“基本生产成本明细账”，见表9-31、表9-33。
2. 列式计算A半成品加权平均分项成本。
3. 编制半成品入库和领用的会计分录。
4. 登记自制半成品明细账，见表9-32。

表9-31　　基本生产成本明细账

车间名称：一车间　　产品名称：A半成品　　单位：元

项　目	直接材料	直接人工	制造费用	合　计
月初在产品成本				
本期发生费用				
本月生产费用合计				
转出完工半成品成本				
半成品单位成本				
月末在产品成本				

表9-32　　自制半成品明细账

半成品名称：A半成品

摘　要	数量(件)	直接材料(元)	直接人工(元)	制造费用(元)	合　计
月初余额					
本月增加					
合　计					
单位成本					
本月减少					
月末余额					

表9-33　　基本生产成本明细账

车间名称：二车间　　产品名称：A产品　　单位：元

项　目	直接材料	直接人工	制造费用	合　计
月初在产品成本				
领用A半成品成本				
本月本步骤发生生产费用				

续表

项　　目	直接材料	直接人工	制造费用	合　　计
本月生产费用合计				
转出完工产品成本				
单位成本				
月末在产品成本				

（二）目的：练习采用逐步综合结转分步法计算产品成本

【资料】蓝天机械厂生产的H产品，分两个生产车间连续加工，其中，第一车间制造甲半成品，入半成品库。第二步骤领用甲半成品继续加工成H产成品。成本计算采用逐步综合结转分步法。20××年×月的有关成本资料如下：

（1）第一车间完工甲半成品2 500件，在产品100件，本车间的在产品成本采用定额成本法计算，在产品的单位定额成本分别为：原材料625元，直接人工210元，制造费用130元。本月有关的成本资料，见表9-34：

表9-34　　**第一车间成本资料**　　单位：元

项　　目	产　量	直接材料	直接人工	制造费用	合　计
月初在产品成本	150件	93 750	31 500	19 500	
本月发生的生产费用	2 450件	1 530 000	784 000	453 250	

（2）自制甲半成品的明细账资料，见表9-35；第二车间本月领用甲半成品2 400件投入生产，发出半成品成本采用全月一次加权平均方法计算。

表9-35　　**自制半成品明细账**

半成品名称：甲半成品

月初结存		本月增加		合　　计			本月减少		月末结存	
数量（件）	金额（元）	数量（件）	金额（元）	数量（件）	单价（元）	金额（元）	数量（件）	金额（元）	数量（件）	金额（元）
50	75 000	2 500		2 550			2 400		150	

（3）本月完工H产成品2 300件，在产品150件，本车间的在产品成本采用约当产量法计算，本月在产品完工程度为50%。有关成本计算资料，见表9-36：

表 9-36　　第二车间成本资料　　单位：元

项　目	产 量	半成品	直接人工	制造费用	合　计
月初在产品成本	50 件	75 000	25 000	15 000	
本月发生的生产费用	2 400 件		1 720 000	1 392 000	

【要求】采用综合结转分步法进行成本计算，并对 H 产品进行成本还原。

（1）计算各步骤产品成本，分别填入表 9-37、表 9-38、表 9-39：

表 9-37　　基本生产成本明细账

第一车间　　单位：元

项　目	直接材料	直接人工	制造费用	合　计
月初在产品成本				
本月发生的费用				
合　计				
本月完工产品成本（　）件				
月末在产品成本（　）件				

表 9-38　　自制半成品明细账

半成品名称：甲半成品　　（加权平均法）

年		月初结存		本月增加		合　计		本月减少		月末结存	
月	日	数量（件）	金额（元）	数量（件）	金额（元）	单价（元）	金额（元）	数量（件）	金额（元）	数量（件）	金额（元）

表 9-39　　基本生产成本明细账

第二车间　　单位：元

项　目	半成品	直接人工	制造费用	合　计
月初在产品成本				
本月发生的费用				
合计				
约当产量				

续表

项　目	半成品	直接人工	制造费用	合　计
分配率				
本月完工产品成本（　）件				
月末在产品成本（　）件				

（2）对完工的H产品成本进行成本还原，填制表9-40：

表9-40　**产成品成本还原计算表**

产品名称：　　产量：　　单位：元

项　目	产量(件)	还原分配率	半成品	直接材料	直接人工	制造费用	成本合计
还原前产成品成本							
本月所产半成品成本							
产成品所耗半成品的成本进行还原							
还原后产成品总成本							
还原后产品单位成本							

（三）目的：练习采用平行结转分步法计算产品成本

【资料】绿源制造厂生产甲产品，需要经过三个步骤加工完成，其中，第一步骤生产乙半成品，第二步骤生产丙半成品，第三步骤将乙半成品和丙半成品交装配成甲产成品。第一步骤材料在生产开始时一次性投入，第二步骤材料随加工程度逐步投入。每件产成品由1件乙半成品和1件丙半成品装配而成。各步骤月末在产品的完工程度均为50%，各步骤生产费用采用约当产量比例法在产成品和广义在产品之间进行分配。20××年11月的生产甲产品有关成本资料如下：

（1）产量记录资料，见表9-41：

表9-41　**产 量 记 录**　单位：件

项　目	第一步骤	第二步骤	第三步骤
月初在产品	100	200	300
本月投入	1 200	1 400	1 000
本月完工转出	1 000	1 000	900
月末在产品	300	600	400

（2）月初在产品成本及本月生产费用资料，见表9-42：

表9-42　　**月初在产品成本及本月生产费用**　　单位：元

项　　目	直接材料	直接人工	制造费用	合　　计
月初在产品成本				
第一步骤	152 800	31 900	22 750	207 450
第二步骤	34 500	42 300	72 020	148 820
第三步骤		39 500	42 400	81 900
本月生产费用				
第一步骤	1 317 200	625 850	429 000	2 372 050
第二步骤	634 000	356 160	531 760	1 521 920
第三步骤		448 700	562 400	1 011 100

【要求】

1. 计算各步骤约当产量；
2. 登记各步骤“基本生产成本明细账”；
3. 计算各步骤应计入产成品成本份额和月末在产品成本；
4. 编制产品成本汇总计算表。

（1）各步骤约当产量的计算，填制表9-43：

表9-43　　**各步骤约当产量的计算**　　单位：元

摘　　要	直接材料	直接人工	制造费用
一车间步骤的约当总量			
二车间步骤的约当总量			
三车间步骤的约当总量			

（2）填制各步骤的基本生产成本明细账，见表9-44．表9-45、表9-46：

表9-44　　**基本生产成本明细账**

生产车间：　　单位：元

摘　　要	直接材料	直接人工	制造费用	合　　计
月初在产品成本				
本月发生费用				

续表

摘　　要	直接材料	直接人工	制造费用	合　　计
合　计				
该步骤约当产量				
单位成本（分配率）				
计人产品成本的份额				
月末在产品成本				

表 9-45　　　　　　　　　基本生产成本明细账

生产车间：　　　　　　　　　　　　　　　　　　　　单位：元

摘　　要	直接材料	直接人工	制造费用	合　　计
月初在产品成本				
本月发生费用				
合　　计				
该步骤约当产量				
单位成本（分配率）				
计人产品成本的份额				
月末在产品成本				

表 9-46　　　　　　　　　基本生产成本明细账

生产车间：　　　　　　　　　　　　　　　　　　　　单位：元

摘　　要	直接材料	直接人工	制造费用	合　　计
月初在产品成本				
本月发生费用				
合　　计				
该步骤约当产量				
单位成本（分配率）				
计人产品成本的份额				
月末在产品成本				

（3）填制产品成本汇总计算表，见表 9-47：

表 9-47　　**产品成本汇总计算表**

产品名称：　　　　　　　　　　产量：　　　　　　单位：元

项　目	直接材料	直接人工	制造费用	总成本	单位成本
一车间					
二车间					
三车间					
合　计					

项目十　产品成本计算辅助方法

学习目标

知识目标

理解产品成本计算分类法的含义、特点、适用范围

理解产品成本计算定额法的基本原理及特点、适用范围

了解联产品、副产品、等级品成本计算特点

明确各种成本计算方法在企业的实际应用情形

能力目标

掌握分类法和定额法的产品成本计算程序

能够较熟练地运用分类法和定额法进行产品成本的计算

任务一　应用分类法计算产品成本

一、分类法的概念及特点

（一）分类法的概念

产品成本计算分类法，是指以产品的类别作为成本计算对象来归集生产费用，先计算出每类完工产品总成本，再按一定标准分配计算出类内各种产品成本的一种成本计算方法。

（二）分类法的特点

1. 以产品类别作为成本计算对象，并据此设置“基本生产成本明细账”

在成本计算对象的确定上，分类法是根据产品的结构、所用原材料和工艺过程相同、相近、相似的原则，将产品划分为若干类别，按照产品的类别设立产品生产成本明细账，归集产品的生产费用，计算各类产品成本，在此基础上选择合理的分配标准，在类内各种产品之间分配费用，计算各种产品的总成本和单位成本。

2. 产品成本计算期依企业生产特点与管理要求而定

分类法的成本计算期要根据生产特点及管理要求来确定，如果企业是大批量生产，结合品种法或分步法进行成本计算，则应定期在月末进行成本计算；如果与分批法结合运用，则成本计算期可不固定，而与产品生产周期一致。

3. 月末一般应将生产费用在完工产品和在产品之间进行分配

采用分类法计算产品成本，如果月末在产品数量较多，则应将该类产品生产费用总额在完工产品和月末在产品之间进行分配。

二、分类法的适用范围

产品成本计算分类法适用于用同样原材料、经过同样工艺过程生产出来的品种、规格、型号繁多，但又能够按照一定标准进行分类的产品，如针织厂、鞋厂、灯泡厂等。分类法与企业产品生产的类型没有直接联系，因而，可以在各种类型的生产企业中应用。另外，需要注意的是：

(1) 分类法并不是一种独立的成本计算基本方法，它要根据各类产品的生产工艺特点和管理的要求，与品种法、分批法、分步法结合使用。

(2) 品种相同，但质量不同的产品分两种情况：

①产品的结构、所用的原材料和工艺过程完全相同，产品质量上的差别是由于工人操作而造成的，不适用分类法。

②由于产品内部结构、所用原材料的质量或工艺技术上的要求不同而产生不同质量的产品，可以采用分类法计算成本。

(3) 为了简化成本计算工作，零星产品也可以归为几类，采用分类法计算成本。

(4) 为了不影响成本计算的准确性，不能片面追求简化成本核算手续，任意扩大产品类别。

三、分类法计算产品成本的程序

(1) 合理确定产品类别，按产品类别设立“基本生产成本明细账”。采用分类法计算产品成本，先要将产品按照性质、结构、用途、生产工艺过程、耗用原材料等的不同，划分为若干类别。例如，袜厂可以按照耗用的不同原材料，将产品分为棉袜、丝光袜、呢绒袜等类别；轧钢厂可根据产品的结构将产品分为圆钢、角钢、钢管等类别。在此基础上，以产品类别作为成本计算对象设置“基本生产成本明细账”。

（2）按产品类别归集生产费用，计算各类产品的总成本。

（3）选用合理的分配标准，分别将每类产品的总成本在类内各种产品之间进行分配，计算每类产品内各种产品的总成本和单位成本。

类内各种产品之间分配费用的标准，一般有定额消耗量、定额费用、售价，以及产品的体积、长度和重量等。

在选择分配标准时，应遵循相关性原则，考虑分配标准是否与产品成本的高低有密切的联系。各成本项目根据情况可以用同一分配标准来分配，也可以按照成本项目的性质，分别采用不同的分配标准分配，以使分配结果更加合理。例如，原材料费用可按定额原材料费用或定额原材料消耗量比例分配，直接人工费用等其他费用按定额工时比例分配等。

为了简化类内产品之间成本费用分配工作，在实际工作中，通常将分配标准折算成相对固定的系数，按照固定的系数分配同类产品内各种产品的成本，这种方法叫做系数分配法。系数，是指各种规格产品之间的比例关系。系数分配法的关键是合理确定类内各种产品的系数。

系数分配法的应用步骤是：

（1）确定分配标准。企业应选择与耗用费用关系最密切的经济因素作为分配标准。可根据具体情况选择产品规格、重量、体积、长度等技术性指标，以及产品的定额消耗量、定额成本、计划成本、售价价值指标作为分配标准。

（2）将分配标准折算成固定系数。其方法是，在同类产品中选择一种有代表性的产品，如产量较大、生产比较稳定或规格折中的产品作为标准品，标准品的单位产品分配标准系数为“1”；其他产品则按照其单位产品分配标准有关数据与标准产品的比例确定相应的系数。系数一经确定，应相对稳定，不应任意变更。

（3）计算出按标准产品折算的产量。其计算公式如下：

$$\text{标准产品总量(总系数)} = \sum(\text{类内各种产品的实际产量} \times \text{各自系数})$$

（4）按标准产品总量（或总系数）分配类内各种（或各规格）产品的成本。系数分配法计算产品成本时，还可以进一步采用系数比例法和系数分配法。

四、应用分类法计算产品成本示例

（一）系数比例法计算产品成本示例

【例 10-1】 中环制造厂生产的 A、B、C 三种产品，三种产品所用原材料、产品结构和生产工艺很接近，企业决定合为一类（甲类产品）来计算成本，其中，B 产品为标准品，原材料在生产时一次性投入。20××年 10 月，甲类产品的有关产量、成本资料，见表 10-1、表 10-2：

表 10-1　　**甲类产品产量及定额记录**

产品型号	月末在产品		完工产品数量（件）	单位完工产品定额成本（元）
	在产品数量（件）	在产品完工程度（%）		
A	200	30%	600	60
B	400	25%	800	80
C	150	40%	500	96

表 10-2　　**产品成本资料**　　单位：元

摘要	直接材料	直接人工	制造费用	合计
月初在产品	20 000	8 000	4 000	32 000
本月发生	80 000	22 000	16 000	118 000
本月合计	100 000	30 000	20 000	150 000

要求：采用系数比例法计算甲类产品类内各种产品成本。

解：

（1）确定各型号产品系数。已知资料给出了各型号产品的单位定额成本，并且说明以 B 产品作为标准产品，则 B 产品系数 1，A 产品系数 0.75（60÷80）；C 产品系数 1.2（96÷80）。

（2）计算投料系数、投工系数。具体计算过程，见表 10-3：

表 10-3　　**甲类产品总系数计算表**　　单位：件

产品型号	系数	月末在产品				完工产品			合计	
		数量	完工率	投料系数	投工系数	产量	系数	各型号完工产品系数占完工总系数的比例	投料总系数	投工总系数
栏次	(1)	(2)	(3)	(4)=(1)×(2)	(5)=(3)×(4)	(6)	(7)=(1)×(6)	(8)	(9)=(4)+(7)	(10)=(5)+(7)
A	0.75	200	30%	150	45	600	450	24.2%	600	495
B	1	400	25%	400	100	800	800	43.2%	1 200	900
C	1.2	150	40%	180	72	500	600	32.6%	780	780
合计				730	217		1 850		2 580	2 175

(3) 计算甲类完工产品成本和月末在产品成本。根据表10-3总系数计算表，计算完工产品和在产品应分配费用的比例。其比例分别如下：

$$完工产品材料系数比例=\frac{完工产品材料系数}{材料总系数}\times 100\%$$

$$=\frac{1\ 850}{2\ 580}\times 100\%=71.7\%$$

$$完工产品人工系数比例=\frac{完工产品投工系数}{投工总系数}\times 100\%$$

$$=\frac{1\ 850}{2\ 175}\times 100\%=85.1\%$$

据此，完工产品应负担的材料成本及人工成本、制造费用成本分别按累计成本的71.7%、85.1%、85.1%结转。甲类产品基本生产成本明细账，见表10-4：

表10-4　　**基本生产成本明细账**

产品名称：甲类产品　　20××年10月　　单位：元

摘　　要	直接材料	直接人工	制造费用	合　　计
月初在产品	20 000	8 000	4 000	32 000
本月发生费用	80 000	22 000	16 000	118 000
合计	100 000	30 000	20 000	150 000
结转完工产品成本	71 700	25 530	17 020	114 250
月末在产品成本	28 300	4 470	2 980	35 750

(4) 计算类内各型号产品的成本。根据上述资料计算类内各型号产品成本，其方法是：首先，算出各型号完工产品系数占甲类完工产品总系数的比例，见表10-3；然后，以此比例分别乘以完工产品成本，即算出各型号完工产品成本，见表10-5：

表10-5　　**甲类产品类内产品成本计算单**　　单位：元

成本项目	甲类产品总成本	A产品（24.2%）		B产品（43.2%）		C产品（32.6%）	
		总成本	单位成本	总成本	单位成本	总成本	单位成本
直接材料	71 700	17 351.4	28.92	30 974.4	38.72	23 374.2	46.75
直接人工	25 530	6 178.26	10.30	11 028.96	13.79	8 322.78	16.64
制造费用	17 020	4 118.84	6.86	7 352.64	9.19	5 548.52	11.10
合　　计	114 250	27 648.5	46.08	49 356	61.70	37 245.5	74.49

(二)系数分配率法计算产品成本示例

采用系数分配率法计算产品成本，其方法是：首先，在总系数计算表的基础上按不同成本项目计算系数分配率（即 1 个标准产量应负担的费用）；然后，用类内各型号产品系数（即完工标准产量）乘以系数分配率，即为每一型号产品应负担的直接材料、直接人工及制造费用的金额。系数分配率的计算公式如下：

$$系数分配率=\frac{各成本项目费用}{该成本项目产品总系数}$$

【例 10-2】通达制造厂生产的 A、B、C 三种产品，所用原材料、产品结构和生产工艺很接近，企业决定合为一类（甲类产品）来计算成本，其中，B 产品为标准品，原材料在生产时一次性投入。类内产品月末在产品成本按定额成本计算，类内各种产品之间分配费用的标准为：原材料费用按照各种产品的原材料费用系数进行分配，原材料费用系数按定额消耗量标准确定；直接人工费和制造费用按加工费系数进行分配，加工费系数按定额工时标准确定。20××年 10 月，甲类产品的有关产量、成本资料，见表 10-6、表 10-7：

表 10-6 **基本生产成本明细账**

产品类别：甲类产品 单位：元

摘　要	直接材料	直接人工	制造费用	合　计
月初在产品成本	152 290	67 800	68 800	288 890
本月发生费用	523 910	289 000	89 700	902 610
生产费用合计	676 200	356 800	158 500	1 191 500
完工产品成本	523 900	304 800	113 240	941 940
月末在产品成本	152 300	52 000	45 260	249 560

表 10-7 **产品系数计算表**

产品类别：甲类产品

产品名称	产量（件）	单位产品材料消耗定额（公斤）	系数	材料总系数	单位产品工时消耗定额（小时）	系数	工时总系数
A 产品	2 000	10	1. 25	2 500	12	1. 5	3 000
B 产品	5 000	8	1	5 000	8	1	5 000
C 产品	3 000	6	0. 75	2 250	6	0. 75	2 250
系数合计				9 750			10 250

要求：根据上述资料，用系数分配率法计算产品成本。

解：根据上述资料，用系数分配率法计算产品成本，见表10-8、表10-9：

表10-8　　　　　　　　　　**产品成本计算表**

产品类别：甲类产品　　　　　　　　　　　　　　　　　　　　单位：元

产　品	材料总系数	直接材料	工时总系数	直接工资	制造费用	费用合计
完工产品费用总额	(9 750)	523 900	(10 250)	304 800	113 240	941 940
系数分配率		53.73		29.74	11.05	
A产品	(2 500)	134 325	(3 000)	89 220	33 150	256 695
B产品	(5 000)	268 650	(5 000)	147 800	55 250	471 700
C产品	(2 250)	120 925	(2 250)	67 780	24 840	213 545
合计		523 900		304 800	113 240	941 940

由于：系数分配率＝各成本项目费用÷该成本项目产品总系数，所以，表10-8中：

直接材料系数分配率＝材料费用合计÷材料总系数＝523 900÷9 750＝53.73

直接人工系数分配率＝人工费用合计÷工时总系数＝304 800÷10 250＝29.74

制造费用系数分配率＝制造费用合计÷工时总系数＝113 240÷10 250＝11.05

表10-9　　　　　　　　　**甲类产品成本汇总表**　　　　　　　　　单位：元

成本项目	A产品（2 000件）		B产品（5 000件）		C产品（3 000件）	
	总成本	单位成本	总成本	单位成本	总成本	单位成本
直接材料	134 325	67.16	268 650	53.73	120 925	40.31
直接人工	89 220	44.61	147 800	29.56	67 780	22.59
制造费用	33 150	16.58	55 250	11.05	24 840	8.28
合　计	256 695	128.35	471 700	94.34	213 545	71.18

采用系数比例法分配费用和按系数分配率法分配费用，其计算结果必然相等。因为：

按比例分配＝按系数分配率分配

各型号产品负担费用＝某型号总系数÷总系数之和×累计费用

＝累计费用÷总系数合计×某型号总系数

总系数其计算比例个数的多少取决于产品型号的多少，计算系数分配率的多少取决于成本项目的多少。因此，当产品规格型号较多时，采用系数分配率法计算较简单；反之，用系数比例法计算较简单。

任务二　应用定额法计算产品成本

一、定额法的概念及特点

（一）定额法的概念

产品成本计算定额法是为了及时反映和监督产品成本脱离定额成本的差异，配合和加强定额管理，以定额成本为目标成本，及时揭示生产费用脱离定额的差异，加强成本控制，并根据定额成本、脱离定额差异和定额变动差异计算产品实际成本的一种成本计算与成本控制的方法。其基本原理是：在实际费用发生时，将其划分为定额成本与定额差异两部分来归集，并分析产生差异的原因，及时反馈到管理部门，月终以产品定额成本为基础，加减所归集和分配的定额成本差异、定额变动差异、材料成本差异，求得产品实际成本。实际成本与定额成本的关系可用下列公式表示：

$$\text{产品实际成本}=\text{产品定额成本}\pm\text{脱离定额成本差异}\pm\text{定额变动差异}\pm\text{材料成本差异}$$

与分类法一样，产品成本计算定额法并非一种基本的成本计算方法，它是在品种法、分步法、分批法的基础上，运用一种特殊汇集费用的技术，计算产品成本的方法。这种方法克服了前述几种成本计算方法的不足，即生产费用的日常核算，均按生产费用的实际发生额进行；产品的实际成本，也是根据实际生产费用计算。这些，都不能及时揭示实际费用脱离定额的差异及其发生的原因；不能更好地加强成本控制；不能更有效地发挥成本核算对于节约生产费用、降低产品成本的作用。

采用定额法计算产品成本，能及时揭示差异，提供有关成本形成动态的各种信息；有助于促使企业控制和节约费用。这种方法一般适用于企业定额管理制度较健全，而且产品生产定额、消耗定额比较准确、稳定的企业。

（二）定额法的特点

（1）产品的各项消耗定额、费用定额和定额成本应事先制定，作为成本计算的基础和成本控制的目标。

（2）产品实际成本由定额成本、定额差异和定额变动三个部分相加而组成。在发生生产耗费的当时，必须将符合定额的费用和发生的差异分别核算，以加强对生产费用的日常控制。

(3) 应分别定额成本、定额差异和定额变动三个方面将每月的生产费用分配于完工产品和在产品。

(4) 在月末，用定额法计算产成品成本时，根据产品的定额成本，加减各种成本差异，调整计算出完工产品的实际成本，可为成本的定期分析和考核提供依据。

计算产品实际成本的基本公式为：

产品实际成本=产品定额成本±脱离定额差异±材料成本差异±定额变动差异

二、定额法计算产品成本的程序

(1) 制定产品定额成本。根据消耗定额和费用定额，按照产品品种和规定的成本项目，确定产品定额成本，编制产品定额成本计算表。

(2) 按照企业生产工艺特点和管理要求，确定成本计算对象及成本计算的基本方法，按成本计算对象设置"基本生产成本明细账"，明细账专栏内各成本项目应分设"定额成本"、"脱离定额差异"、"定额变动差异"等各小栏。

(3) 当生产费用发生时，将其划分为定额成本和定额成本差异两个部分，分别编制凭证，予以汇总。对其中重点差异，实行例外管理。

(4) 按确定的成本计算的基本方法，汇集、结转各项费用的定额成本差异，并按一定标准在完工产品与在产品之间进行分配。

(5) 将本月完工产品的定额成本加减各种差异，调整计算出完工产品的实际成本。

三、定额成本及其差异的计算

在采用定额成本法计算产品成本时，决定产品成本的因素有四个：即定额成本、脱离定额的差异、定额变动的差异、材料成本差异。因此，采用定额成本法，首先，必须制定产品的材料、动力、工时等消耗定额；然后，根据各项消耗定额、材料计划单价、计划工资率、计划费用率等资料，计算产品的各项费用定额和产品的单位定额成本。

(一) 产品定额成本的计算

采用定额法，必须先制定单位产品的消耗定额、费用定额，并据以制定单位产品的定额成本。

1. 产品定额成本的计算程序

产品的定额成本一般由企业的计划、技术、会计等部门共同制定。若产品的零部件不多，则一般先计算零件定额成本，然后，再汇总计算部件和产品的定额成本。零部件定额成本还可作为在产品和报废零部件计价的依据。若产品的零部件较多，则可不计算零件定额成本，直接计算部件定额成本，然后，汇总计算产品定额成本。或者根据零部件的定额卡直接计算产品定额成本。

产品的定额成本是分成本项目计算的。其计算公式如下：

产品直接材料定额成本=直接材料定额耗用量×材料计划单价

=本月投产量×单位产品材料消耗定额×材料计划单价

产品直接人工定额成本=产品定额工时×计划工资率

=产品约当产量×单位产品工时定额×计划工资率

产品制造费用定额=产品定额工时×计划费用率

=产品约当产量×单位产品工时定额×计划费用率

定额成本的计算可通过编制定额成本计算表的形式进行。定额成本计算表的格式和内容，见表10-10：

表10-10　　**产品定额成本计算单**

产品名称：A产品　　20××年11月

成本项目		定额材料		定额工时			金额合计（元）
		单位产品材料消耗定额(千克)	材料计划单价(元)	单位产品工时消耗定额(小时)	计划小时工资率	计划小时费用率	
直接材料	甲材料	500	50				25 000
	乙材料	300	15				4 500
合　计							29 500
直接人工				200	8		1 600
制造费用				200		3	600
单位产品定额成本							31 700

2. 定额成本与计划成本的异同

（1）相同之处：二者都是以产品生产耗费的消耗定额和计划价格确定的目标成本，其计算公式均为：

原材料费用定额=产品原材料消耗定额×原材料计划单价

生产工资费用定额=产品生产工时定额×计划小时工资率

其他费用定额=产品生产工时定额×计划小时费用率

（2）不同之处：计算计划成本的消耗定额是计划期内平均消耗定额，也称为计划定额，在计划期内通常不变。定额成本的消耗定额则是现行消耗定额，它应随着技术进步和劳动生产率提高不断修订。

计划成本一般是国家或上级机构对企业下达的指令性指标；企业可以不制定计

划成本。定额成本则是企业自行制定的，是企业对当时的产品成本进行自我控制和考核的依据。

（二）脱离定额差异的计算

计算和分析脱离定额成本的差异是定额法的核心内容。它包括材料脱离定额差异的计算、直接人工费用脱离定额差异的计算、制造费用脱离定额差异的计算。

1. 原材料脱离定额差异（量差）的计算

原材料脱离定额差异的计算方法，一般有限额法、切割核算法和盘存法等。在按批别组织生产的企业，领料按批别进行，定额差异的计算也按批别进行。材料脱离定额差异的核算通常采用材料凭证限额法和分批切割法。材料凭证限额法，是指在材料发出时，分别编制定额凭证（限额领料单）和差异凭证，来反映材料在生产过程中使用情况的一种方法。其处理程序，见图 10-1：

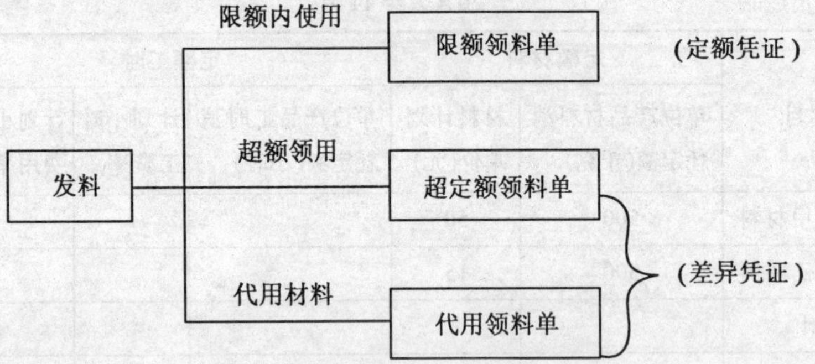

图 10-1　原材料脱离定额差异计算程序

在发料时，在限额内的，填写限额领料单。经批准，超定额领用，或领用替代材料的，需填写超额领料单或代用材料领料单。对已领未用的材料，需填制退料单。在每批生产任务完成后，限额领料单所列未领材料的余额，扣除代用领料单金额加上退料单所列金额，就是材料的节约差异。超额领料单上所列数量则为超支差异。

原材料脱离定额差异的计算公式为：

原材料脱离定额差异＝原材料计划价格费用－原材料定额费用

＝实际消耗量×材料计划单价－定额消耗量×材料计划单价

＝（实际消耗量－定额消耗量）×材料计划单价（量差）

现举例说明如下：

【例 10-3】某企业本月投产 A 产品 1 000 件，单位产品甲材料消耗定额 20 千克，每千克计划单位成本 5 元，超额领料单本月登记数量 50 千克。

A 产品的甲材料定额差异计算如下：

A 产品甲材料定额成本 = 1 000×20×5 = 100 000（元）

A 产品甲材料脱离定额差异 = 50×5 = 250（元）

在不能按上述分批核算原材料脱离定额差异的情况下，可采用定额盘存法核算差异，基本做法是：

（1）定期对在产品进行盘存，确定在产品数量。

（2）根据产量凭证所列完工产品数量及盘存在产品数量，计算产品投产数量。其计算公式如下：

产品投产数量 = 完工产品数量 + 期末在产品数量 − 期初在产品数量

（3）计算材料定额消耗量。其计算公式如下：

材料定额消耗量 = 产品投产数量×材料消耗定额

（4）计算材料实际消耗量。根据限额领料单、超额领料单、代用领料单、退料单等凭证，以及车间余料的盘存资料，计算出材料的实际消耗量。

（5）计算材料脱离定额的差异。其计算公式如下：

$$\begin{matrix}\text{材料脱离}\\\text{定额的差异}\end{matrix} = \left(\text{材料的实际消耗量} - \begin{matrix}\text{材料的定}\\\text{额消耗量}\end{matrix}\right) \times \begin{matrix}\text{材料的}\\\text{计划单价}\end{matrix}$$

【例 10-4】 某企业甲产品期初在产品 50 件，本月完工产量 600 件，期末在产品 60 件，原材料系开工时一次性投入，材料消耗定额 10 千克，计划单价 6 元/千克。本月材料限额领料凭证登记数量 6 800 千克，材料超额领料凭证登记数量 400 千克，期末车间盘存余料 200 千克。本月甲产品材料脱离定额差异的计算过程如下：

（1）本月投产数量 = 600+60×100% −50 = 610（件）

（2）材料定额消耗量 = 610×10 = 6 100（千克）

（3）材料实际消耗量 = 6 800+400−200 = 7 000（千克）

（4）材料脱离定额差异 =（7 000−6 100）×6 = 5 400（元）

2. 直接人工费用脱离定额差异的计算

直接人工费用脱离定额差异的计算，因采用工资形式不同而有所区别。在计件工资形式下，生产工人工资属于直接计入费用，生产工人工资脱离定额差异的核算与原材料脱离定额差异的核算类似。按计件单价支付的工资就是定额工资。其计算公式如下：

直接人工定额费用 = 约当产量×计件单价

$$\text{计件单价} = \frac{\text{计划单位工时人工费用}}{\text{每工时产量定额}}$$

在计时工资制下，生产工人工资属于间接计入费用，其脱离定额差异不能在平时按照产品直接计算，只有在月末实际生产工人工资确定以后，才可按以下公式计算：

$$\text{某产品生产工资脱离定额的差异}=\text{该产品实际生产工资}-\text{该产品定额生产工资}$$

$$=\text{该产品实际生产工时}\times\text{实际小时工资率}-\text{该产品实际完成的定额生产工时}\times\text{计划小时工资率}$$

其中，$$\text{实际小时工资率}=\frac{\text{某车间实际生产工人工资总额}}{\text{该车间实际生产工时总额}}$$

$$\text{计划小时工资率}=\frac{\text{某车间计划产量的定额生产工人工资}}{\text{该车间计划产量的定额生产工时}}$$

$$\text{某产品实际完成的定额工时}=\left(\text{该产品本月完工产品产量}+\text{月末在产品约当产量}-\text{月初在产品约当产量}\right)\times\text{单位产品工时定额}$$

对符合定额的生产工人工资，应该反映在产量记录中。其他如废品损失、停工工资、女工哺乳期间的津贴等则属于工资定额差异。对脱离定额差异，通常反映在专设的补付单等差异凭证中。

【例 10-5】某企业生产甲产品，每工时产量定额 2 件，本月约当产量 2 000 件，计划每工时人工费 8 元，实际人工费 9 200 元。其直接人工费用脱离定额差异计算如下：

计件单价 = 8 ÷ 2 = 4（元/件）

甲产品定额工资 = 2 000 × 4 = 8 000（元）

甲产品实际工资脱离定额差异 = 9 200 − 8 000 = 1 200（元）

企业无论采用哪种工资形式，都应根据上述核算资料，按照成本计算对象汇总编制定额工资及脱离定额差异汇总表，表中汇总反映各种产品的定额工资、实际工资、工资差异，以及产生差异的原因，并据以登记有关的基本生产成本明细账。

3. 制造费用脱离定额差异的计算

制造费用通常与计时工资一样，属间接计入费用，其脱离定额差异不能在平时按照产品直接计算，只有在月末按照以下公式计算：

$$\text{某产品制造费用脱离定额差异}=\text{该产品制造费用实际分配额}-\text{该产品实际完成定额工时}\times\text{计划小时制造费用分配率}$$

制造费用属于间接费用，平时发生时先按车间进行归集，月末，才直接或分配计入产品成本。因此，在日常核算中，不能按照产品直接核算费用脱离定额的差异，只能根据费用计划，按照费用项目核算费用脱离计划的差异，月末可比照上述计时工资的计算公式计算确定。

（三）定额变动差异的核算

定额变动差异，是指由于修订消耗定额而产生的新旧定额之间的差额。定额成本的修订一般期初（月初、季初或年初）定期进行，新定额一般在月初开始实行，当月投入的产品费用，都应按新定额来计算脱离定额差异。但在定额变动的月份，月初在产品的定额成本仍然按照旧的定额计算，为了使按旧定额计算的月初在产品定额成本和按新定额计算的本月投入产品的定额成本，在新定额的同一基础上相加起来，以便计算产品的实际成本，必须计算月初在产品的定额变动差异，用以调整月初在产品的定额变动成本。因此，定额变动差异，是指月初在产品由于定额变动产生的差异。

定额变动的计算应分别成本项目进行计算。公式如下：

$$\text{月初在产品定额变动差异}=(\text{新定额}-\text{旧定额})\times\text{月初在产品中定额变动的零部件数量}$$

为简化计算工作，可按以下公式计算：

$$\text{定额变动系数}=\frac{\text{按新定额计算的单位产品费用}}{\text{按旧定额计算的单位产品费用}}$$

$$\text{月初在产品定额变动差异}=\text{按旧定额计算的月初在产品费用}\times(1-\text{定额变动系数})$$

【例 10-6】某企业甲产品的某些零件从 20××年 11 月 1 日起修订材料消耗定额，单位产品旧材料消耗定额 40 元，新材料消耗定额 36 元，该产品月初在产品按旧定额计算的材料定额成本 16 000 元。

甲产品材料消耗定额变动系数＝36÷40＝0.9

甲产品月初在产品材料消耗定额变动差异＝16 000×（1－0.9）＝160（元）

这种方法主要适用于企业零部件成套生产或零部件生产的成套性较大的产品。

对计算出的定额变动差异，应分别不同情况予以处理：

在消耗定额降低的情况下产生的差异，一方面，应从月初在产品定额成本中扣除；另一方面，还应将属于月初在产品生产费用实际支出的该项差异，加入本月产品成本中。

在消耗定额提高的情况下，月初在产品增值的差异应加入月初在产品定额成本之中，同时从本月产品成本中予以扣除。

（四）材料成本差异的计算

在定额法下，原材料的日常核算应按计划成本进行，原材料脱离定额差异只是以计划单价反映的消耗量上的差异（量差），未包括价格因素。因此，月末计算产品的实际原材料费用时，需计算所耗原材料应分摊的成本差异，即所耗原材料的价格差异（价差）。公式如下：

$$\text{某产品应分配的原材料成本差异}=\left(\text{该产品原材料定额费用}\pm\text{原材料脱离定额差异}\right)\times\text{材料成本差异率}$$

=实际消耗量×材料计划单价×材料成本差异率

【例 10-7】 某企业甲产品所耗原材料定额成本 1 500 元，材料脱离定额差异为超支 100 元，原材料的材料成本差异率 3%。

甲产品应负担的材料成本差异=（1 500+100）×3%=48（元）

甲产品耗用材料实际成本=材料定额成本+材料脱离定额差异+材料成本差异

=1 500+100+48=1 648（元）

（五）脱离定额差异、定额变动差异、材料成本差异的分配

月末，应在完工产品和月末在产品之间按照定额成本的比例对上述计算所得的脱离定额差异、定额变动差异以及材料成本差异进行分配。

计算公式如下：

$$\text{差异分配率}=\frac{\text{月初在产品差异}+\text{本月发生差异}}{\text{完工产品定额成本}+\text{月末在产品定额成本}}\times 100\%$$

完工产品应负担的差异=完工产品定额成本×差异分配率

月末在产品应负担的差异=月末在产品定额成本×差异分配率

在实际工作中，如果各种差异数额不大，或者差异虽然较大，但各月在产品数量比较均衡的情况下，则月末在产品可按定额成本计价，差异全部由当月完工产品负担。

四、应用定额法计算产品成本示例

【例 10-8】 新云机械厂大量大批生产甲产品，企业各项消耗定额比较健全、准确、稳定。为了加强定额管理和成本控制，企业决定采用定额法计算产品成本。原材料在生产开始时一次性投入。由于工艺技术的改进，于 20××年 10 月对 A 材料消耗定额进行修订，将 A 材料消耗定额 80 千克（材料费用定额 800 元），修订为 76 千克，新的材料费用定额 760 元，从 11 月份开始实行。

产品成本计算的其他有关资料如下：

（1）产品定额成本计算表，见表 10-11：

表 10-11　　**产品定额成本计算表**

产品名称：甲产品　　20××年 11 月　　单位：元

<table>
<tr><td colspan="2">材料编号及名称</td><td>计量单位</td><td>材料消耗定额</td><td>计划单价</td><td>材料费用定额</td></tr>
<tr><td colspan="2">A 材料</td><td>千克</td><td>76</td><td>10</td><td>760</td></tr>
<tr><td rowspan="2">工时定额</td><td colspan="2">直接人工</td><td colspan="2">制造费用</td><td rowspan="2">产品定额成本合计</td></tr>
<tr><td>工资率</td><td>金额</td><td>费用率</td><td>金额</td></tr>
<tr><td>40</td><td>8</td><td>320</td><td>3</td><td>120</td><td>1 200</td></tr>
</table>

（2）月初在产品定额成本和脱离定额差异表，见表10-12：

表10-12　　月初在产品定额成本和脱离定额差异表

产品名称：甲产品　　20××年11月　　单位：元

成本项目	定额成本	脱离定额差异
直接材料	8 000	−450
直接人工	1 600	30
制造费用	600	25
合　计	10 200	−395

（3）本月生产量和生产费用。

甲产品月初在产品10件，本月投产500件，本月完工产品488件，月末在产品12件；月初、月末在产品完工程度均为50%。

本月投入定额工时19 760小时。

根据限额领料单，实际领用材料37 600千克，金额376 000元，材料成本差异率2%，实际生产工人工资162 000元，制造费用63 800元。

要求：根据以上资料计算该企业20××年11月甲产品的成本，编制甲产品成本计算表。

解：产品成本计算如下：

（1）本月定额成本和脱离定额差异汇总表如下：

直接材料定额成本＝500×760＝380 000（元）

直接人工定额成本＝19 760×8＝158 080（元）

制造费用定额费用＝19 760×3＝59 280（元）

表10-13　　定额成本和脱离定额差异汇总表

产品名称：甲产品　　20××年11月　　单位：元

成本项目	定额成本	实际费用	脱离定额差异
直接材料	380 000	376 000	−4 000
直接人工	158 080	162 000	3 920
制造费用	59 280	63 800	4 250
合　计	597 360	601 800	4 170

（2）材料成本差异的计算：

甲产品材料成本差异=（380 000−4 000）×2%=7 520（元）

（3）月初定额变动差异计算：

甲产品定额变动系数=760÷800=0.95

月初定额变动差异=8 000×（1−0.95）=400（元）

（4）编制产品成本计算表，见表10-4：

表10-14　　**产品成本计算表**　　单位：元

成本项目		栏次	直接材料	直接人工	制造费用	合计
月初在产品成本	定额成本	(1)	8 000	1 600	600	10 200
	脱离定额差异	(2)	−450	30	25	−395
月初在产品定额变动	定额成本调整	(3)	−400			−400
	定额变动差异	(4)	400			400
本月生产费用	定额成本	(5)	380 000	158 080	59 280	597 360
	脱离定额差异	(6)	−4 000	3 920	4 250	4 170
	材料成本差异	(7)	7 520			7 520
生产费用合计	定额成本	(8)=(1)+(3)+(5)	387 600	159 680	59 880	607 160
	脱离定额差异	(9)=(2)+(6)	−4 450	3 950	4 275	3 775
	材料成本差异	(10)=(7)	7 520			7 520
	定额变动差异	(11)=(4)	400			400
	脱离定额差异分配率	(12)=(9)÷(8)	0.011 48	0.024 74	0.071 39	
产成品成本	定额成本	(13)	370 880	156 160	58 560	585 600
	脱离定额差异	(14)=(12)×(13)	−4 257.70	3 863.40	4 180.60	3 786.30
	材料成本差异	(15)=(10)	7 520			7 520
	定额变动差异	(16)=(11)	400			400
	实际成本	(17)	374 542.30	160 023.40	62 740.60	597 306.30
月末在产品成本	定额成本	(18)	16 720	3 520	1 320	22 560
	脱离定额差异	(19)=(9)−(14)	−192.30	86.60	94.40	−11.30

任务三　计算联产品、副产品、等级产品成本

一、计算联产品成本

（一）联产品的概念

联产品，是指用同一种原材料，经过同一个生产过程，生产出两种或两种以上在经济上具有同等地位，不同性质和用途的产品。如炼油厂的催化原油，经过催化，可以同时分别生产出汽油、轻柴油、重柴油和气体四种联产品。

原材料经过同一生产过程之后，从中分离出各种联产品，而联产品分离的这个点称为分离点，分离后的产品有的可直接销售，有的可能需要进一步加工后才能销售。

（二）联产品的成本计算方法

一般而言，联产品的成本计算可分两个阶段进行。

联产品在分离前可合并成一类产品，根据联产品的生产特点，采用适当的成本计算方法，如分类法汇集计算其成本，这一成本可称为“联合成本”。当产品分离时，将联合成本采用一定的分配方法在联合产品之间进行分配，求出各联产品应负担的联合成本。

有些联产品分离后还需进一步加工才能出售，这时，应采用适当的方法计算分离后的加工成本。因这一成本可辨明其承担主体，所以，又称为“可归属成本”。联产品应负担的联合成本与可归属成本之和即为该联产品的成本。

联产品成本构成，见图10-2。

（三）联产品联合成本的分配方法

从图10-2可以看出，联产品成本计算的关键是联合成本的分配。联合成本的分配方法主要有系数分配法、实物量分配法、相对销售价值分配法和净实现价值分配法等。其中，使用较多的是系数分配法。

1. 系数分配法

系数分配法，是指将各种联产品的实际产量按事先确定的系数（系数的确定与分类法中系数的确定相同）折算为标准生产量（相对生产量），然后，将联合成本按联产品的标准生产量比例进行分配的方法一种。用该方法分摊联产品的联合成本，其正确程度取决于系数的确定。决定系数的主要因素是分配标准和标准产品的

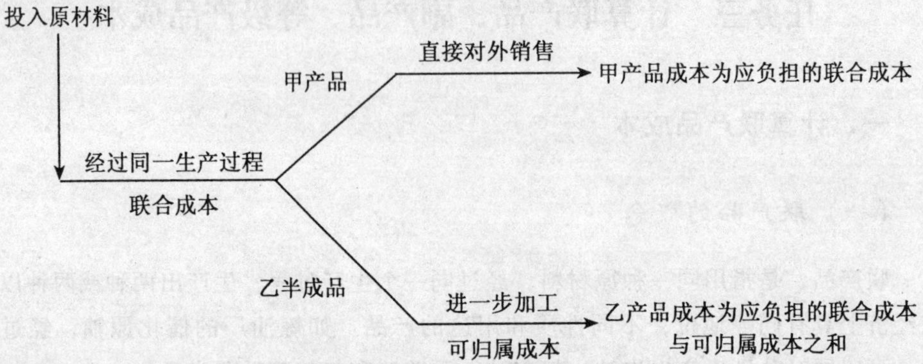

图 10-2　联产品成本构成图

确定。

2. 实物量比例分配法

实物量比例分配法，是指将产品的联合成本按各联产品之间的实际重量或数量比例进行分配的一种方法。这种方法的优点是简便易行，并且采用这种方法计算出的单位成本是平均单位成本，因此，各联产品的单位成本是一致的。这种分配方法的主要缺陷是：未考虑各联产品的特性和含量，未考虑成本发生是否与实物量直接相关，未考虑其各自的成本与销售价值之间应有的内在联系，这就有可能出现销售价值高的产品利润很高，而销售价值低的产品利润很低，甚至亏损的情况。这种分配方法一般适用于成本的发生与产量关系密切，而且各联产品销售价值较为均衡的联合成本的分配。

3. 销售价值比例分配法

销售价值比例分配法，是指将联合成本按各联产品的销售价值的比例进行分配的一种方法。其结果是各联产品可取得相对一致的毛利率。这种方法克服了实物量分配法的不足，但也存在着缺陷，主要是：并非所有的产品的售价高低都与该产品的成本直接相关，因此，价格较高的产品就不一定应该要负担较高的成本。另外，并非所有的联产品都具有同样的获利能力，若不分情况盲目采用这种方法，则可能对产品生产决策会带来不利影响。这种方法一般适用于分离后不再加工，而且价格波动不大的联产品成本计算。

4. 净实现价值比例分配法

净实现价值比例分配法，是指将联产品的联合成本按净实现价值的比例进行分配的一种方法。

净实现价值=产品销售价格−该产品可归属成本

由此公式可以看出，无须进一步加工的联产品，其净实现价值与其销售价格一致。若企业的某些联产品分离后仍需进一步加工方可销售，则这时联合成本的分配可考虑采用净实现价值分配法。

以上几种方法各有其优缺点，企业可根据具体情况，选择最合适的方法，达到成本计算合理、准确、简便易行的目的。

（四）计算联产品成本示例

【例 10-9】 新阳化工厂用某种原料经过同一生产过程同时生产出甲、乙两种联产品。20××年 11 月，共生产甲产品 300 000 千克，乙产品 200 000 千克。无期初、期末在产品。该月生产这些联产品的联合成本分别为直接材料 900 000 元，直接人工 324 000 元，制造费用 57 600 元。甲产品每千克售价 8 元，乙产品每千克售价 6 元。甲产品为标准产品，其单位定额成本系数 1，乙产品单位定额成本系数 0.9。联产品分离后甲、乙两种产品还需继续加工，其继续加工的成本分别为 100 000元和 50 000 元。当月生产的甲、乙产品已全部售出。

要求：根据所给资料，分别用实物量比例分配法、销售价值比例分配法、系数分配法、净实现价值比例分配法计算甲、乙两种产品的成本。

解：1. 采用实物量比例分配法计算

分配过程及结果，见表 10-15：

表 10-15　　**联产品成本计算表**

（实物量比例分配法）

产品名称	产量（千克）	成本项目				分配率（产量比例）	应分配成本（元）			
		直接材料	直接人工	制造费用	合　计		直接材料	直接人工	制造费用	合　计
甲	300 000					60%	540 000	194 400	34 560	768 960
乙	200 000					40%	360 000	129 600	23 040	512 640
合计	500 000	900 000	324 000	57 600	1 281 600	100%	900 000	324 000	57 600	1 281 600

甲产品分配率 = （300 000÷500 000）×100% = 60%

乙产品分配率 = （200 000÷500 000）×100% = 40%

2. 采用销售价值比例分配法计算

分配过程及结果，见表 10-16：

表 10-16　　联产品成本计算表

（销售价值比例分配法）

产品名称	产量（千克）	单位售价（元）	总售价（元）	分配率（总售价比例）	应分配成本（元）			
					直接材料	直接人工	制造费用	合计
甲	300 000	8	2 400 000	67%	603 000	217 080	38 592	858 672
乙	200 000	6	1 200 000	33%	297 000	106 920	19 008	422 928
合计	500 000		3 600 000	100%	900 000	324 000	57 600	1 281 600

甲产品分配率 =（2 400 000÷3 600 000）×100% ≈67%

乙产品分配率 =（1 200 000÷3 600 000）×100% ≈33%

3. 采用按系数分配法计算

分配过程及结果，见表 10-17：

表 10-17　　联产品成本计算表

（系数分配法）

产品名称	产量（千克）	单位定额成本系数	总系数	分配率（%）	应分配成本（元）			
					直接材料	直接人工	制造费用	合计
甲	300 000	1	300 000	62.5%	562 500	202 500	36 000	801 000
乙	200 000	0.9	180 000	37.5%	337 500	121 500	21 600	480 600
合计	500 000		480 000	100%	900 000	324 000	57 600	1 281 600

甲产品分配率 =（300 000÷480 000）×100% =62.5%

乙产品分配率 =（180 000÷480 000）×100% =37.5%

4. 采用净实现价值比例分配法计算

分配过程及结果，见表 10-18：

表 10-18　　联产品成本计算表

（净实现价值比例分配法）

产品名称	产量（千克）	单位售价（元）	总售价（元）	分离后追加成本（元）	净实现价值（元）	分配率（%）	应分配总成本（元）
甲	300 000	8	2 400 000	100 000	2 300 000	67%	858 672

续表

产品名称	产量（千克）	单位售价（元）	总售价（元）	分离后追加成本（元）	净实现价值（元）	分配率（%）	应分配总成本（元）
乙	200 000	6	1 200 000	50 000	1 150 000	33%	422 928
合计	500 000		3 600 000	150 000	3 450 000	100%	1 281 600

甲产品分配率＝（2 300 000÷3 450 000）×100%＝67%

乙产品分配率＝（1 150 000÷3 450 000）×100%＝33%

二、计算副产品成本

（一）副产品的概念

副产品，是指在同一生产过程中，使用同种原材料，在生产主要产品的同时，附带生产出的一些非主要产品，或利用生产中废料加工而成的产品，如大米加工中附带产出的米糠等。副产品不是企业生产的主要目的，其价值与主要产品相比较低，但它具有一定的使用价值，能满足社会某些方面的需要，而且客观上发生了耗费。因此，有必要采用一定的成本计算方法计算其成本，以保证主要产品成本计算的合理性。

（二）副产品成本的计算方法

一般而言，主副产品是在同一生产过程中形成的，很难划分两者的各自的生产费用。因此，可先将主副产品作为一类产品，采用与分类法相类似的方法成本计算成本，然后按照一定的方法和标准计算确定副产品成本，以扣除副产品成本后的成本作为主产品的成本。

副产品是随主要产品生产附带而来，其价值较低，根据重要性原则，可以采用简便的方法，将副产品按一定标准作价，从分离前的联合成本中扣除。副产品的计价通常有以下几种情形：

（1）对分离后不再加工的副产品，若价值不大（与主产品相比甚微），则可不负担分离前的联合成本，将副产品的销售收入直接列作其他业务收入处理。

（2）对分离后不再加工，但价值较高的副产品，可以按副产品的售价减去销售费、税金和销售利润后的金额计价，从联合成本中扣除。扣除方法，可以从材料成本项目中一笔扣除，也可以按比例从各成本项目中扣除。对利用废料经过简单加工制成的副产品，可以将其成本从全部成本的原材料项目中扣除，不再按各项目扣除。

（3）对分离后仍需进一步加工才能出售的副产品，如价值较小，可考虑只负担可归属成本；如价值较高，则需同时负担可归属成本和分离前的联合成本，以保证主要产品成本计算的合理性。

（三）计算副产品成本示例

【例 10-10】 绿源粮油加工厂在利用油菜子加工菜子油过程中，附带生产出副产品油渣饼，并直接对外销售，每千克油渣饼减去销售费、税金和销售利润后售价 0.3 元。20××年 11 月的菜子油产量 30 000 千克，油渣饼 30 000 千克。为生产菜子油产品所发生的费用资料，见表 10-19：

表 10-19　　　　　　　　**基本生产成本明细账**

产品类别：菜子油加工　　　　　20××年 11 月　　　　　　　　单位：元

项　目	直接材料	直接人工	制造费用	合　计
月初在产品	—	—	—	—
本月发生费用	420 000	30 000	150 000	600 000

解：根据上述资料，菜子油和油渣饼的总成本和单位成本的计算，见表 10-20：

表 10-20　　　　　　　　**主副产品成本计算表**　　　　　　　　单位：元

项　目		行次	直接材料	直接人工	制造费用	合　计
菜子油	月初在产品	1	—	—	—	0
	本月发生费用	2	420 000	30 000	150 000	600 000
	合　计	3	420 000	30 000	150 000	600 000
费用项目比重（%）		4	70	5	25	100
油渣饼	总成本	5	6 300	450	2 250	9 000
	单位成本	6	0.21	0.015	0.075	0.30
菜子油	总成本	7	413 700	29 550	147 750	591 000
	单位成本	8	13.79	0.985	4.925	19.70

油渣饼总成本＝30 000×0.30＝9 000（元）

直接材料成本＝9 000×70%＝6 300（元）

直接人工成本＝9 000×5%＝450（元）

制造费用＝9 000×25%＝2 250（元）

菜子油总成本=600 000-9 000=591 000（元）

【例 10-11】 某企业在生产 A 产品（主产品）的过程中，还生产出可以制造 B 产品（副产品）的原料。这种原料经过加工处理后，即成为 B 产品。A、B 产品在同一车间进行生产。B 产品的原料按固定单价每千克 0.5 元计价，20××年 11 月共产出 A 产品（主产品）100 000 千克，B 产品（副产品）的原料 20 000 千克，A、B 产品月初、月末在产品均按原料的定额成本计价，A 产品月初在产品定额成本 24 000 元，B 产品月初在产品定额成本 800 元，A 产品月末在产品定额成本 30 000元，B 产品月末在产品定额成本 1 000 元。有关主副产品本月成本资料，见表 10-21、表 10-22：

表 10-21　　**基本生产成本明细账**

产品名称：A 产品　　20××年 11 月　　单位：元

摘　要	直接材料	直接人工	制造费用	合　计
月初在产品成本	24 000			24 000
本月生产费用	876 000	98 000	62 000	1 036 000
生产费用合计	900 000	98 000	62 000	1 060 000

表 10-22　　**基本生产成本明细账**

产品名称：B 产品（副产品）　　20××年 11 月　　单位：元

摘　要	直接材料	直接人工	制造费用	合　计
月初在产品成本	800			800
本月生产费用		2 000	3 200	
本月费用合计		2 000	3 200	

要求：根据上述资料分配计算 A 、B 两种产品的成本。

解：根据上述资料 A、B 产品的成本计算，见表 10-23、表 10-24：

表 10-23　　**基本生产成本明细账**

产品名称：A 产品（主产品）　　20××年 11 月　　单位：元

摘　要	直接材料	直接人工	制造费用	合　计
月初在产品成本	24 000			24 000
本月生产费用	876 000	98 000	62 000	1 036 000
生产费用合计	900 000	98 000	62 000	1 060 000

续表

摘　　要	直接材料	直接人工	制造费用	合　　计
结转副产品成本	10 000			
转出完工产品总成本	890 000	98 000	62 000	1 050 000
完工产品单位成本	8.90	0.98	0.62	10.50
月末在产品成本	30 000			

结转副产品成本＝20 000×0.5＝10 000（元）

表 10-24　　　　基本生产成本明细账

产品名称：B 产品（副产品）　　20××年 11 月　　单位：元

摘　　要	直接材料	直接人工	制造费用	合　　计
月初在产品成本	800			800
本月生产费用	10 000	2 000	3 200	15 200
本月费用合计	10 800	2 000	3 200	16 000
转出产品成本	9 800	2 000	3 200	15 000

联产品与副产品之间的联系，主要表现在它们都是联合生产过程的产物，都是投入相同的原材料，经过同一生产过程而产生的。联产品与副产品的区别主要是价值，联产品的价值一般较大，而副产品的价值一般较小。对企业而言，联产品和副产品的划分并非一成不变。在实际工作中，很难有什么绝对的标准来判断该企业的某产品是联产品还是副产品。在会计处理上，如果有必要，则可将有些副产品按联产品处理。

三、计算等级产品成本

（一）等级产品的概念

等级产品，是指利用同种原料，经过相同加工过程，生产出来的品种相同，但质量不同的产品。等级产品产生的原因主要有两种：

一是由于操作工人技术不熟练、不慎、生产管理不善等主观原因造成的。

二是由于材料质量不同、工艺技术上的要求不同或目前生产技术条件所限等客观因素造成的。

等级产品和废品是两个不同的概念，等级产品是合格品，而废品是非合格品。

（二）等级产品成本的计算方法

等级产品成本的计算方法应根据等级产品造成的原因而定。对于由于工人操作技术不熟练、不慎、生产管理不善等主观原因造成的等级产品，其成本不应有差别，即不同等级的产品应具有相同的单位成本；若是由于原材料质量或生产工艺等客观因素造成的等级产品，则其单位成本就应该有所区别。一般采用系数分配法分配计算各等级产品的成本。

（三）计算等级品成本示例

【例 10-12】 中天工业公司一分厂于 20××年 11 月生产 A 产品，由于客观原因，在生产中出现了不同等级的产品。本月生产的 A 产品实际产量 800 件，其中，一等品 200 件；二等品 500 件；三等品 100 件。各种等级的 A 产品的市场售价为：一等品售价 42 元；二等品售价 35 元；三等品售价 28 元。企业确定二等品为标准产品，系数定为“1”，按各等级产品的售价计算一等品、三等品的系数。本月，A 产品的总成本 20 008 元（为了简化成本计算，不分成本项目计算）。

要求：根据以上资料，采用系数分配法进行 A 产品的各等级品成本计算。

解：采用系数分配法计算各等级品成本结果，见表 10-25：

表 10-25 **等级产品成本计算单**

产品名称：A 产品 20××年 11 月 单位：元

产品等级	产品产量	系 数	相对产量	分配率	各等级产品总成本	各等级产品单位成本
一等品	200	1.2	240		5 856	29.28
二等品	500	1	500		12 200	24.40
三等品	100	0.8	80		1 952	19.52
合计	800		820	24.4	20 008	

如果不同质量等级的产品，是由于生产工人违规操作、技术不熟练或管理不善等主观原因所造成的，则其成本不应有别，而应采用实物量分配法计算各等级品成本。仍以【例 10-12】的资料为例，A 产品各等品的成本计算结果，见表 10-26：

表 10-26　　等级品成本计算单（实物量分配法）

产品名称：A 产品　　20××年 11 月　　单位：元

产品等级	产品产量	分配率	各等级产品总成本	各等级产品单位成本
一等品	200		5 002	25.01
二等品	500		12 505	25.01
三等品	100	25.01	2 501	25.01
合计	800		20 008	

知识归纳

产品成本计算分类法，是指以产品的类别作为成本计算对象来归集生产费用，先计算出每类完工产品总成本，再按一定标准分配计算出类内各种产品成本的一种成本计算方法。

产品成本计算分类法的特点：

（1）以产品类别为成本计算对象，设置基本生产成本明细账；

（2）产品成本计算期依企业生产特点与管理要求而定；

（3）月末一般应将生产费用在完工产品和在产品之间进行分配。

分类法适用于用同样原材料、经过同样工艺过程生产出来的品种、规格、型号繁多，但又能够按照一定标准进行分类的产品，如针织厂、鞋厂、灯泡厂等。

分类法并不是一种独立的基本成本计算方法，它要根据各类产品的生产工艺特点和管理的要求，与品种法、分批法、分步法结合使用。

分类法计算产品成本的程序：

（1）合理确定产品类别，按产品类别设立生产成本明细账；

（2）按产品类别归集生产费用，计算各类产品的总成本；

（3）采选用合理的分配标准，分别将每类产品的总成本在类内各种产品之间进行分配，计算每类产品内各种产品的总成本和单位成本。

类内各种产品之间分配费用的标准，一般有定额消耗量、定额费用、售价，以及产品的体积、长度和重量等。

在选择分配标准时，应遵循相关性原则，考虑分配标准是否与产品成本的高低有密切的联系。

为了简化类内产品之间成本费用分配工作，在实际工作中，通常将分配标准折算成相对固定的系数，按照固定的系数分配同类产品内各种产品的成本，这种方法叫做系数分配法。

系数，是指各种规格产品之间的比例关系。系数分配法的关键是合理确定系数。

系数分配法的应用步骤是：

（1）确定分配标准；

（2）将分配标准折算成固定系数；

（3）计算出按标准产品折算的产量；

其计算公式如下：

$$标准产品总量(总系数)=\sum(类内各种产品的实际产量\times各自系数)$$

（4）按标准产品总量（或总系数）分配类内各种（或各规格）产品的成本。系数分配法计算产品成本时，还可以进一步采用系数比例法和系数分配率法。

产品成本计算定额法是为了及时反映和监督产品成本脱离定额成本的差异，配合和加强定额管理，以定额成本为目标成本，及时揭示生产费用脱离定额的差异，加强成本控制，并根据定额成本、脱离定额差异和定额变动差异计算产品实际成本的一种成本计算和成本控制的方法。

与分类法一样，产品成本计算定额法并非一种基本的成本计算方法，它是在品种法、分步法、分批法的基础上，运用一种特殊汇集费用的技术，计算产品成本的方法。

采用定额法计算产品成本，能及时揭示差异，提供有关成本形成动态的各种信息；有助于促使企业控制和节约费用。这种方法一般适用于企业定额管理制度较健全，而且产品生产定额、消耗定额比较准确、稳定的企业。

定额法的特点：

（1）产品的各项消耗定额、费用定额和定额成本应事先制定；

（2）产品实际成本由定额成本、定额差异和定额变动三个部分相加而组成；

（3）应分别定额成本、定额差异和定额变动三个方面将每月的生产费用分配于完工产品和在产品。

（4）在定额法下，可为成本的定期分析和考核提供依据。

在定额法下，计算产品实际成本的基本公式为：

产品实际成本=产品定额成本±脱离定额差异±材料成本差异±定额变动差异

定额法计算产品成本的程序：

（1）制定产品定额成本；

（2）按成本计算对象设置产品“基本生产成本明细账”，明细账专栏内各成本项目应分设“定额成本”、“脱离定额差异”、“定额变动差异”等各小栏。

（3）在生产费用发生时，将其划分为定额成本和定额成本差异两个部分，分别编制凭证，予以汇总。

（4）按确定的成本计算的基本方法，汇集、结转各项费用的定额成本差异，并按一定标准在完工产品与在产品之间进行分配。

（5）将本月完工产品的定额成本加减各种差异，调整计算出完工产品的实际成本。

在采用定额成本法计算产品成本时，决定产品成本的因素有四个：即定额成本、脱离定额的差异、定额变动的差异、材料成本差异。

产品的定额成本一般由企业的计划、技术、会计等部门共同制定。

产品的定额成本计算公式如下：

产品直接材料定额成本=直接材料定额耗用量×材料计划单价=本月投产量×单位产品材料消耗定额×材料计划单价

产品直接人工定额成本=产品定额工时×计划工资率=产品约当产量×单位产品工时定额×计划工资率

产品制造费用定额=产品定额工时×计划费用率=产品约当产量×单位产品工时定额×计划费用率

定额成本与计划成本的异同：

相同之处：二者都是以产品生产耗费的消耗定额和计划价格确定目标成本的。

不同之处：计算计划成本的消耗定额是计划期内平均消耗定额，也称为计划定额，在计划期内通常不变。定额成本的消耗定额则是现行消耗定额，它应随着技术进步和劳动生产率提高不断修订。

脱离定额差异的计算，包括材料脱离定额差异的计算、直接人工费用脱离定额差异的计算、制造费用脱离定额差异的计算。

定额变动差异，是指由于修订消耗定额而产生的新旧定额之间的差额。

联产品，是指用同一种原材料，经过同一个生产过程，生产出两种或两种以上在经济上具有同等地位、不同性质和用途的产品。

联合成本的分配方法主要有系数分配法、实物量分配法、相对销售价值分配法和净实现价值分配法等。其中，使用较多的是系数分配法。

副产品，是指在同一生产过程中，使用同种原材料，在生产主要产品的同时，附带生产出的一些非主要产品，或利用生产中废料加工而成的产品。

副产品的计价通常有以下几种情形：

（1）对分离后不再加工的副产品，若价值不大（与主产品相比甚微），则可不负担分离前的联合成本，将副产品的销售收入直接列作其他业务收入处理。

（2）对分离后不再加工，但价值较高的副产品，可以按副产品的售价减去销售费、税金和销售利润后的金额计价，从联合成本中扣除。

（3）对分离后仍需进一步加工才能出售的副产品，若价值较小，则可考虑只负担可归属成本；若价值较高，则需同时负担可归属成本和分离前的联合成本，以保证主要产品成本计算的合理性。

等级产品，是指利用同种原料，经过相同加工过程，生产出来的品种相同，但质量不同的产品。等级产品产生的原因主要有两种：一是由于操作工人技术不熟练、不慎、生产管理不善等主观原因造成；二是由于材料质量不同、工艺技术上的要求不同或目前生产技术条件所限等客观因素造成。

等级产品成本的计算方法应根据等级产品造成的原因而定。对于由于工人操作技术不熟练、不慎、生产管理不善等主观原因造成的等级产品，其成本不应有差别，即不同等级的产品应具有相同的单位成本；若是由于原材料质量或生产工艺等客观因素造成的等级产品，则其单位成本就应该有所区别。一般采用系数分配法分配计算各等级产品的成本。

知识考量与技能训练

一、单项选择题

1. 产品成本计算分类法适用于(　　)。

A. 品种、规格繁多的产品　B. 品种、规格繁多,并可按一定标准分类的产品

C. 大量大批生产的产品　D. 可按一定标准分类的产品

2. 系数分配法下的分配标准是(　　)。

A. 产品的体积　B. 产品售价

C. 产品定额成本　D. 总系数或标准产量

3. 由于违规操作，或者技术不熟练等主观原因所造成的不同质量等级的产品一般采用(　　)。

A. 实物数量比例分配法　B. 销售收入分配法

C. 系数分配法　D. 标准产量分配法

二、多项选择题

1. 在系数分配法下，可选用的确定系数的标准有(　　)。

A. 定额消耗量、定额工时等产品生产的各种定额消耗指标

B. 产品的重量、体积、长度等经济技术指标

C. 产品的定额成本、计划成本等成本指标

D. 产品的售价等收入指标

2. 常用的联产品的联合成本分配方法有(　　)。

A. 系数分配法　B. 实物量分配法

C. 可实现净值分配法　D. 销售价值分配法

3. 等级产品，是指(　　)。

A. 使用同一种原材料

B. 使用不同的原材料

C. 采用不同的生产工艺技术生产出来的品种相同而质量不同的产品

D. 经过同一生产过程生产出来的品种相同而质量不同的产品

三、实务操作题

（一）目的：练习分类法计算产品成本

资料：康达制造厂所生产的产品品种规格繁多，但能按产品结构分为甲、乙两大类。企业决定采用分类法计算产品成本，每类产品的月末在产品均按所耗直接材料的定额成本计算，其他费用全部由完工产品负担。20××年 12 月有关资料如下，见表 10-27 至表 10-30：

表 10-27　　**直接材料定额成本**　　单位：元/件

产品类别	定额成本
甲类产品	60
乙类产品	80

表 10-28　　**产量和单位定额成本**

产品类别	规格	产量（件）	单位定额成本（元）
甲类产品	K110	200	120
	K100（标准品）	600	100
	K90	300	80
乙类产品	Y42	300	200
	Y40（标准品）	1 000	180
	Y38	600	160

表 10-29　　**月初在产品成本及本月发生费用**

产品类别	月初在产品直接材料定额成本	本月发生费用			
		直接材料	直接人工	制造费用	合　计
甲类产品	4 800	65 600	43 000	23 000	131 600
乙类产品	7 200	168 400	132 000	102 000	402 400

表 10-30　　**月末在产品数量及单位定额成本**

产品类别	数量（件）	单位定额成本（元）	定额成本（元）
甲类产品	120	60	7 200
乙类产品	140	80	11 200

要求：登记"基本生产成本明细账"，完成甲、乙两类产品成本和类内各种产品成本计算。

（1）登记甲、乙两类产品的"基本生产成本明细账"，见表10-31、表10-32：

表10-31　　基本生产成本明细账

产品类别：甲类产品　　单位：元

年		摘　　要	直接材料	直接工资	制造费用	合　　计
月	日					
		期初在产品成本（定额成本）				
		本月生产费用				
		生产费用合计				
		本月完工产品成本				
		期末在产品成本（定额成本）				

表10-32　　基本生产成本明细账

产品类别：乙类产品　　单位：元

年		摘　　要	直接材料	直接工资	制造费用	合　　计
月	日					
		期初在产品成本（定额成本）				
		本月生产费用				
		生产费用合计				
		本月完工产品成本				
		期末在产品成本（定额成本）				

（2）计算各类产品的类内各种产品的系数，见表10-33：

表10-33　　各类产品类内各种产品系数计算表

产品类别	规格	产量（件）	单位定额成本（元）	系数	标准产量	小　计
甲类产品	K110					
	K100					
	K90					

续表

产品类别	规格	产量（件）	单位定额成本（元）	系数	标准产量	小　计
乙类产品	Y42					
	Y40					
	Y38					

（3）计算各种产品的总成本和单位成本，见表 10-34：

表 10-34　　类内产成品成本计算表

年　　月　　金额单位：元

项　目	产量（件）	总系数	直接材料分配额	直接工资分配额	制造费用分配额	产品总成本	产品单位成本
甲类产品							
分配率							
K110							
K100							
K90							
合计							
乙类产品							
分配率							
Y42							
Y40							
Y38							
合计							

（二）目的：练习原材料脱离定额差异的计算

资料：风光厂生产甲产品，本月期初在产品 30 台，本月完工产量 200 台，期末在产品数量 20 台，原材料在开工时一次性投入，单位产品材料消耗定额 800 千克，材料计划单价 20 元/千克。本月材料限额领料凭证登记数量 152 000 千克，实际领用 150 000 千克，期初车间有余料 1 000 千克，期末车间盘存余料 500 千克。

要求：计算该厂本月甲产品的原材料定额费用及脱离定额差异。

（三）目的：练习人工费脱离定额差异的计算

资料：风光厂生产甲产品，单位产品的工时定额 40 小时，本月实际完工产品产量 500 件。月末在产品数量 20 件，完工程度为 50%；月初在产品数量 10 件，完工程度为 60%。计划工时人工费 10 元，实际的生产工时 22 000 小时，实际工时人工费 10.50 元。

要求：计算甲产品人工费的定额费脱离定额差异。

（四）目的：练习定额法下完工产品成本及月末在产品成本的计算

资料：风光厂乙产品采用定额法计算成本。本月份有关乙产品原材料费用的资料如下：

（1）月初在产品定额费用 14 000 元，月初在产品脱离定额的差异为节约 200 元，月初在产品定额费用调整为降低 20 元。定额变动差异全部由完工产品负担。

（2）本月定额费用 56 000 元，本月脱离定额的差异为超支 400 元。

（3）本月原材料成本差异为超支 2%，材料成本差异全部由完工产品负担。

（4）本月完工产品的定额费用 60 000 元。

要求：

1. 计算月末在产品原材料定额费用。
2. 分配原材料脱离定额差异。
3. 计算本月原材料费用应分配的材料成本差异。
4. 计算本月完工产品和月末在产品成本应负担的原材料实际费用。

项目十一　成本报表与成本分析

学习目标

知识目标

了解成本报表概念、种类及其编制要求

熟悉成本报表的编制方法

能力目标

掌握各种成本报表分析方法

熟练掌握因素分析法（连环替代法）在成本报表分析中的应用

掌握产品生产成本表的编制和分析

掌握主要产品单位成本表的编制和分析

任务一　认知成本报表

一、成本报表概念和作用

（一）成本报表的概念

成本报表是根据日常成本核算资料及相关资料编制的，用以反映企业一定期间生产费用支出情况与产品成本水平及其构成情况的会计报表。在市场经济条件下，企业成本报表编制主要以满足企业内部经营管理与决策需要为目标。

（二）成本报表的作用

成本会计报表的主要作用是向企业决策者、企业内部各管理职能部门和上级主管机构提供有关成本的综合信息，用以加强成本管理，提高经济效益。

通过成本报表提供的信息，能够了解企业成本管理的状况及其发展趋势，以及成本计划的执行情况，有利于企业决策者、企业内部各管理职能部门观察、分析、考核成本的动态，控制计划成本目标的实现；为考核评定企业各部门和职工工作质量提供重要依据；通过成本报表对报告期成本计划的完成情况进行系统的总结分析，为下期成本计划的制订及成本管理措施的改善提供重要的依据。

企业上级主管机构通过企业成本报表提供的信息，可以了解和监督所属企业对国家有关方针、政策以及法规的执行情况；对上级的决策、计划及要求的贯彻落实情况，以便及时加强指导与调控，促进各所属企业不断提高成本管理水平。

二、成本报表的特点和种类

（一）成本报表的特点

1. 编制成本报表以满足企业内部经营管理与决策的需要为目标

在市场经济条件下，企业的成本信息属于企业的重要商业秘密，因此，国家在计划经济时期要求企业定期对外提供成本报表的规定早已取消。但是，企业不再对外报送成本报表，不等于不需要编制成本报表。为了满足企业内部管理者、成本责任单位和责任人对成本信息的需求，企业还必须认真编制好成本报表。

2. 成本报表编制具有较强的自主性和灵活性

企业的对外报表在内容及格式等方面一般都由国家统一规定，强调规范性、统一性和完整性。而成本报表属内部报表，国家没有统一的编报时间、种类、格式、项目和内容要求，因此，各企业可以根据自身成本管理需要，自行设计和规定成本报表的种类、内容、格式及编报时间。

（二）成本报表的种类

前已述及，由于成本报表主要是服务于企业内部经营管理目的的报表，因此，成本报表的种类、格式、内容、编制时间等均可由企业根据其生产特点和管理要求自行规定。因此，不同企业的成本报表种类可以是不一样的。目前，在工业企业中比较常见的成本报表主要有：商品产品成本表、主要产品单位成本表、制造费用明细表、管理费用明细表、财务费用明细表、销售费用明细表以及其他成本报表等。

1. 商品产品成本表

商品产品成本表，是揭示企业在报告期内生产的全部商品产品总成本的报表。按其揭示的指标内容不同，商品产品成本表又可分为三种格式：一是按成本项目反映；二是按产品种类反映；三是按成本性态反映。

（1）按成本项目反映的商品产品成本表，是按成本项目汇总反映企业在报告期内发生的全部生产费用以及商品产品生产总成本的报表，其格式，见表11-1：

表11-1 商品产品成本表（按成本项目反映）

填报单位： 年 月 单位：元

项 目	上年实际	本年计划	本月实际	本年累计实际
生产费用				
直接材料费用				
直接人工费用				
制造费用				
生产费用合计				
加：在产品、自制半成品期初余额				
减：在产品、自制半成品期末余额				
商品产品生产成本合计				

商品产品成本表（按成本项目反映）的主要作用：

该表能够揭示企业报告期内全部商品产品生产费用的支出情况和各项费用的构成情况，通过该表可以对企业的生产费用进行一般评价；将该表12月份本年累计实际生产费用与本年计划数相比较，可以考核、分析年度生产费用计划的执行情况，以及本年生产费用比上年升降情况；将该表12月份本年累计实际商品产品生产成本与本年计划数和上年实际数相比较，可以考核、分析年度商品产品总成本计划的执行结果，以及本年商品产品生产总成本比上年的升降情况，并据以分析影响成本升降的各项因素。

（2）按产品种类反映的商品产品成本表，是按产品种类汇总反映企业在报告期内的全部商品产品的单位成本和总成本的报表。其格式，见表11-2。

全部商品产品成本表（按产品种类反映）的主要作用：

通过该表可以分析、考核企业各类产品和全部商品产品本月和本年累计的成本计划的执行结果，并对各类产品成本和全部商品产品成本的节约或超支情况进行一般评价；可以分析、考核各种可比产品和全部可比产品本月和本年累计的成本与上年相比的升降情况；可以了解哪些产品成本超支较多，为进一步进行产品单位成本分析指明方向；对于规定有可比产品成本降低计划的产品，可以分析、考核可比产品成本降低计划的执行情况，促使企业采取措施，不断降低产品成本。

（3）按成本性态反映的商品产品成本报表。

成本性态，是指成本变动与业务量之间的依存关系，按照成本与业务量的依存关系，成本可分为固定成本、变动成本和半变动成本三类。

表 11-2　　**全部商品产品成本表(按产品种类反映)**

填制单位：　　20××年 11 月

产品名称	计量单位	实际产量(件)		单位成本(元)				本月总成本(元)			本年总成本(元)		
		本月	本年累计	上年实际平均	本年计划	本月实际	本年累计平均	按上年实际平均单位成本计算	按本年计划单位成本计算	本月实际	按上年实际平均单位成本计算	按本年计划单位成本计算	本年实际
		①	②	③	④	⑤=⑨/①	⑥=⑫/②	⑦=①×③	⑧=①×④	9	⑩=②×③	⑪=②×④	12
一、可比产品合计								25 500	24 600	24 000	550 000	531 000	534 400
其中:甲	台	80	1 800	200	195	190	198	16 000	15 600	15 200	360 000	351 000	356 400
乙	台	100	2 000	95	90	88	89	9 500	9 000	8 800	190 000	180 000	178 000
二、不可比产品合计								5 600	6 000			28 000	30 000
其中:丙	台	20	100	300	280				5 600	6 000		28 000	30 000
全部商品产品成本									3 020	30 000	550 000	559 000	564 400

按成本性态反映的商品产品成本报表，是反映企业在报告期内发生的全部生产成本费用（按成本性态反映）和各成本性态（分别反映变动费用和固定费用）的成本费用。其格式，见表11-3：

表11-3　　商品产品成本表（按成本性态反映）

填制单位：　　年　月　　单位：元

项　目	上年实际	本年计划	本月实际	本年累计实际
变动费用：				
直接材料费用				
直接人工费用				
制造费用				
变动费用合计				
固定费用：				
固定制造费用				
加：在产品、自制半成品期初余额				
减：在产品、自制半成品期末余额				
商品产品生产成本合计				

2. 主要产品单位成本表

主要产品单位成本表，是揭示企业在报告期内生产的各种主要产品的单位成本构成及其变动情况的会计报表。该表应按主要产品分别编制，是商品产品成本表（按产品类别反映）中某些主要产品成本的进一步反映。其格式，见表11-4：

表11-4　　主要产品单位成本表

年　月

填制单位：　　产品销售单价

产品名称：　　本月实际产量

产品规格：　　本年累计实际产量

计量单位：　　单位：元

成本项目	历史先进水平	上年实际平均	本年计划	本年实际	本年累计实际平均
直接材料					
直接人工					
制造费用					

续表

成本项目	历史先进水平	上年实际平均	本年计划	本年实际	本年累计实际平均
生产成本					
主要经济技术指标					
1.……					
2.……					

主要产品单位成本表的主要作用：

通过主要产品单位成本表，可以按照成本项目考核主要产品单位成本计划的执行结果，分析各成本项目单位成本节约或者超支的原因；可以按照成本项目将本月实际单位成本和本年累计实际平均单位成本与上年实际平均单位成本和历史先进单位成本进行对比，了解其比上年的升降情况，与历史先进水平是否还有差距，据此分析单位成本变化、发展趋势；可以分析、考核主要产品的主要技术经济指标的执行情况。

3. 制造费用明细表

制造费用明细表是揭示企业在报告期内发生的全部制造费用及其构成情况的报表。其格式，见表11-5：

表11-5　**制造费用明细表**

填制单位：　　年　　月　　单位：元

项　　目	行次	本年计划数	上年实际数	本年实际数
职工薪酬费	1			
折旧费	2			
修理费	3			
租赁费	4			
机物料消耗	5			
低值易耗品摊销	6			
水电费	7			
办公费	8			
差旅费	9			
运输费	10			
保险费	11			

续表

项　　目	行次	本年计划数	上年实际数	本年实际数
劳动保护费	12			
季节性修理期间的停工损失	13			
其　他	14			
合　计	15			

4. 期间费用明细表

期间费用明细表是揭示企业报告期各项期间费用情况的报表，包括管理费用明细表、财务费用明细表和销售费用明细表。其格式，见表 11-6、表 11-7、表 11-8：

表 11-6　　管理费用明细表

填制单位：　　年　月　　单位：元

费用项目	本月实际	本月计划	节（–）或超（+）
1. 职工薪酬费			
2. 水电费			
3. 折旧费			
4. 办公费			
5. 差旅费			
6. 保险费			
7. 工会经费			
8. 业务招待费			
9. 低值易耗品摊销			
10. 物料消耗			
11. 无形资产摊销			
12. 车船使用税			
13. 房产税			
14. 印花税			
15. 其　他			
合　计			

表 11-7　　　　销售费用明细表

填制单位：　　　　年　　月　　　　单位：元

项　目	行次	本年计划	本月实际	上年实际
工资				
折旧费				
修理费				
物料消耗				
低值易耗品摊销				
办公费				
差旅费				
销售佣金				
代销手续费				
运输费				
装卸费				
包装费				
保险费				
广告费				
租赁费				
销售服务费				
其　他				
合　计				

表 11-8　　　　财务费用明细表

填制单位：　　　　年　　月　　　　单位：元

月　份	合计	利息支出	利息收入	利息净支出	汇兑损失	汇兑收益	汇兑净损失	银行手续费	其　他
	①=④+⑦+⑧+⑨	②	③	④=②−③	⑤	⑥	⑦=⑤−⑥	⑧	⑨
1月									
2月									
3月									

续表

月 份	合 计	利息支出	利息收入	利息净支出	汇兑损失	汇兑收益	汇兑净损失	银行手续费	其 他
	①=④+⑦+⑧+⑨	②	③	④=②-③	⑤	⑥	⑦=⑤-⑥	⑧	⑨
4月									
5月									
6月									
7月									
8月									
9月									
10月									
11月									
12月									
合计									
上期数									
变动额									
变动比例									

制造费用明细表、管理费用明细表、财务费用明细表以及销售费用明细表采用的分析方法基本相同，都可以采用对比分析法按费用项目对本期费用和上期费用进行对比，了解费用的增减变化情况；也可以与本期计划对比，了解本期费用计划的执行情况，分析超支和节约的原因；还可以采用结构分析法分析各项费用的构成是否合理，并比较各项费用比重的增减变化，对占比重较大以及增减变化较大的费用进行重点分析，找出其增减变化的原因，以便采取措施，降低费用的发生。

5. 其他成本报表

各企业还可以根据本企业的生产特点和管理要求，设计和编制其他有利于实施成本控制和考核的报表，如生产情况表、材料成本考核表、人工成本考核表等，此处从略。

任务二　分析成本

一、成本分析的作用

（一）成本分析概念

成本分析，是指利用成本核算及其他有关资料，对成本指标所进行的分析。成本分析的主要目的是分析成本水平及其构成的变动情况，查找影响成本升降的各种因素及其变动原因，提出降低成本具体措施，为编制成本计划和制定经营决策提供重要依据。成本分析是成本管理的重要组成部分。

成本分析按实施分析的时段分，分为事前分析、事中分析和事后分析。成本的事前分析，是指在生产经营活动开始之前所进行的成本预测性分析；成本的事中分析，是指对正在执行的成本计划的状况所进行的分析；成本的事后分析，是指对成本实际执行的结果所作的分析。

（二）成本分析的作用

（1）通过成本的事前分析，可使企业的成本控制有明确的目标。

（2）通过成本的事中分析，能够及时发现实际成本支出脱离计划（目标）成本的差异（尤其是不利差异）及原因，以便及时采取有效措施加以调控，保证成本计划（目标）的实现。

（3）通过事后全面成本分析，可以评价企业报告期成本计划的执行结果，考核成本管理业绩，总结经验教训，兑现奖惩，为编制下期成本计划和制定经营决策奠定重要基础。

二、成本分析的任务

企业成本分析的任务是由企业成本管理的需要所决定的。企业成本分析的主要任务是：正确计算考量成本计划的执行结果，计算产生的差异；查找并揭示产生成本差异的各种因素及其原因；对成本计划的执行情况作出全面客观评价；提出进一步改善成本管理水平，降低成本的途径和方法。

三、成本分析的技术方法

成本分析可供选择的技术方法（也称数量分析方法）很多，常用的有对比分析法、因素分析法、比率法和相关分析法等。企业应根据分析的目的，分析对象的特点，掌握的资料等情况确定应采用哪种方法进行成本分析。

（一）对比分析法

对比分析法是根据报告期实际成本指标与不同时期的指标进行对比，来揭示差异，并分析差异产生原因的一种方法。对比分析法是成本分析中最常用的方法。在对比分析中，可用本期实际指标与计划指标、与上期（或上年同期，历史最好水平）实际指标、与国内外同类型企业的先进指标进行对比。成本的对比分析最关键的是对比指标的可比性。通过对比分析，可以了解企业成本的升降情况及其发展趋势，查明原因，找出差距，提出进一步改进的措施。

在采用对比分析法时，可采取绝对数对比，增减差额对比或相对数对比等多种形式。

(1) 绝对数比较，如上年甲产品单位成本100元，本年甲产品单位成本98元；

(2) 增减数比较，如本年成本比上年降低2元；

(3) 指数比较，如本年成本比上年降低2%。

（二）因素分析法

成本分析的因素分析法，就是将构成成本的各种因素进行分解，测定各个因素变动对成本计划完成情况的影响程度的一种分析方法。因素分析法的具体方法主要是差额分析法和连环替代法。当各项因素与某项指标的关系为加或减的关系时，可采用差额分析法。

因素分析法的基本程序如下：

(1) 将要分析的某项成本指标分解为若干个因素的乘积。在分解时，应注意成本指标的组成因素应能够反映形成该项指标差异的内在构成原因；否则，计算的结果就不准确。如产品成本中的材料费用指标，可分解为产品产量，单位产品材料消耗量与材料的单位成本的乘积。但不能分解为生产该产品的天数，每天用料量与产品产量的乘积。因为这种构成方式不能全面反映产品材料费用的构成情况。

(2) 计算成本指标的实际数与基期数（如计划数、上期数等），从而形成了两个指标体系。这两个指标的差额，即实际指标减基期指标的差额，就是所要分析的对象。各因素变动对所要分析的成本指标完成情况影响合计数，应与该分析对象相等。

(3) 确定各因素的替代顺序。在确定成本指标因素的组成时，其先后顺序就是分析时的替代顺序。在确定替代顺序时，应从各个因素相互依存的关系出发，使分析的结果有助于分清经济责任。替代的顺序一般是先替代数量指标，后替代质量指标；先替代实物量指标，后替代货币量指标；先替代主要指标，后替代次要指标。

（4）计算替代指标。其方法是以基期数为基础，用实际指标体系中的各个因素，逐步顺序地替换。每次用实际数替换基数指标中的一个因素，就可以计算出一个指标。每次替换后，实际数保留下来，有几个因素就替换几次，就可以得出几个指标。在替换时，要注意替换顺序，应采取连环的方式，不能间断；否则，计算出来的各因素的影响程度之和，就不能与经济指标实际数与基期数的差异额（即分析对象）相等。

（5）计算各因素变动对成本指标的影响程度。其方法是将每次替代所得到的结果与这一因素替代前的结果进行比较，其差额就是这一因素变动对成本指标的影响程度。

（6）将各因素变动对成本指标影响程度的数额相加，应与该项成本指标实际数与基期数的差额（即分析对象）相等。

上述因素分析法的计算过程可用以下公式表示：

设某项成本指标 W 是由 A，B，C 三个因素组成的。在分析时，若是用实际指标与计划指标进行对比，则计划指标与实际指标的计算公式如下：

计划指标 $W_0=A_0\times B_0\times C_0$

实际指标 $W_1=A_1\times B_1\times C_1$

分析对象为 W_1-W_0 的差额。

在采用因素分析法测定各因素变动对指标 W 的影响程度时，各项计划指标，实际指标及替代指标的计算公式如下：

计划指标 $W_0=A_0\times B_0\times C_0$------------（1）

第一次替代 $W_2=A_1\times B_0\times C_0$------------（2）

第二次替代 $W_3=A_1\times B_1\times C_0$------------（3）

实际指标 $W_1=A_1\times B_1\times C_1$------------（4）

各因素变动对指标 W 的影响数额按下式计算：

由于 A 因素变动的影响=（2）-（1）$=W_2-W_0$

由于 B 因素变动的影响=（3）-（2）$=W_3-W_2$

由于 C 因素变动的影响=（4）-（3）$=W_1-W_3$

将上述三个项目相加，即为各因素变动对指标 W 的影响程度，它与分析对象应相等。现举例说明如下：

【例 11-1】 星光制造厂生产甲产品的某种主要材料计划消耗总成本 2 500 元（W_0），实际消耗 3 078 元（W_1），比计划增加 578 元。根据下列资料，分析其增加的原因：

	计划（W_0）	实际（W_1）
甲产品产量（A）	50 件	60 件
单位产品材料消耗量（B）	10 公斤	9.5 公斤

材料单位成本（C）	5 元	5.4 元
材料消耗总额	2 500 元	3 078 元

解：根据因素分析法的替代原则，甲产品成本的某种主要材料费用三个因素的替代顺序为产品产量，单位产品原材料消耗量，原材料单位成本。

第一次替换：产量因素

$W_0=50\times10\times5=2\ 500$（元）

$W_2=60\times10\times5=3\ 000$（元）

由于产量变动影响的成本金额 $=3\ 000-2\ 500=500$（元）

第二次替换：单位产品原材料消耗量因素

$W_3=60\times9.5\times5=2\ 850$（元）

由于单位产品消耗量变动影响的成本金额 $=2\ 850-3\ 000=-150$（元）

第三次替换：原材料单位成本因素

$W_1=60\times9.5\times5.4=3\ 078$（元）

由于材料单位成本变动影响的成本金额 $=3\ 078-2\ 850=228$（元）

各因素变动对甲产品某种主要材料费用的共同影响 $=500-150+228=578$（元）

在上述分析计算时，还可以采用另外一种简化的形式，即差额计算法。差额计算法是利用各个因素的实际数与基期数的差额，直接计算各个因素变动对成本指标的影响程度。以上述成本指标 W 为例，采用差额计算法时的计算公式如下：

由于 A 因素变动对指标的影响 $=(A_1-A_0)\times B_0\times C_0$

由于 B 因素变动对指标的影响 $=A_1\times(B_1-B_0)\times C_0$

由于 C 因素变动对指标的影响 $=A_1\times B_1\times(C_1-C_0)$

仍以上例材料费用的分析资料为基础，采用差额计算法的结果如下：

由于产量增加对材料费用的影响 $=(60-50)\times10\times5=500$（元）

由于材料单耗变动对材料费用的影响 $=60\times(9.5-10)\times5=-150$（元）

由于材料单位成本变动对材料费用的影响 $=60\times9.5\times(5.4-5)=228$（元）

各因素变动对材料费用的影响 $=500-150+228=578$（元）

两种方法的计算结果相同，但采用差额计算法显然要比第一种方法简单。

（三）比率法

比率法，是指用两个以上的指标的比例进行分析的方法。它的基本特点是：先把对比分析的数值变成相对数，再观察其相互之间的关系。常用的比率法有以下几种：

1. 相关比率法

相关比率法，是指将两个性质不同而又相关的指标加以对比，求出比率，并以此来考察经营管理成果的好坏一种分析方法。例如，产值与工资是两个不同的概念，但它们的关系又是投入与产出的关系。人们都希望以最少的工资支出完成最大的产值。因此，用产值工资率指标来考核人工费的支出水平，就很能说明问题。

2. 构成比率法

构成比率法，又称比重分析法或结构对比分析法。通过构成比率，可以考察成本总量的构成情况及各成本项目占成本总量的比重，同时，也可看出量、本、利的比例关系（即预算成本、实际成本和降低成本的比例关系），从而为寻求降低成本的途径指明方向。

3. 动态比率法

动态比率法，就是将同类指标不同时期的数值进行对比，求出比率，以分析该项指标的发展方向和发展速度。动态比率的计算，通常采用基期指数和环比指数两种方法。

（四）相关分析法

相关分析法，是指在分析某个指标时，将与该指标相关但又不同的指标利用数学方法进行相关分析，找出有关经济指标之间规律性的联系的一种方法。企业的经济指标之间存在着相互联系的依存关系，在这些指标体系中，一个指标发生了变化，受其影响的相关指标也会发生变化。如将利润指标与产品销售成本相比较，计算出成本利润率指标，可以分析企业成本收益水平的高低。再如，产品产量的变化，会引起成本随之发生相应的变化，利用相关分析法找出相关指标之间规律性的联系，从而为企业成本管理服务。

四、成本分析的内容

企业成本分析的内容十分丰富，就工业企业而言，成本分析主要包括全部商品产品成本计划完成情况分析；可比产品（主要产品）成本计划完成情况分析；主要产品单位成本分析；期间费用预算执行情况分析；主要技术经济指标对产品成本影响分析；责任成本分析和质量成本分析等。这里主要介绍全部商品产品成本计划完成情况分析，可比产品（主要产品）成本计划完成情况分析，主要产品单位成本分析。

（一）全部商品产品成本计划完成情况的分析

全部商品产品成本计划完成情况的分析，可分别按产品品种分析和按成本项目分析。

1. 按产品品种分析

按产品品种分析，是指按企业生产的每种产品的成本所进行的分析。在按产品品种进行分析时，应计算全部商品产品成本降低额和降低率；可比产品成本和不可比产品成本降低额和降低率；每种产品成本的降低额和降低率等指标。成本降低额和降低率的计算公式如下：

$$\text{成本降低额}=\text{按实际产量计算的实际成本}-\text{按实际产量计算的计划成本}$$

$$\text{成本降低率}=\frac{\text{成本降低额}}{\text{按实际产量计算的计划成本}}\times 100\%$$

2. 按成本项目分析

按成本项目分析，是指将按成本项目反映的全部商品产品的实际总成本与按成本项目反映的实际产量计划总成本相比较，计算每个成本项目成本降低额和降低率对总成本的影响，其计算公式如下：

$$\text{某成本项目实际成本比计划成本降低额}=\text{该成本项目实际成本}-\text{该成本项目按实际产量计算的计划成本}$$

$$\text{某成本项目实际成本比计划成本降低率}=\frac{\text{该成本项目实际成本比计划成本降低额}}{\text{该成本项目按实际产量计算的计划成本}}\times 100\%$$

$$\text{某成本项目降低额对总成本的影响}=\frac{\text{该成本项目实际成本比计划成本降低额}}{\text{按实际产量计算的全部商品产品计划成本}}\times 100\%$$

【例 11-2】 以表 11-2 中的相关数据资料，编制全部商品产品成本计划完成情况分析表，见表 11-9：

表 11-9　　**全部商品产品成本计划完成情况分析表**　　单位：元

产品名称	计划总成本	实际总成本	降低额	降低率
可比产品合计	531 000	534 400	-3 400	-0.64%
其中：甲产品	351 000	356 400	-5 400	-1.53%
乙产品	180 000	178 000	2 000	1.11%
不可比产品合计	28 000	30 000	-2 000	-7.14%
其中：丙产品	28 000	30 000	-2 000	-7.14%
合计	559 000	564 400	-3 400	-0.61%

从表 11-9 可以看出，该企业全部商品产品没有完成成本降低计划，实际总成本比计划超支 3 400 元，超支率 0.61%。从各产品看，可比产品甲产品没有完成计划，超支额达 5 400 元，超支率 1.53%，乙产品完成了计划，降低率 1.11%，而不可比产品丙产品更是没有完成计划，超支率达 7.14%。企业应进一步对甲产品和丙产品加以分析。

（二）可比产品（主要产品）成本降低任务完成情况的分析

可比产品（主要产品），是指企业过去生产过，并且具备完整的成本资料，现在仍然还在生产的产品。计算可比产品成本降低任务的完成情况，可以检查企业成本降低工作的成绩。可比产品成本分析，包括可比产品成本降低任务的完成情况和变动的原因两个方面。

可比产品成本降低任务完成情况分析所需各项指标的计算公式为：

可比产品实际成本降低额=可比产品实际产量按上年平均单位成本计算的总成本-可比产品实际总成本

可比产品实际成本降低率=可比产品实际成本降低额÷可比产品实际产量按上年实际平均单位成本计算的总成本×100%

可比产品计划成本降低额=可比产品计划产量按上年平均单位成本计算的总成本-可比产品计划总成本

可比产品计划成本降低率=可比产品计划成本降低额÷可比产品计划产量按上年平均单位成本计算的总成本×100%

分析对象：

降低额=可比产品成本实际降低额-可比产品成本计划降低额

降低率=可比产品成本实际降低率-可比产品成本计划降低率

各因素变动对可比产品成本降低任务完成情况的影响，主要有产品单位成本、产品品种结构、产品产量等。

1. 产品单位成本变动的影响

在计算可比产品成本计划降低额时，是根据本年计划单位成本和上年实际单位成本进行比较计算的；可比产品成本实际降低额，则是根据本年实际单位成本和上年实际单位成本进行计算的。这样，当本年实际单位成本发生变动时，必然会引起可比产品成本降低额和降低率的变动。

2. 产品品种结构变动的影响

品种结构是指各种产品数量在全部产品数量总和中所占的比重，由于各种产品的实物数量不能简单相加，所以，在进行可比产品成本分析时，一般是用某产品的成本占全部产品成本的比重作为产品品种结构进行分析，其计算公式如下：

$$\text{某产品的品种种结构比例}=\frac{\text{某产品的产量}\times\text{该产品上年(计划或实际)单位成本}}{\sum(\text{每种产品产量}\times\text{该产品上年(计划或实际)单位成本})}\times 100\%$$

当企业生产两种以上产品时，若各种产品的实际产量与计划产量不是同比例地增减，则会引起品种结构的变动。在企业生产的多种产品中，每种产品成本降低幅度是不一样的，有的还可能超支。若企业增加成本降低幅度大的产品的生产比重，或降低成本降低幅度小的产品的生产比重，则可比产品平均降低率和降低额就会比原来的提高；反之，成本降低率和降低额就会下降。所以，产品品种结构的变动，同时影响成本降低额和成本降低率。

3. 产品产量变动的影响

在计算可比产品成本降低任务时，是用可比产品的计划产量，分别乘上该产品上年实际单位成本和计划单位成本的差额计算的；实际完成情况则是根据可比产品实际产量分别乘上该产品上年实际单位成本与本年实际单位成本的差额计算的。从这一计算过程中可以看出，当产品的品种构成和单位成本不变时，产品产量的变动会引起成本降低额发生同比例的变动，但不影响成本降低率的变动。所以，单纯产量的变动，仅影响成本降低额，不影响成本降低率的变动。

现举例说明可比产品成本降低任务完成情况分析。

【例 11-3】 昂立制造厂的 A、B 两种产品系可比产品，20××年有关 A、B 产品成本资料，见表 11-10、表 11-11：

要求：采用因素分析法（连环替代法）分析该企业 20××年可比产品成本降低计划完成情况及其具体原因。

表 11-10　　**可比产品计划资料**

可比产品	计划产量	单位成本		总成本		降低任务	
		上年	计划	按上年单位成本	按本年计划成本	降低额	降低率
A	100	100	95	10 000	9 500	500	5%
B	200	50	45	10 000	900	1 000	10%
合计				20 000	18 500	1 500	7.5%

表 11-11　　**可比产品实际资料**

可比产品	实际产量	单位成本		总成本		降低任务	
		上年	实际	按上年单位成本	按本年计划成本	降低额	降低率
A	400	100	94	40 000	37 600	2 400	6%
B	200	50	44	10 000	8 800	1 200	12%
合计				50 000	46 400	3 600	7.2%

解：根据以上资料计算分析如下：

1. 可比产品成本降低计划指标

计划降低额＝20 000－18 500＝1 500（元）

计划降低率 = 1 500÷20 000 = 7.5%

2. 可比产品成本降低实际指标

实际降低额 = 50 000−46 400 = 3 600（元）

实际降低率 = 3 600÷50 000 = 7.2%

3. 基本评价

可比产品成本降低额完成了计划，比计划多降低了 2 100 元，但成本降低率没有完成计划，比计划低了 0.3%。

具体原因分析如下：

（1）产量变动的影响。

（400×100+200×50）×7.5% −1 500 = 2 250（元）

（2）产品品种结构变动的影响。

对降低额的影响：

（400×100+200×50）−（400×95+200×45）−（400×100+200×50）×7.5% = −750（元）

对降低率的影响：

−750÷（400×100+200×50）= −1.5%

（3）单位成本变动的影响。

对降低额的影响：

（400×100+200×50）−（400×94+200×44）−［（400×100+200×50）−（400×95+200×45）］=600（元）

对降低率的影响：

600÷（400×100+200×50）= 1.2%

三因素对降低额的共同影响：

2 250+（−750）+600 = 2 100

三因素对降低率的共同影响：

−1.5% +1.2% = −0.3%

（三）主要产品单位成本分析

在对全部商品产品成本计划完成情况进行总括分析后，还应对主要产品的单位成本进行具体的分析。产品单位成本分析的意义，在于揭示各种产品单位成本及其各个成本项目的变动情况，查明单位成本升降的具体原因，以更有效地降低产品的单位成本。主要产品单位成本表的分析应当选择成本超支或节约较多的产品有重点地进行。

主要产品单位成本分析包括两方面的内容：一是主要产品单位成本的一般分析和具体分析；二是主要经济技术指标变动对单位成本影响的分析。

1. 主要产品单位成本的一般分析和具体分析

（1）主要产品单位成本的一般分析。

主要产品单位成本的一般分析，是指将本期的实际单位成本与计划、与上期、与其他同行业以及与历史先进水平等进行比较，观察本期的实际单位成本是超支还是节约。分析的方法可以采用对比分析法、趋势分析法和品种结构分析法等。

（2）主要产品单位成本的具体分析。

主要产品单位成本的具体分析，是指对构成产品成本的各成本项目对单位成本的影响所进行的分析。主要包括直接材料费用的分析，直接人工费用的分析和制造费用的分析。

①直接材料费用项目的分析。

对单位产品成本中直接材料费用影响的基本因素，是单位产品材料耗用量和材料单位成本。它们对单位产品影响的计算公式如下：

材料耗用量变动的影响 = $\sum$（材料实际单位耗用量 − 材料计划单位耗用量）× 材料计划单位成本

材料单位成本变动的影响 = $\sum$（材料实际单位成本 − 材料计划单位成本）× 材料实际单位耗用量

【例 11-4】 星光制造厂甲产品 20××年成本计划规定和 11 月实际发生的材料消耗量和材料单价，见表 11-12：

表 11-12　　**甲产品直接材料计划与实际成本对比表**

20××年 11 月

项　目	材料消耗数量（千克）	材料单位成本（元/千克）	直接材料成本（元）
本年计划	400	33.50	13 400
本月实际	340	40.00	13 600
直接材料成本差异额			+200

从上述甲产品单位成本表可以看出，该产品单位成本中的直接材料成本本月实际比本年计划超支 200 元。其影响因素主要在于材料消耗数量差异（量差）和材料单位成本差异（价差）两个方面。两个方面因素变动对直接材料成本超支的影响如下：

材料消耗数量变动的影响 = (340−400)×33.50 = −2 010(元)

材料单位成本变动的影响 = 340×(40−33.50) = 2 210(元)

两因素影响程度合计=-2 010+2 210=+200(元)

通过以上计算可以看出，由于材料消耗量节约（由400千克降为340千克）使材料成本降低2 010元；由于材料单位成本的提高（由33.50元升为40元）则使材料成本超支2 210元。两者相抵，净超支200元。由此可见，甲产品材料消耗的节约掩盖了绝大部分材料单位成本提高所引起的材料成本超支。材料消耗节约只要不是偷工减料的结果，一般都是生产车间改革生产工艺、加强成本管理的成绩。材料单位成本的提高，则要看是由于市场价格上涨等客观原因引起的，还是由于材料采购人员不得力，致使材料买价偏高或材料运杂费增加的结果。

②直接人工费用项目的分析。

单位产品成本中，直接人工费用影响的因素是单位产品工时消耗量和小时工资额。它们对工资费用升降的影响可用下列计算公式：

工时消耗量变动的影响 = $\sum$[（实际单位工时消耗量 - 计划单位工时消耗量）× 计划小时工资额]

小时工资额变动的影响 = $\sum$[（实际小时工资额 - 计划单位工资额）× 实际单位工时消耗量]

【例11-5】星光制造厂甲产品20××年成本计划规定和11月实际发生的每台所耗工时数和每小时工资成本的计划数和实际数，见表11-13：

表11-13　**甲产品直接人工成本计划与实际对比表**　单位：元

项　目	单位产品消耗工时数	每小时工资额	直接人工成本
本年计划	30	35	1 050
本月实际	28	40	1 120
差异	-2	+5	+70

从甲产品直接人工成本计划与实际对比表可以看出，甲产品单位成本中的直接人工成本本月实际比本年计划超支70元。采用差额计算分析法计算各因素的影响程度如下：

单位产品所耗工时变动的影响=（28-30）×35=-70（元）

每小时工资成本变动的影响=28×（40-35）=+140（元）

两因素影响程度合计=-70+140=+70（元）

以上分析计算表明：甲产品直接人工成本超支70元，是由于工时消耗节约而降低成本70元的和每小时的工资成本超支而超支140元共同影响的结果。企业应当进一步查明单位产品工时消耗节约和每小时工资成本超支的原因。

③制造费用项目的分析。

产品成本中制造费用影响的基本因素，是单位产品工时消耗量（或其他分配标准）和小时费用分配率（或其他分配率）。其分析的计算公式为：

$$\text{工时消耗量变动的影响} = \sum[(\text{实际单位工时消耗量} - \text{计划单位工时消耗量}) \times \text{计划小时费用分配率}]$$

$$\text{小时费用分配率变动的影响} = \sum[(\text{实际小时费用分配率} - \text{计划小时费用分配率}) \times \text{实际单位工时消耗量}]$$

2. 主要技术经济指标变动对成本影响的分析

技术经济指标分析，是指技术经济指标的变动对单位产品成本的影响。主要技术经济指标如材料利用率、劳动生产率、设备利用率、产量增长率、产品合格率等的提高，反映了劳动生产率的进步，必然会直接或间接影响到产品成本的高低。结合技术经济指标进行成本分析，不仅可以研究这些指标对产品成本的影响程度，而且可以促进企业提高各项指标，寻找降低产品成本的途径。

（1）材料利用率的变动对成本的影响。

材料是产品成本的重要组成部分。材料比重变动、采用代用材料和材料利用率变动都会影响到产品成本的变动。如材料利用率就是单位产品材料的消耗率，提高材料的利用率就是降低单位产品材料的消耗率，可以降低产品成本中的材料成本，从而可以降低产品的单位成本。

（2）劳动生产率变动对产品成本的影响。

劳动生产率提高意味着生产单位产品所耗用的时间比以前减少。这一方面会使单位产品所负担的工资成本减少，另一方面又会因工资率的增长，使单位产品成本提高。因此，要降低产品成本，必须使劳动生产率的提高大于工资率的提高。

（3）产品质量变动对成本的影响。

在生产消耗水平不变的前提下，产品质量提高必然会影响到单位产品成本的降低。衡量质量好坏的指标很多，如合格品率、废品率、等级品率等。现以合格品率为例说明其对单位产品成本的影响。

（4）产量变动对产品成本的影响。

产品产量变动会使产品成本中的固定成本相对节约或超支，从而影响到产品单位成本的升降。

期间费用预算执行情况分析；主要技术经济指标对产品成本影响分析；责任成本分析和质量成本分析从略。

知识归纳

成本报表是根据日常成本核算资料及相关资料编制的，用以反映企业一定期间生产费用支出情况与产品成本水平及其构成情况的会计报表。企业编制成本报表主要以满足内部经营管理与决策需要为目标。

成本报表的特点：

1. 编制成本报表以满足企业内部经营管理与决策的需要为目标

2. 成本报表编制具有较强的自主性和灵活性

工业企业常见的成本报表主要有：商品产品成本表、主要产品单位成本表、制造费用明细表、管理费用明细表、财务费用明细表、销售费用明细表等。

商品产品成本表，是揭示企业在报告期内生产的全部商品产品总成本的报表。按其揭示的指标内容不同，商品产品成本表又可分为三种格式：一是按成本项目反映；二是按产品种类反映；三是按成本性态反映。

（1）按成本项目反映的商品产品成本表，是按成本项目汇总反映企业在报告期内发生的全部生产费用以及商品产品生产总成本的报表。

（2）按产品种类反映的商品产品成本表，是按产品种类汇总反映企业在报告期内的全部商品产品的单位成本和总成本的报表。

（3）按成本性态反映的商品产品成本报表，是反映企业在报告期内发生的全部生产成本费用（按成本性态反映）和各成本性态（分别反映变动费用和固定费用）的成本费用。

成本性态，是指成本变动与业务量之间的依存关系，按照成本与业务量的依存关系，成本可分为固定成本、变动成本和半变动成本三类。

主要产品单位成本表，是揭示企业在报告期内生产的各种主要产品的单位成本构成及其变动情况的会计报表。

制造费用明细表是揭示企业在报告期内发生的全部制造费用及其构成情况的报表。

期间费用明细表是揭示企业报告期各项期间费用情况的报表，包括管理费用明细表、财务费用明细表和销售费用明细表。

成本分析，是指利用成本核算及其他有关资料，对成本指标所进行的分析。成本分析是成本管理的重要组成部分。

成本分析按实施分析的时段分，分为事前分析、事中分析和事后分析。

常用的成本分析技术方法有：对比分析法、因素分析法、比率法和相关分析法等。

工业企业成本分析主要包括：全部商品产品成本计划完成情况分析；可比产品（主要产品）成本计划完成情况分析；主要产品单位成本分析；期间费用预算执行情况分析；主要技术经济指标对产品成本影响分析；责任成本分析和质量成本分析等。

全部商品产品成本计划完成情况的分析，可分别按产品品种分析和按成本项目分析。

可比产品（主要产品），是指企业过去生产过，并且具备完整的成本资料，现在仍然还在生产的产品。

可比产品成本分析，包括可比产品成本降低任务的完成情况和变动的原因两个方面。

可比产品成本降低任务完成情况分析所需各项指标的计算公式为：

可比产品实际成本降低额=可比产品实际产量按上年平均单位成本计算的总成本-可比产品实际总成本

可比产品实际成本降低率=可比产品实际成本降低额÷可比产品实际产量按上年实际平均单位成本计算的总成本×100%

可比产品计划成本降低额=可比产品计划产量按上年平均单位成本计算的总成本-可比产品计划总成本

可比产品计划成本降低率=可比产品计划成本降低额÷可比产品计划产量按上年平均单位成本计算的总成本×100%

分析对象：

降低额=可比产品成本实际降低额-可比产品成本计划降低额

降低率=可比产品成本实际降低率-可比产品成本计划降低率

各因素变动对可比产品成本降低任务完成情况的影响，主要有产品单位成本、产品品种结构、产品产量等。

主要产品单位成本分析包括两个方面的内容：一是主要产品单位成本的一般分析和具体分析；二是主要经济技术指标变动对单位成本影响的分析。

技术经济指标分析，是指技术经济指标的变动对单位产品成本的影响。主要技术经济指标如材料利用率、劳动生产率、设备利用率、产量增长率、产品合格率等。

知识考量与技能训练

一、单项选择题

1. 企业成本报表的种类、格式、项目内容和编制方法(　　)。

A. 由国家统一规定　　B. 由企业主管部门统一规定

C. 由企业自行制定　　D. 由企业主管部门与企业共同制定

2. 工业企业成本报表(　　)。

A. 必须对外报送　　B. 不需对外报送

C. 由有关部门规定哪些指标对外公布，哪些指标不对外公布

D. 根据债权人的要求，确定哪些指标对外公布，哪些指标不对外公布

3. 可比产品成本降低额与降低率之间的关系是(　　)。

A. 成反比　　B. 无直接关系

C. 同方向变动　　D. 成正比

4. 采用连环替代法，可以揭示(　　)。

A. 产生差异的因素和各因素的变动原因

B. 实际数与计划数之间的差异

C. 产生差异的因素和各因素的影响程度

D. 产生差异的因素

5. 可比产品，是指(　　)

A. 在行业中正式生产过，有完整的成本资料可以进行比较的产品

B. 企业过去曾经生产过的产品

C. 有完整的定额成本资料可以进行比较的产品

D. 企业过去曾经正式生产过，有完整的成本资料可以进行比较的产品

6. 在单一品种生产情况下，影响可比产品成本降低额变动的因素是(　　)。

A. 产品产量　　B. 产品单位成本

C. 产品产量和产品单位成本　　D. 产品产量、单位成本和品种结构

7. 成本分析的主要依据是(　　)。

A. 成本制度　　B. 成本预测

C. 成本报表　　D. 企业会计准则

二、多项选择题

1. 常见的工业企业成本报表有(　　)。

A. 商品产品成本表　　C. 制造费用明细表

B. 主要产品单位成本表　　D. 各种期间费用明细表

2. 主要产品单位成本表反映的单位成本包括(　　)。

A. 上年实际平均　　B. 历史先进水平

C. 本年计划　　D. 本月实际

3. 可比产品成本降低额变动的影响因素有(　　)。

A. 产品价格　　B. 产品单位成本

C. 产品产量　　D. 产品品种结构

4. 下列财务指标属于相关比率指标(　　)。

A. 销售收入成本率　　B. 成本利润率

C. 产值成本率　　D. 制造费用构成比率

5. 成本报表分析的主要内容包括(　　)。

A. 成本计划完成情况分析　　B. 主要产品单位生产成本分析

C. 费用预算执行情况的分析　　D. 成本效益分析

6. 下列项目是主要产品单位生产成本表中反映的内容(　　)。

A. 产品的销售价格　　B. 主要技术经济指标

C. 产品单位生产成本　　D. 产品产量

三、实务操作题

（一）目的：练习主要产品单位成本的分析

【资料】星光制造厂20××年生产 H 产品，有关成本资料，见表 11-14、表 11-15：

表 11-14　　　　主要产品单位成本表　　　　单位：元

成本项目	本年实际	本年计划	上年实际平均
直接材料	3 070.5	2 835	2 793
直接人工	246	252	225
制造费用	313.5	318	372
合　　计	3 630	3 405	3 390

表 11-15　　　　单位产品耗用原材料的资料表

项　　目	上年实际平均	本年计划	本期实际
直接材料消耗量（千克）	1 425	1 350	1 135
直接材料单价（元）	2.94	3.15	3.45

要求：

1. 根据上述资料，分析 H 产品单位生产成本的计划完成情况；

2. 分析影响原材料费用变动的因素，以及各因素对材料费用变动的影响程度。

（二）目的：练习可比产品成本降低计划完成情况分析

【资料】星光制造厂生产 A、B 两种可比产品，20××年企业制定的可比产品成本计划降低额27 000元，计划降低率 2.8%。

20××年企业可比产品生产成本资料，见表 11-16：

表 11-16　　　　可比产品成本资料表

可比产品	产　量		单位成本		
	单位	实际	上年实际平均	本年计划	本年实际
A	台	450	10 500	10 350	10 200
B	台	525	13 500	12 750	12 450
合　　计	—	—	—	—	—

要求：分析可比产品成本降低率计划完成情况及其升降原因。

参考文献

[1] 罗彬．成本会计学．北京：现代教育出版社，2011.

[2] 李凤花，王风英．成本会计．北京：中国传媒大学出版社，2010.

[3] 杜芳．成本会计学．北京：高等教育出版社，2008.

[4] 程坚，施卓晨．成本会计．杭州：浙江大学出版社 2004.

[5] http：//zhidao. baidu. com.